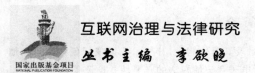

互联网治理与法律研究
丛书主编　李欲晓

# 日本电子记录债权法研究

崔聪聪　著

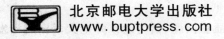
北京邮电大学出版社
www.buptpress.com

## 内容简介

本书介绍了日本《电子记录债权法》的立法背景及其具体制度，分析了我国现行债权让与和债权质押法律制度的缺陷，在此基础上提出我国出台电子登记债权法的必要性并论证了其可行性。

本书可供立法机关工作人员、金融监管机构工作人员、网络企业的从业者参考使用，并可作为高等院校法学、金融学专业的研究生参考用书。

#### 图书在版编目(CIP)数据

日本电子记录债权法研究 / 崔聪聪著．-- 北京：北京邮电大学出版社，2015.10
ISBN 978-7-5635-4077-8

Ⅰ. ①日… Ⅱ. ①崔… Ⅲ. ①债权法—研究—日本 Ⅳ. ①D931.33

中国版本图书馆 CIP 数据核字(2014)第 176109 号

---

| | |
|---|---|
| 书　　　名 | 日本电子记录债权法研究 |
| 著作责任者 | 崔聪聪　著 |
| 责 任 编 辑 | 王琴秋 |
| 出 版 发 行 | 北京邮电大学出版社 |
| 社　　　址 | 北京市海淀区西土城路 10 号(邮编:100876) |
| 发 行 部 | 电话:010-62282185　传真:010-62283578 |
| E-mail | publish@bupt.edu.cn |
| 经　　　销 | 各地新华书店 |
| 印　　　刷 | 北京鑫丰华彩印有限公司 |
| 开　　　本 | 720 mm×1 000 mm　1/16 |
| 印　　　张 | 11.25 |
| 字　　　数 | 224 千字 |
| 版　　　次 | 2015 年 10 月第 1 版　2015 年 10 月第 1 次印刷 |

ISBN 978-7-5635-4077-8　　　　　　　　　　　　　定　价:29.80 元

· 如有印装质量问题,请与北京邮电大学出版社发行部联系 ·

# 前　言

　　从 2014 年年初开始,互联网金融成为国内一个炙手可热的话题,无论是传统金融的互联网化,还是新兴的互联网金融服务,都将会推动传统金融的创新和改革。当前,不仅要防控互联网金融可能引发的金融风险,而且要借助网络技术,通过金融创新降低传统金融服务的风险。电子登记债权让与是增强债权流动性、降低商业银行贷款风险的有效手段。我国应借鉴日本《电子记录债权法》的规定,创设全国统一的电子登记债权市场,采用电子登记的公示方式,破解指名债权双重让与的难题,确立电子登记债权让与的无因性、抗辩切断以及电子登记保证制度,以解决指名债权在流通层面上的缺陷,实现我国债权融资法律制度的现代化,缓解企业,特别是中小企业的融资困境。

　　本书介绍了日本《电子记录债权法》的立法背景及其具体制度,分析了我国现行债权让与和债权质押法律制度的缺陷,提出我国出台电子登记债权法的必要性并论证了其可行性。全书分为 7 章,第 1 章向读者介绍本书选题的缘起、国内外研究的现状以及本书研究的目的;第 2 章界定了电子登记债权的含义和法律特征,重点阐释了意思表示在电子登记债权行为中的特殊规则以及电子登记的效力问题;第 3 章至第 6 章是本书的核心,介绍了电子登记债权流转的整个流程,即电子登记债权发生、让与以及消灭;第 7 章提出我国应借鉴日本《电子记录债权法》的规定,创设电子登记债权市场。

　　本书使用的日本《电子记录债权法》及其相关立法资料均为日文原文,因本人"半路出家"学习日语,所以翻译过来的资料难免有"夹生饭"问题,恳请学界前辈和同仁批评。本书是"北京高等学校青年英才计划项目(编号:YETP0464)"的阶段成果,同时受国家出版基金资助,在此表示感谢。

# 目 录

第1章 引言 ................................................................ 1

  1.1 选题的缘起 ......................................................... 1

    1.1.1 债权在近代社会中的优越地位 ................................. 1

    1.1.2 债权流动化 ................................................. 1

    1.1.3 日本《电子记录债权法》的立法目的 ............................. 3

    1.1.4 中国创设电子登记债权市场的积极意义 ......................... 4

  1.2 国内外研究现状分析 ................................................ 5

  1.3 研究目的 ........................................................... 6

第2章 总论：电子登记债权行为 ............................................. 9

  2.1 电子登记债权界定 .................................................. 9

    2.1.1 电子登记债权概念之语词 ..................................... 9

    2.1.2 电子登记债权的含义与法律特征 ............................... 11

    2.1.3 电子登记债权的类型 ......................................... 14

  2.2 电子登记债权行为的特征和构成要件 ................................. 14

    2.2.1 电子登记债权行为的概念和法律特征 ........................... 14

    2.2.2 电子登记债权行为的构成要件 ................................. 18

    2.2.3 电子登记债权行为人（电子登记债权利用主体）的范围 .......... 19

  2.3 意思表示 ........................................................... 19

    2.3.1 意思表示存在缺陷在直接当事人之间的法律后果 ................ 19

    2.3.2 意思表示存在缺陷时对善意第三人的效力 ...................... 20

    2.3.3 意思表示存在缺陷时电子债权登记机构的责任 .................. 22

    2.3.4 意思表示存在缺陷时对消费者的保护 ........................... 22

  2.4 电子登记的基本问题 ................................................ 23

    2.4.1 电子登记的概念和类型 ....................................... 23

2.4.2　登记机构的选择 ……………………………………………… 24
　　2.4.3　电子登记的效力 ……………………………………………… 24
　　2.4.4　申请人 ………………………………………………………… 25
　　2.4.5　申请方式 ……………………………………………………… 29
　　2.4.6　电子债权登记机构进行登记时应遵循的基本规则 ………… 30
　　2.4.7　无权申请时电子债权登记机构的法律责任 ………………… 31
　2.5　电子登记债权行为的代理 …………………………………………… 33
　　2.5.1　电子登记债权行为的无权代理 ……………………………… 34
　　2.5.2　电子登记债权行为的表见代理 ……………………………… 40
　　2.5.3　电子登记债权行为的越权代理 ……………………………… 41

## 第3章　电子登记债权发生 ……………………………………………… 45

　3.1　电子登记债权发生的概念和要件 …………………………………… 45
　　3.1.1　电子登记债权发生的概念 …………………………………… 45
　　3.1.2　电子登记债权发生的要件 …………………………………… 45
　　3.1.3　电子登记债权发生的效力 …………………………………… 46
　3.2　发生登记的法定必要登记事项 ……………………………………… 48
　　3.2.1　法定必要登记事项的概念 …………………………………… 48
　　3.2.2　债务人支付一定金额的意思表示 …………………………… 49
　　3.2.3　债权金额 ……………………………………………………… 49
　　3.2.4　电子登记债务人的必要信息 ………………………………… 50
　　3.2.5　电子登记债权人的必要信息 ………………………………… 51
　　3.2.6　登记编号和登记日期 ………………………………………… 51
　　3.2.7　是否认可类似空白票据的电子登记债权 …………………… 52
　3.3　发生登记的法定任意登记事项 ……………………………………… 52
　　3.3.1　法定任意登记事项的概念 …………………………………… 52
　　3.3.2　支付日期 ……………………………………………………… 53
　　3.3.3　分割支付 ……………………………………………………… 53
　　3.3.4　当事人就利息的约定 ………………………………………… 53
　　3.3.5　电子登记债权作为信托财产 ………………………………… 54
　　3.3.6　电子登记债权的限制事项 …………………………………… 55
　　3.3.7　当事人约定排除善意取得及人的抗辩切断的适用 ………… 56
　　3.3.8　期限利益丧失的约定 ………………………………………… 57

## 第4章　电子登记债权让与 ·············· 58

### 4.1 电子登记债权让与的概念和要件 ·············· 58
- 4.1.1 电子登记债权让与的概念 ·············· 58
- 4.1.2 电子登记债权让与的构成要件 ·············· 58
- 4.1.3 让与登记 ·············· 60

### 4.2 电子登记债权让与的效力 ·············· 61
- 4.2.1 让与人的担保责任 ·············· 62
- 4.2.2 禁止让与约定的效力 ·············· 66
- 4.2.3 电子登记债权双重让与 ·············· 68
- 4.2.4 电子登记债权期后让与 ·············· 70

### 4.3 电子登记债权抗辩限制 ·············· 72
- 4.3.1 电子登记债权抗辩限制的范围及内容 ·············· 72
- 4.3.2 电子登记债权抗辩限制的目的和理论依据 ·············· 73
- 4.3.3 电子登记债权抗辩限制的例外 ·············· 74

### 4.4 电子登记债权的善意取得 ·············· 78
- 4.4.1 电子登记债权善意取得的概念 ·············· 79
- 4.4.2 电子登记债权善意取得的构成要件 ·············· 80
- 4.4.3 电子登记债权善意取得的效力 ·············· 82
- 4.4.4 电子登记债权善意取得的除外规定 ·············· 83

### 4.5 电子登记债权让与中的消费者保护 ·············· 84
- 4.5.1 排除善意取得及抗辩切断的例外 ·············· 84
- 4.5.2 善意取得适用的例外 ·············· 85
- 4.5.3 人的抗辩切断适用的例外 ·············· 85

## 第5章　电子登记保证 ·············· 86

### 5.1 电子登记保证的含义和特征 ·············· 86
- 5.1.1 电子登记保证的含义 ·············· 86
- 5.1.2 电子登记保证与民事保证、票据保证之比较 ·············· 87

### 5.2 电子登记保证的成立 ·············· 89
- 5.2.1 电子登记保证的当事人 ·············· 89
- 5.2.2 电子登记保证的成立要件 ·············· 90

### 5.3 电子登记保证的效力 ·············· 92

        5.3.1　电子登记保证债务 ……………………………………… 93
        5.3.2　电子登记保证人的权利 …………………………………… 94

第 6 章　电子登记债权消灭 ……………………………………………… 99
   6.1　电子登记债权消灭的原因 ………………………………………… 99
        6.1.1　支付 ……………………………………………………… 99
        6.1.2　抵销 ……………………………………………………… 101
        6.1.3　混同 ……………………………………………………… 102
        6.1.4　消灭时效 ………………………………………………… 103
   6.2　电子登记债权消灭原因发生后的效力 ……………………………… 106
        6.2.1　支付的效力 ……………………………………………… 106
        6.2.2　抵销的效力 ……………………………………………… 111
        6.2.3　消灭时效完成的效力 …………………………………… 112
   6.3　电子登记债权消灭的程序 ………………………………………… 115
        6.3.1　电子登记债权消灭的程序要件 ………………………… 115
        6.3.2　当事人申请 ……………………………………………… 117
        6.3.3　电子债权登记机构登记 ………………………………… 119
        6.3.4　支付登记的效力 ………………………………………… 120

第 7 章　中国债权融资法律制度的完善
　　　　——以借鉴日本《电子记录债权法》为中心 ……………… 122
   7.1　中国现行债权让与和债权质押法律制度的缺陷 …………………… 122
        7.1.1　我国现行债权让与法律制度的缺陷 …………………… 122
        7.1.2　现行债权质押法律制度的缺陷 ………………………… 125
        7.1.3　现行债权质押和债权让与规则之间存在冲突 ………… 127
   7.2　中国创设电子债权市场的积极意义 ………………………………… 128
        7.2.1　缓解企业特别是中小企业融资难的困境 ……………… 128
        7.2.2　破解指名债权双重让与的难题 ………………………… 129
        7.2.3　解决传统债权在流通层面上的缺陷 …………………… 129
        7.2.4　增强电子登记债权的流动性 …………………………… 130
        7.2.5　缓解执行难的问题 ……………………………………… 131
   7.3　借鉴日本《电子记录债权法》的必要性和可能性 ………………… 132
        7.3.1　规范电子登记债权市场的途径 ………………………… 132
        7.3.2　中国借鉴日本《电子记录债权法》的必要性 ………… 134

7.3.3 中国借鉴日本《电子记录债权法》的可能性 …………………… 136
7.4 中国在借鉴日本《电子记录债权法》过程中应注意的问题 ………… 140
  7.4.1 在科学评价的基础上借鉴 ……………………………………… 140
  7.4.2 进行体系性借鉴 ………………………………………………… 141
  7.4.3 用域外法律的先进精神涤荡固有法律传统中的落后理念 …… 141
  7.4.4 确立成功与否的科学标准 ……………………………………… 143
  7.4.5 "借鉴他国法律会引致自生秩序和立法秩序之间产生张力"论
      之批判 …………………………………………………………… 144

**参考文献** ………………………………………………………………………… 146

# 第 1 章 引　　言

## 1.1　选题的缘起

### 1.1.1　债权在近代社会中的优越地位

在农业社会,土地作为社会中最重要的财产,被认为是"所有财富由此产生的源泉和质料"[1]。工业社会以降,机器取代了土地成为社会中最重要的财产[2]。随着知识经济的来临,土地、机器等有形财产在社会总财产中的比重不断下降,知识财产的比重不断上升。可以预见,在不远的将来知识财产将成为社会中最重要的财产。由此可见,社会形态变化导致了财产形态发生巨大变化。社会形态变化影响的不仅仅是财产形态,而且使财产权的地位发生了深刻变化。伴随着社会形态的更迭,社会经济形态发生了由"相对静止"到"频繁交易"的变化,结果不仅提高了债权在财产权中的比重,而且提升了债权在财产权中的地位,债权由从属于物权的地位独立出来,并取代所有权在社会中处于优越地位。

就现代交易观而言,债权人因契约所生之预期利益,因责任之保障而有其现代化之经济意义,从而,一般债权乃能由债务人之主观因素分离而客观化,①使之成为让与之标的,学者间称之为权利流动化[3]。债权地位的提升源于财产的流动化,债权优越地位的体现与保持亦依赖于债权的流动化。近年来,企业充分利用保有的资产实现融资手段多样化,银行为了满足资本充足率监管的要求,实现资产组合管理和资本的有效利用,广泛地利用债权进行融资,从而催生了债权让与和债权质押等债权融资手段。

### 1.1.2　债权流动化

对企业而言,既不能负债太多,也不能保有太多的债权。债权流动化可以改善

---

① 债务人的主观因素是指债务能否履行取决于债务人的主观因素。笔者认为债务是对债务人的一种约束,而非债务人的自由,所以债务人并不具有是否履行债务的自由,因此债权债务关系中,并无债务人的主观因素可言。

企业的自有资本比率和负债比率。对受让人和让与人双方而言,债权流动化可以有效地平衡企业的资产负债状况。除此之外,债权流动化对让与人和受让人而言还具有以下积极意义。

**1. 对让与人的积极意义**

(1) 债权让与之防范债权风险功能

债权之标的为给付,债权的满足依赖于债务人的给付行为,因此债权内含的利益是通过债务人的履行实现的。在债法责任从人身责任转变为纯粹的财产责任之后,债务人的诚信程度和支付能力对债权的实现有根本的影响。同时,债权使人类打破了对财产支配上的时空障碍[4]。由于履行存在时间差(绝对的同时履行并不存在,总会有时间上的先后),因此债权存在风险。再者,债务人通常对多数人负债,致使债务人的责任财产远远小于债务总额,债权的平等性以及破产法采取的平均受偿主义,更加剧了债权人不能受偿的风险。特别是交易越发频繁和复杂更加剧了债权无法受偿的风险。为降低交易风险,保障债权安全,债法规定了债的担保、债的保全以及抵销等制度,但这些制度不是万能的,不能绝对保障债权安全。因此债法应创设多种保障债权安全、防范交易风险的制度供债权人选择,债权让与即是降低债权风险的一种有效制度设计。

(2) 债权流动化是一种有效的融资手段

债权流动化对让与人而言是一种有效的融资手段,其结合了间接融资的灵活性和直接融资的市场性的双重优点,具体而言:①实现了融资手段的多样化和稳定化。除间接融资(向银行贷款)和直接融资(公司债券、股票)外,企业又获得了一种新的融资方式(市场型间接融资),可以突破现有金融机构的限制获得多数人的资金,使大规模融资成为可能[5]。融资手段的多样化扩充了让与人意思自治的范围,让与人不仅可以选择对自己最有利的方式进行融资,而且可以自由地决定价格,不再受其他融资的条件和期限限制。②减少与融资谈判有关的成本。企业向金融机构贷款时,需要花费大量的时间和劳力成本与许多金融机构进行谈判,企业感到苦不堪言。债权在公开市场上让与,企业可以与受让人在平等的基础上进行谈判,减少了与金融机构谈判的成本。③公平利率的实现。银行的贷款利率除了与贷款期限、供求关系、央行的利率水平、企业的平均利润率、通货膨胀的水平、经营成本有关外,债权风险的大小也是影响银行贷款利率的重要因素。债权的风险不仅受债务人清偿能力的影响,还和债权的流动性密切相关。贷款债权流动性提高后,金融机构的风险就会降低,贷款利率也会随之下降,这样,贷款人就能获得公平的利率。贷款利率的下降,降低了企业的运营成本,增强了企业的偿债能力,银行的债权风险亦随之降低,形成良性循环。④扩大企业的融资能力。银行将贷款债权让与后,加速了资金回笼的速度,从而提高了其放贷能力。贷款债权的流动性越高,银行自己保有的信用风险就越容易移转。银行的风险降低后,就会提高对企业授信的积极性。银行资金的及时回笼和放贷积极性的提高会使银行向社会提供更多的贷款,这样可以提高企业的融资能力[6]。企业融资能力的提高,可以有效扩大社会信用总量,而信用的放大可以使社会资源的利用效率大大提高。

**2. 债权流动化对受让人的意义**

一方面,受让人可以通过受让债权获得盈利。债权的交易价格除了和债权额有关外,还和债务人的信用状况和经济实力有关,但总体而言,债权的交易价格一般情况下会低于债权额,票据贴现的贴现率就是一个例证。受让人可以在受让债权后再次进行让与,或以受让债权作为主动债权抵销对受让债权的债务人的债务而赚取其中的差价获得盈利。另一方面,受让人可以通过抵销降低自己的债权风险。如甲对丙享有 100 万元的债权,乙对甲享有 100 万元的债权,乙将自己对甲享有的 100 万元债权让与丙,此时,丙请求甲履行 100 万元债务时,甲可以主张抵销,从而有效地降低自己对丙享有 100 万元债权的风险。①

**3. 债权流动化引发的问题**

债权流动化在降低债权风险、便利企业融资以及改善企业财务状况的同时,也引发了一些问题,如债权存在与否的确认、各种抗辩的存在、禁止让与约定的确认和排除、双重让与的风险以及交易安全的保护等,法律对债权流动化进行规制因此成为必要。

## 1.1.3 日本《电子记录债权法》的立法目的

融资难一直是日本中小企业发展的瓶颈。过度依赖不动产担保和个人保证是企业融资难的一个重要原因,企业为摆脱上述限制,开始利用债权让与进行融资。特别是近年来,中小企业为降低票据遗失、被盗的风险以及管理费用的支出,采用转让应收账款债权的方式取代票据贴现进行融资,导致票据发行的数量逐年减少。日本银行业协会 2004 年公布的统计数据表明,日本票据交换金额在近 10 年间减少了约 80%[7]。最终,企业丧失了一种有效的融资手段。随着票据融资手段的丧失,债权让与逐渐成为企业一种重要的融资手段。让与应收账款债权虽然在一定程度上缓解了中小企业融资的困境,但《日本民法典》第 467 条规定指名债权让与以"通知"或"债务人承诺"为对抗要件,不仅手续烦琐,而且因"通知"或"债务人承诺"并非是有效的公示手段,既存在双重让与的风险,也在债权发生双重让与时不能有效地平衡各受让人之间的利益,债权让与制度并未发挥其应有效用。

---

① 这种情形不多,但仍有可能发生。同时,作为甲而言,其虽不能通过自己积极的让与行为降低自己的风险,但可以通过主张抵销的方式降低自己的风险。

为简化债权让与对抗第三人的要件以及防范债权双重让与的风险,日本于 1998 年颁布了《与债权让渡的对抗要件相关的民法特例法》,[①]该法规定向法务局进行债权让与登记也视为满足民法第 467 条第 2 款规定的"附有确定日期证书的通知"要件,从而简化了债权让与的手续[8]。此后,债权让与得以顺利进行,企业融资的困境在一定程度上得到了缓解。但是,由于未采用统一的发生与让与登记系统而无法满足债权高速流动的需要,且因未形成全国统一的债权交易市场而限制了交易双方的选择空间,导致债权让与存在交易成本高、效率低的缺陷,同时合同中约定禁止债权让与的情形比较普遍,再加上债务人行使抗辩权或抵销权导致受让人的安全无法获得保障,因此应收账款债权让与难以迅速发展,债权让与无法最大限度地发挥其效用,企业(特别是中小企业)融资难的状况仍然没有彻底改观[9]。

为避免指名债权让与的上述缺陷,日本国会于 2007 年 6 月 20 日通过了《电子记录债权法》。该法自 2008 年 12 月 1 日起施行,是世界上第一部规范债权电子化交易的法律,在世界上处于领先地位,内容包括电子记录债权的发生、让与、保证、质押以及电子债权登记机构的设立、登记业务的开展、对电子债权登记机构的监管等。依照日本电子记录债权法的规定,由全国银行业协会设立统一的专业机构进行债权让与登记,并采用电子方式进行,不仅有效地避免了债权双重让与的风险,而且降低了交易成本和提高了交易效率。此外,该法确立了电子登记债权让与的无因性原则和抗辩切断制度,并规定对债权的限制必须在电子登记簿上登记,未经登记,不得对抗电子登记债权人(包括受让人),既有效地保护了交易安全,又兼顾了债务人的利益,从而促进了债权流通,改变了企业的整体融资环境。

## 1.1.4 中国创设电子登记债权市场的积极意义

融资难一直是困扰中小企业发展的世界性难题。但与许多发达国家相比,我国的情况更为严重,融资难已成为制约我国中小企业发展的主要因素。特别是受当前全球金融危机的影响,中小企业的融资环境进一步恶化,中小企业融资难再度成为我国经济发展中一个极为紧迫的重大问题。针对中小企业融资难的问题,我国大量学者进行了可贵的探究并提出诸多对策,国家也出台了许多政策、措施,但到目前为止,中小企业融资难题仍没有得到有效解决。

影响我国中小企业融资的因素是多方面的,既有企业自身的内在问题,也有银行等金融机构的外部影响。我国中小企业外源融资渠道狭窄且缺乏有效的直接融资手段,导致中小企业融资过分依赖银行贷款。中小企业经营的不确定性和较高的倒闭率使银行面临着较大的风险,商业银行基于防范风险、提高资产质量而出现"惜

---

① 该法在 2004 年 11 月 25 日被《关于动产和债权让渡的对抗要件的民法特例法》取代。

贷"倾向,同时成本与收益不对称又在一定程度上制约了商业银行对中小企业的金融支持,中小企业融资障碍因此而生。有效地降低中小企业对商业银行的贷款依赖、提高商业银行对中小企业融资的积极性是确保中小企业融资渠道畅通运行的关键所在,这需要扩大中小企业直接融资渠道和降低商业银行信贷风险两方面的有效结合。

  中小企业融资难的问题是市场选择的结果。要想改变中小企业当前的融资困境,必须顺应市场经济发展规律,从内因上寻找中小企业融资制度创新的最优路径。无法有效利用应收账款债权进行融资是中小企业深陷融资困境的重要原因。他山之石,可以攻玉。借鉴日本《电子记录债权法》的规定,创设电子登记债权市场,可以为中小企业开辟新的直接融资途径,企业可以灵活地运用应收账款债权在企业间进行迅速、低成本的融资,减少了对银行借贷融资的依赖。银行通过电子记录债权市场让与贷款债权以增强资产的流动性,可以有效地预防和化解对中小企业贷款产生的风险,势必会提高对中小企业放款的积极性,从而改善中小企业的融资环境。

  法律是保障和促进电子记录债权市场健康发展的必要手段,电子登记债权立法必须以科学的理论为指导。本书通过分析日本《电子记录债权法》的立法背景以及各项具体制度设计的理论基础,为中国电子登记债权立法提供理论准备。同时,电子登记债权制度在解决中小企业融资难题的同时,亦是对传统民商事法律制度的创新。日本《电子记录债权法》创立了许多新的利益调整机制和行为规则,如电子登记债权让与制度、电子登记保证制度、电子登记债权质押制度、债务人抗辩权的切断和抵销权的限制等。因此,本研究不仅具有重大的实践意义,对丰富和完善民商事法律制度亦具有重要意义。

## 1.2 国内外研究现状分析

  近年来,电子记录债权一直是日本立法机关和法学界研究和讨论的热点问题。2005年4月,日本经济产业省发表题为《电子记录债权构想——以构筑IT社会的经济、金融基础为目标》的研究报告,系统阐述了创建电子记录债权市场的重要意义以及电子登记债权立法的必要性和可行性。日本电子债权研究会在2005年12月发表《电子债权有关的私法上的论点整理——电子记录债权研究会报告书》,阐述了电子登记债权法的私法基础及基本理论。2006年8月,日本法务省民事局参事官室公布了《电子记录债权法草案》和《电子记录债权法草案的补充说明》,主要内容包括电子记录债权的发生、转让、质押和电子债权机关的设立、监管等具体的制度设计及制度设计的理由。日本法学界也发表了大量的学术论文和相关著作。其中,具有代表性的著作是麻生裕介的专著《电子记录债权法的构造》(日本经济法研究会2007年版),该书系统地阐释了电子记录债权法的各项具体制度;代表性论文有《电子记录债权法概要》(始关正光等,载《法理学》2007年第11期)、《促进电子记录债权法的活用——以IT相关法为视角》(佐藤良治,载《法理学》2007年第11期)。总体而言,日本学者对电子记录债权法的研究具有开创性,在世界上居于领先水平。

到目前为止,国内对这一问题的研究尚处于起步阶段。就公开发表的文献来看,有齐爱民教授的论文《论电子债权》(《社会科学家》2008年第2期),主要内容为电子债权的概念与民法性质、电子债权的成立要件、电子债权的管理机关及其民法地位、电子债权的发行、电子债权的转让及其效力、我国建立电子债权市场的重大意义等。此外,还有郭佳发表的论文《论电子债权》和王孟津发表的论文《电子债权制度:下一代金融产业化目标》。迄今为止,我国公开发表的有关电子登记债权的论文仅有3篇,因此电子登记债权制度尚未引起国内学者的广泛关注,特别是系统论述电子登记债权制度的文献,笔者尚未见到。

## 1.3 研究目的

2001年,《政法论坛》连续4期刊载了邓正来先生的论文——《中国法学向何处去》。文章刊出后,引起了法理学界的广泛关注或者说法理学者反应最为强烈,[①]甚至使许多学者和邓先生之间的关系变得"紧张"。而部门法学者反应比较冷淡或者说是很少有人做出回应。邓先生首先从"中国新近制定的各种法律在中国社会巨大变化和制度急剧转型之情势中存在具体功效不足"这一现象入手,[②]从法学研究的任务出发,即中国法学应服务于中国法治的发展,认为中国的法学理论必须对中国法律所存在如此之多的问题承担部分责任,因为它并没有因此而给评价、批判或捍卫立法或法治建设提供一幅作为判准的"中国法律理想图景"[10]。

中国法学应当但未提供中国的法律理想图景,原因何在? 邓先生认为,除了技术或意识形态的原因以外,还有中国法学在这二十多年中形成的若干不同甚或冲突

---

① 如《政法论坛》在2006年第1期集中刊发了8篇论文对邓先生提出的问题予以回应。

② 关于中国现行法律的具体功效问题,邓先生选取一个特例,即假冒伪劣商品在中国屡禁不止且出现了"打假法律越'完善'、造假案件越泛滥"的情势。邓先生认为这种情形与以下因素相关:(1)与作为发展中国家的中国在当下世界结构之政治、经济和意识形态等因素的冲击下所必须面对的一种困境紧密相关。(2)中国社会转型阶段地方保护主义、地方政府监管和地方司法机构执法缺位的问题。(3)中国法学论者的问题,即中国法学论者对中国人时刻面临着的关乎人之身体健康和生命安全的"消费者权利"保护这个现实问题,并没有给应有的关注,所关注的在很大程度上是有关"消费者"概念的明确性、有关消费者保护法律法规体系在逻辑上的自洽性、有关消费者保护法律法规在调整范围上的确定性,以及有关消费者权利在种类上的完善,而不是中国农民乃至中国人所经验的现实且具体的问题,更奢谈去研究和追问"消费者权利"在中国当下的政治经济安排或地方政府制度中为什么总是不能得到很好保护这样的"问题束"了。(见邓正来:《中国法学向何处去(中)——建构"中国法律理想图景"时代的论纲》,载《政法论坛》2005年第1期,第38~41页)

的法学主张或法学理论模式所共同信奉的且未经质疑的一整套或某种规范性信念等原因所致[11]。这种规范性信念就是源出于西方的"现代化范式"。西方的"现代化范式"不仅间接地为中国法治发展提供了一幅"西方法律理想图景",而且还致使中国法学论者意识不到他们所提供的不是中国自己的"法律理想图景",导致中国法学无力引领中国法治的发展,且不得不在中国本土移植和拓展西方法治。与此同时,这种占支配地位的"现代化范式"无力解释和解决因其自身的作用而产生的各种问题,最终导致了中国法学的"总体性"的结构性危机[12]。

中国法学之所以在发展的过程中出现"范式"危机,归根结底是因为中国法学界未对"何种性质的社会秩序更可欲和更正当的问题"进行追究和未对"我们自己应当生活在什么性质之社会秩序之中这个当下问题"进行拷问[13]。邓先生指出了中国法学的硬伤并剖析了其中的原因,但遗憾的是,他并未明确回答"中国法律理想图景是什么"这一问题。不过,邓先生提出了建构中国自己的法律理想图景的基础,即将中国置于世界结构或全球结构中的特定时空中,亦即在中国现实实践之正当性依据与全球化价值示范的关系框架中建构中国自己的法律理想图景[14];并给出了如何达至"中国法律理想图景"的路径,即中国法学论者应对其生活赖以为凭的知识生产的性质以及其生活于其间的社会生活秩序之性质展开思考和反思[15]。

总体而言,邓文的中心论题乃在于中国法学缺乏基本的价值评判和批判精神。对邓文的解剖,亦应遵循着邓先生所提供的方法论,即用邓先生之矛戳邓先生之盾。邓文的积极意义在于重提并警示中国法学论者勿忘学术研究的使命与担当——批判。然而,邓文未勾勒出中国自己的法律理想图景,不能不说是一种遗憾[16]。本书认为,无论邓先生设想的中国法律理想图景多么美好,都不可能真正是中国的理想图景,原因在于:

第一,中国在法治现代化过程中存在的问题是由无数个"小问题"组合而成的"大问题",正是这些小问题构成并遮蔽了这个"大问题",只有深刻剖析了所有的或绝大多数的"小问题",才能发现背后的"大问题"。邓先生有这个能力吗?我深表怀疑。中国的所有问题不都需要也不可能都通过法律来解决。即使是需要通过法律解决的问题,也不是某一个人或某几个人能够解决的,而必须通过全体法律人的共同努力来解决。即便是某一特定的问题,也不是某一个人通过一篇论文或几句话就能解决的,论者需要经过长期思考以及在他人的批判和启发下才能提供有效的解决方法。试图在一篇论文中分析和解决中国的所有问题,显然不可能。中国自己的法律理想图景不是邓先生一个人能够勾勒的,需要中国所有法律学人共同努力构建。正如魏敦友教授所言,包括正来教授在内的所有当代中国学人都不过是在摸当代中国这头大象的盲人而已[17]。但正是依靠无数盲人的智慧,才能真正认识中国这头"大象"。

第二,解决中国法治现代化过程的问题必须从一个个"小问题"着手,而非从"大问题"出发。随着一个个"小问题"的解决,"大问题"自然就消解了。如果直接从"大问题"着手而忽视"小问题"的解决,不仅最终无法解决问题,反而使问题更加复杂化。因此,邓文虽然一再强调关注中国的现实问题,但邓文对中国现实问题的积极意义远没有其标题那样立意深远。此外,中国法学确实存在一些应景研究,亦有一些学者未加批判地将所谓西方国家"先进"的法律制度或国际惯例搬进了中国,但不能因此就断言中国法学缺乏批判和反思精神。因为部分学者的研究不能代表中国法学,邓先生显然违背了形式逻辑的基本原理。

虽然很少有学者直接探讨中国的法律理想图景是什么,但多数学者都自觉或不自觉地为构筑中国的法律理想图景或依照中国的法律理想图景而努力奋斗着。当然,邓先生的重要贡献是将学者的探讨由自发转变为了自觉。人的有限理性决定了我们不可能仅仅依据心目中的理想模式或现有的理论来规划建立出一个能有效运作的现代法治[18]。某一论者虽然无法构筑中国的法律理想图景,但不能因此否定论者可以就中国法治发展过程中的某一具体问题提出自己的"理想图景",即可以在批判某一具体法律制度实然的基础上设想其应然的状态。邓文虽存在不足之处,但并不能因此否认其积极意义。邓文的重要意义在于提示人们时刻不要忘记用反思和批判的目光去审视中国社会中的现实问题。中国法学的理想图景并不是某一个体所能建构,但每一个论者在其研究的问题上应有其理想图景。中国法学的理想图景我无力勾勒,但我可以设想中国未来电子登记债权制度的部分应然面貌。① 正是遵循这一理路,本书将分析中国现实中债权让与和债权质押法律存在的问题,通过借鉴日本《电子记录债权法》的规定,勾勒中国债权让与和质押制度的"理想图景"。

---

① 即 in future 而非 in the future。

# 第 2 章　总论：电子登记债权行为

## 2.1　电子登记债权界定

### 2.1.1　电子登记债权概念之语词

　　熟知法学概念是我们研习法律的前提。① 诚如拉丁谚语所云："不明白某学术上之用语者，亦不明白该学术。[19]"严格来讲，学术论文不应花费大量的篇幅去解释和论证某一概念。但"电子登记债权"作为法学上新出现的概念，国内学者尚不熟知，因此有必要对其内涵和外延加以界定和阐释。② 概念必须借助语词将其表达的思想传达给他人。语词是民族习惯的产物，因此，不同的民族用来表示同一事物的语词可以是不同的[20]。形式逻辑要求概念的明确与准确，同时也就是要求我们明确地与准确地应用语词[21]。所以对电子登记债权这一概念而言，选择的语词不仅要明确和准确，而且要符合我国的语言习惯。

**1. 电子登记债权之语词在日本的流变**

　　电子登记债权之语词在日本经历了由"电子债权"到"电子登记债权"、再到"电子记录债权"的演变过程。因着眼于电子形式取代了纸面形式，日本在立法讨论的最初阶段采用"电子债权"[22]。为避免将"电子债权"理解为"因电子交易产生的全部债权"，在立法讨论的中间阶段，将其变更为"电子登记债权"[23]。在日本，"登记"一词通常是指国家机关进行国家事务的行为[24]，主要用于国家行政机关作为登记机构

---

　　① 法学概念不同于法律概念，后者是法律规范使用的概念，前者是对法律规范进行概括和抽象后的概念。但二者又是紧密联系的，立法的科学性不仅体现为规则的公正性，而且表现为立法语言的优美和用语的规范性及准确性。使用科学的法学概念是实现立法语言规范和准确的必要途径。

　　② 界定电子登记债权是研究电子登记债权问题的起点，也是避免不必要争论的有效途径。由于概念界定不一致引发的学术争论不在少数，既然大家讨论问题的出发点不一致，因此这种争论难免演变为各说各话的局面，学术论争失去了其应有的意义。

的场合,而进行电子记录的电子债权记录机构是私营公司。① 为避免用词不当的批评,同时与私营公司进行登记而导致债权发生、债权让与等相适应,②日本《电子记录债权法》最终采用了"电子记录债权"这一语词[25]。但日本学者安永正昭先生认为,"电子债权"、"电子登记债权"和"电子记录债权"只是提法不同,其含义相同[26]。

### 2. 我国的选择

法律概念是指对各种法律事实进行概括,抽象出它们的共同特征而形成的权威性范畴。我们在创设自己的法律制度时,不可避免地要选择、利用这些现成的法律技术和概念,否则就无法建构自己的法律体系[27]。在借鉴域外概念之前,首先要认真领会、理解概念在来源国或地区的含义,其次需要一个"本土化"的过程。在我国,"登记"一词既可以用于国家行政机关确认权利发生或让与的行为,如房屋登记,也可以用于私法主体确认权利存在或让与权利的行为,如证券登记。③ 中国人民银行征信中心根据《物权法》授权建设的应收账款质押登记公示系统,④也采用了"登记"而非"记录"一词。由此可见,"登记"较之"记录"更符合我国的语言习惯。电子记录债权一词不符合我国的语言习惯,因此,在选择电子登记债权之语词时,应对日本立法所选择的语词进行必要的改造以适合我国的语境。"电子登记债权"这一概念不仅能恰当体现"作为新创设的一种金钱债权,债权发生和让与以在电子债权登记机构的电子登记簿上进行登记为生效要件"这一特征[28],而且不会使我国民众产生误解,反而有利于民众理解和接受。法典用语的一个重要价值追求在于使人民能够尽量无误地理解法典,唯有精确易懂的概念才能易于被人民接受,因此法律用语应力求精准无误,最大限度地贴近和反映社会现实生活。所以本书建议立法和法学研究采用"电子登记债权"一词。需要指出的是,为尊重日本现行立法规定,本书在引用日本立法时遵循日本法律使用的"电子记录债权"一词。此外,有关日本学者的论著以及立法文献,因为日本学者认为"电子登记债权"和"电子记录债权"的含义相同,为了更符合我国的语言习惯,除论著及立法文献的名称外,论文和立法文献中所使用的"电子记录债权"一词,本书将其译为"电子登记债权"。

---

① 以公司资本构成为标准,公司可以分为国营公司、公营公司和私营公司。在西方,国营公司即资本主义国家的国有化企业,这种企业虽然名为"公司",但不是公司法意义上的公司,不受公司法的调整。其特点是全部资本由国家投资,国家作为股东参与公司的利润分配,公司的经营管理由国家代表、企业代表和工会代表组成的董事会负责,同时其资本也不分为股份,因而被视为国家"独资"经营的公司。我国的国有企业(公司)与资本主义国家的这种国营公司法律性质类似。公营公司是指政府资本超过公司总资本额 50% 以上的公司。私营公司是指私人资本超过公司总资本额 50% 以上的公司。(见赵旭东主编:《公司法学》,高等教育出版社 2003 年版,第 57~58 页。此处的私营公司主要是指和国家公权力机关对应的私法主体。)

② 日本的电子债权登记机构为银行业协会设立的私营公司。

③ 证券登记制度有确认投资者权利和行为状态的功能。见李明良:《证券登记制度研究——兼论商事登记制度的发展》,载《法学论坛》2006 年第 4 期,第 64 页。

④ 该系统为全国范围内的应收账款质押提供登记服务。

## 2.1.2 电子登记债权的含义与法律特征

电子登记债权,是指发生和让与以电子债权登记机构的登记为有效要件,债权内容由电子登记的内容确定,电子登记名义人推定为电子登记债权的权利人,不同于指名债权和票据债权等现存债权的新型金钱债权[29]。亦有学者认为,电子登记债权是指发生和让与等权利变动和权利内容均依照电子登记簿的记载而确定的金钱债权。日本《电子记录债权法》将电子登记债权界定为发生和让与必须依照本法的规定进行电子记录的金钱债权。① 以上概念大同小异,基本上概括了电子登记债权的内涵,即权利内容依照登记确定、权利变动以登记为生效要件、不同于指名债权和票据债权等现存债权的新型金钱债权。此外,电子登记债权的另一个重要特征是基于原因债权产生且不同于原因债权。综上所述,电子登记债权可以界定为,基于原因债权产生且不同于原因债权,权利内容依照电子登记簿的内容确定,权利发生、让与、消灭等权利变动以登记为生效要件,不同于指名债权和票据债权等现存债权的新型金钱债权。具体而言,电子登记债权具有以下法律特征。

**1. 电子登记债权是金钱债权**

以债权的基本理论为视角,电子登记债权是基于其他金钱债权产生的新型金钱债权。债权是以要求他人将来给付财产或劳动为目的的权利[30]。电子登记债权发生的原因和法律关系的基础债权是其他金钱债权[31]。电子登记债权虽然不同于其原因债权,但其给付内容未发生根本变化,仍以电子登记债务人给付一定数额的金钱为权利内容,因此电子登记债权是金钱债权。金钱债权的流动性高,利用其融资比较方便,所以电子登记债权的原因债权以金钱债权为必要,易言之,金钱债权以外的债权如给付特定物之债权或提供劳务之债权不宜登记为电子登记债权。② 电子登记债权作为金钱债权的一种类型,在电子登记债权法没有特殊规定时仍适用民法的相关规定,如电子登记债权主体的权利能力和行为能力等[32]。

**2. 电子登记债权基于原因债权产生但不同于原因债权**

以与原因债权的关系为视角,电子登记债权是基于原因债权产生但又不同于原因债权的金钱债权。为防范金融风险,电子登记债权法不允许发生融资型电子登记债权。③ 因此,电子登记债权必须基于特定的原因债权产生。至于作为原因债权的

---

① 日本《电子记录债权法》第2条第1款。
② 以给付特定物为标的的债权让与类似现行的商品期货。
③ 融资型电子登记债权是指当事人之间并未有真实的交易关系,电子登记债权的发生并非基于现有的债权债务关系,而是随着电子登记债权的发生当事人之间产生了借贷关系。需要注意的是,融资型电子登记债权和基于融资目的而发生的电子登记债权不同,前者并不存在真实的原因债权,后者存在真实的原因债权,发生电子登记债权是将原因债权电子化后采用让与、质押等方式进行融资。二者虽然都具有融资的功能,但二者对流通中货币量的影响不同,前者会引发流通中的货币量无限制的增加,可能引发金融风险,后者并未增加流通中的货币量,因此不会引发金融风险。此问题,容留笔者在谈及"电子登记债权与原因债权之间的关系"时详述。

金钱债权基于何种原因产生,电子登记债权法原则上不予限制,即无论是基于买卖合同的价金支付而发生的金钱债权,还是基于借贷合同的返还借款而发生的金钱债权,只要法律允许让与或质押的金钱债权,都可以登记为电子登记债权。与票据债权一样,电子登记债权是与原因债权相分离而独立产生的债权。电子登记债权独立于原因债权,因此原因债权是否实质存在或有效,对电子登记债权的效力不发生影响,换言之,电子登记债权不以原因债权实质存在或实质有效为前提[33]。此外,电子登记债权与原因债权相分离的另一个后果是基于原因关系的人的抗辩被切断。电子登记债权独立于原因债权,其效力不再受原因债权的影响,基于原因债权产生的人的抗辩被切断,电子登记债务人可以对电子登记债权受让人主张的抗辩不再随让与次数的增加而增加,促进了电子登记债权流通[34]。

### 3. 电子登记债权的发生、让与和消灭以登记为生效要件

以民事法律行为的基本理论为视角,电子债权行为是要式法律行为,即电子登记债权的发生、让与、消灭、质押和保证等行为,以当事人的意思表示和电子债权登记机构在电子债权登记原簿上进行登记为生效要件[35]。电子登记债权让与以登记为生效要件,避免了传统指名债权双重让与的风险,有效地保障了金钱债权的交易安全[36]。此外,电子登记债权的权利内容依照登记确定,第三人可以通过网络方便地查阅电子登记簿以确认债权存在与否、债权的归属、债权的权利内容及限制,有效地降低了确认传统指名债权存在的成本以及让与过程中的风险。由此可见,电子登记债权克服了传统指名债权让与中存在的风险(因双重让与产生的风险以及无法获得受让债权的风险)和债权确认成本比较高的缺陷。电子登记债权的发生与让与等不需要在纸质登记簿上登记,只需在电子债权登记机构管理的电子登记簿上进行登记。与传统的在纸质登记簿上登记相比,电子登记可以有效地降低纸面登记产生的保管、运输成本。电子登记债权的发生和让与等不需要交付纸质凭证,有效地克服了票据制作、保管及运输成本高和易发生被盗、毁损、灭失的缺陷。综上所述,电子手段的应用,使安全可靠、价格低廉的债权管理成为可能[37]。

### 4. 电子登记债权是与指名债权、票据债权等现有债权不同的金钱债权

以电子登记债权在债权体系中的地位为视角,电子登记债权是与指名债权和票据债权等既有债权不同的一种新型金钱债权[38]。以债权人的表示方法为标准,债权可以分为指名债权、无记名债权和指示债权三种[39]。票据债权可以作为无记名债权和指示债权的典型代表。电子登记债权是为了克服指名债权和票据债权的缺陷而创设的新型债权,因此电子登记债权与指名债权和票据债权不同。首先,电子登记债权不同于指名债权。电子登记债权的发生、让与、消灭等以登记为生效要件,而指名债权的发生、让与和消灭充分尊重当事人的意思自治,原则上以当事人的意思表

示或当事人为特定行为即可发生效力,①只有极少数情形以登记为生效要件。其次,电子登记债权不同于票据债权。一种证券所表彰的权利究竟是不是票据权利,关键就在于是否符合票据法关于票据要件的规定[40]。票据的出票以做成票据并交付持票人为生效要件;票据权利转让以背书并交付受让人为生效要件。电子登记债权不以交付为要件,因此电子登记债权与票据债权不同。电子登记债权虽然可以代替票据作为支付工具,②但电子登记债权是不同于现行票据债权而另外创设的债权,并未变更现有的票据制度,欲使用票据的人可以继续使用(对现行票据的使用不产生影响)[41]。综上所述,电子登记债权的发生、让与以在电子登记簿上登记为生效要件,其法律性质不同于指名债权和票据债权等现有债权。

此外,以证券的基本理论为视角,电子登记债权是一种证券。证券是指在特定的载体上记载特定民事财产权利的书证[42]。电子登记债权是在电子登记簿上登记的金钱债权,因此电子登记债权是一种证券。详言之,电子登记债权为金钱证券、完全的有价证券、记名证券、要式证券、文义证券和无因证券。电子登记债权以请求支付特定数额的金钱为债权内容,因此电子登记债权为金钱证券;电子债权的产生、变更、让与和消灭均以登记为生效要件,因此电子登记债权为完全的有价证券;电子登记债权必须将特定权利人在电子登记簿上进行登记,因此电子登记债权为记名证券;电子登记债权的形式和登记事项均由电子登记债权法明确规定,违反无效,因此电子登记债权为要式证券;电子登记债权的权利内容以及其他相关的一切事项均以登记为准,不受登记以外事项的影响,因此电子登记债权为文义证券;电子登记债权的发生、变更、移转、保证、质押、消灭等均依照登记进行,以登记为准,不论导致电子登记债权发生、变更、移转、保证、质押、消灭的原因存在与否、有效与否,因此电子登记债权为无因证券。从让与的形式看,电子登记债权与电子证券类似,③但电子登记债权不同于电子证券。关于股权的权利性质,我国法学界尚未取得一致意见。但可以肯定的是:股权不是债权,而电子登记债权的性质为债权,所以电子登记债权不是电子证券中的电子股票;电子登记债权与债券均为债权,但法律对债券的发行主体和发行条件有严格的限制,而电子登记债权法未对电子登记债权的发行主体(发生登记申请人)和发行条件(这里的发行条件是指发行主体必须满足法律规定的有关主体的组织形式、最低注册资本、盈利情况以及一定期间内有无重大违法行为等)作

---

① 如指名债权让与以当事人的意思表示和通知债务人为生效要件;指名债权的消灭因债务人履行、抵销、提存等原因消灭,前述导致债权消灭的原因均不以登记为要件。

② 电子登记债权和票据都可以作为支付工具。支付工具不同于支付手段,当事人采用法定的支付手段进行支付后,当事人之间的债权债务关系消灭。当事人采用支付工具履行债务后,除非法律有明确规定(如抵销、强制执行)或经债权人同意,否则当事人之间的债权债务关系不消灭。

③ 这里的证券特指股票和债券。

出具体的限制,因此电子登记债权不同于电子证券中的电子债券。

## 2.1.3 电子登记债权的类型

**1. 以功能为标准进行分类**

以功能为标准,电子登记债权可以分为结算型电子登记债权和让与型电子登记债权。前者实际上是一种电子支付工具,代替票据履行支付和结算职能。如债务人向银行贷款,在贷款合同生效后履行期(银行向借款人支付借款的期限)届至前,借款人将请求银行支付借款的债权申请发生电子登记债权后让与自己的债务人,以此履行自己的债务。此时,借款人申请发生的电子登记债权即为结算型电子登记债权,主要应用于集团内部各企业之间的结算。后者是债权人将传统债权电子化后采用电子手段进行让与以实现融资的目的。

**2. 以权利产生的原因为标准进行分类**

以权利产生的原因为标准,电子登记债权可以分为 3 类:(1)因发生登记产生的电子登记债权,即在债权人和债务人之间根据发生金钱债权意思的发生登记而产生的电子登记债权,此即通常意义上的电子登记债权;(2)因保证登记产生的电子登记债权,即对电子登记债权对应的主债务提供保证,依照保证登记产生的电子登记保证债务履行请求权;(3)特别求偿权,即保证人履行电子登记保证债务并进行支付登记后,取得对主债务人、自己的前手保证人以及其他共同保证人的求偿权[43]。

# 2.2 电子登记债权行为的特征和构成要件

## 2.2.1 电子登记债权行为的概念和法律特征

电子登记债权行为是指以在电子登记原簿上登记为要件,引起电子登记债权发生、变更或消灭的法律行为。电子登记债权行为作为法律行为的一种,具有法律行为的一般特征。但为保障债权交易安全和促进债权流通,电子登记债权行为又具有要式性、文义性、独立性和无因性。

**1. 电子登记债权行为的要式性**

(1)要式性的概念

一般民事法律行为原则上遵循意思自治,除要式法律行为外,当事人可以自由决定意思表示的形式。电子登记债权行为具有要式性,即电子登记债权行为均有其法定的行为方式,不允许行为人任意选择或变更。债权流转客观上亦要求以公开的、外在的和易于查知的适当形式展示债权的存在和变动,明确债权的归属和债权上的负担,以达至保护债权安全和维护其交易秩序的目的。电子登记债权行为须以法定方式进行,目的在于使利害关系人方便地知悉债权的真实权属状态,进而帮助受让人或质权人预估和规避风险。在权利发生冲突时,提供明确的优先权规则,以保障交易安全,促进电子债权流通。

(2) 要式性的内容

具体而言,电子登记债权行为的要式性包括以下内容:①电子登记债权的发生、让与、消灭以及电子登记保证和电子登记债权设定质押等,未经登记,无效[44]。电子登记债权行为人的意思表示可以采用口头形式、书面形式(包括电子形式、纸面形式)或其他形式,但当事人的意思表示必须经过电子登记,才能产生电子登记债权发生、让与、保证、质押的效力。②电子登记具有法定的登记事项。电子登记债权法规定,电子登记的登记事项包括法定必要登记事项和法定任意登记事项,电子登记欠缺任一法定必要登记事项,电子登记债权行为无效。由此可见,电子登记债权行为具有法定的款式,即确定电子登记债权和电子登记债务内容的登记事项由法律予以明确规定,其目的是使电子登记债权的内容简单明了,第三人易于辨认债权债务的内容,促进电子登记债权流通。

**2. 电子登记债权行为具有文义性**

(1) 文义性的概念

电子登记债权行为的文义性,是指电子登记债权行为的内容应依电子登记确定,即使电子登记的具体登记事项与当事人的真意或实质关系不符,未经法定程序变更,仍然依照电子登记确定。票据行为的文义性是指票据的记载事项与行为人的真意或实质关系不符时,票据行为仍应按照票据上的记载发生效力,不允许当事人以票据以外的证明方法加以变更或补充[45]。由此可见,票据行为的文义性较之电子债权的文义性更加严格,前者是绝对的文义性,后者是相对的文义性。

(2) 文义性的内容

电子债权的文义性具体内容如下:电子登记债权当事人的权利和义务均应依照电子登记确定;电子登记债权人不得以电子登记簿上未登记的事项向电子登记债务人主张,电子登记债务人亦不得以电子登记簿上未登记的事项对抗电子登记债权人;当真实权利义务的内容或范围与电子登记不符时,未经法定程序变更,仍然依照电子登记确定。需要注意的是,电子登记债权允许当事人登记法定任意登记事项,因此法定任意登记事项存在当事人意思表示不明确的可能。此时,对法定任意登记事项的解释仍应依照民法解释的一般原理,以探求当事人的真实意思为原则进行解释。但解释时应遵循有效解释原则,使电子登记债权行为尽量有效,且以不妨碍电子登记债权流通和不危害交易安全为限。

**3. 电子登记债权行为的独立性**

(1) 独立性的概念和理论基础

电子登记债权行为的独立性是指同一电子登记债权存在多个电子登记债权行为时,各电子登记债权行为的效力依各自的登记内容分别独立发生效力,某一电子登记债权行为的效力不因其他电子登记债权行为实质上的无效而受影响。创设电子登记债权市场的目的是促进电子登记债权流通,因此电子登记债权在流通中可能发生多个电子登记债权行为。由于第三人无法通过查阅电子登记簿确认在先的电子登记债权行为是否存在瑕疵,如果坚持在先电子登记债权行为的效力影响在后电子登记债权行为效力的原则,第三人在受让电子登记债权时,不仅要了解电子登记债权的内容及限制,还要——调查电子登记债权上的其他电子登记债权行为是否存在瑕疵,才能放心地受让电子登记债权,否则受让人的权利将处于不确定状态中。这不仅增加了受让人的交易成本,而且妨害了交易安全,第三人因此不愿接受电子登记债权,电子登记债权的流通也就无从谈起。为了保护电子登记债权的交易安全,有必要排除民法一般规定的适用,而由法律特别承认电子登记债权行为的独立性。

(2) 独立性的表现

电子登记债权行为的独立性集中体现为当某一电子登记债权行为人的意思表示无效或被撤销时,其他电子登记债权行为的效力不受影响。电子登记债权行为人因意思表示无效或被撤销的情形包括:①电子登记债权行为人的意思表示因不具备相应的行为能力而无效或被撤销;②电子登记债权行为人因意思表示错误或被欺诈等导致意思不存在或意思表示瑕疵,该意思表示无效或被撤销;③电子登记债务人没有负担债务的意思,如无权代理或冒用电子登记债务人的名义进行登记时,电子登记债务人不负担电子登记债务。

(3) 独立性的适用范围

电子登记债权行为的独立性是否仅适用于电子登记债权行为实质无效的情形,在前一电子登记债权行为无效(即欠缺法定必要登记事项)时,后一电子登记债权行为的效力是否受影响?关于票据行为独立性的适用范围,学者之间存在争议。有学者认为,票据行为的独立性只能适用于前提票据行为实质无效的场合[46]。另有学者认为,票据行为的独立性既适用于前提票据行为实质无效的场合,也适用于前提票据行为形式无效的场合[47]。本书认为,票据是否存在形式瑕疵,持票人易于识别,持票人并不因履行审查票据形式是否有效的义务而增加交易成本,因此前提票据行为存在形式瑕疵的场合,票据行为尚无独立性的必要。同理,受让人可以通过查阅登记确认电子登记债权行为是否存在形式瑕疵,因此独立性不适用于电子登记债权行为存在形式瑕疵的情形。

**4. 电子登记债权行为的无因性**

(1) 无因性的概念和理论基础

电子登记债权行为的无因性是指电子登记债权行为成立后,即与其基础的原因关系相分离,原因关系不存在或无效,均不影响电子登记债权行为的效力。无因性并不是说电子登记债权行为的发生本身不存在任何原因关系,①而是电子登记债权法将电子登记债权行为的效力和电子登记债权行为的原因关系予以分离,使电子登记债权行为的效力不受原因关系的影响。

之所以确立电子登记债权的无因性原则,是因为按照民法的一般原理处理电子登记债权行为与其原因行为的关系,即原因关系无效时基于登记产生的效果(电子登记债权的发生、让与等)也无效的话,第三人不得不面临丧失已取得的电子登记债权的危险。其结果是迫使电子登记债权的受让人必须调查其前手当事人之间所存在的原因关系是否有效。但受自身能力的限制,受让人无法准确查知电子登记债权的原因关系是否存在瑕疵,因此受让人取得的电子登记债权处于一种不稳定的状态,从而无法放心地受让电子登记债权,阻碍了电子登记债权的流通。为保障电子登记债权的交易安全,促进电子登记债权流通,电子登记债权法遂确立了电子登记债权行为的无因性,即原因关系的效力不影响电子登记债权发生、让与的效力[48]。电子登记债权行为的无因性不同于电子登记债权行为的独立性,独立性体现的是各个相互独立的电子登记债权行为之间的关系,无因性体现的是电子登记债权行为和作为其基础关系的原因行为之间的关系。电子登记债权行为的原因行为,如借贷、买卖、承揽等,其并不是电子登记债权行为,二者属于不同的法律行为。此外,电子登记债权行为无因性与电子登记债权发生后原因债权的效力不同,电子登记债权发生后,原因债权可以继续有效,但不影响电子登记债权行为的无因性特征。

(2) 无因性的具体表现

电子登记债权行为的无因性与电子登记债权的无因性同义。具体而言,电子登记债权行为的无因性包括以下几层含义:①电子登记债权行为的效力独立存在。电子登记债权行为不同于电子登记债权的发生、让与的原因行为,在当事人之间,原因关系和电子登记债权行为上的法律关系并存[49]。行为人只需将其意思表示进行登记,电子登记债权行为即告成立。原因关系的有效性不是电子登记债权的发生、让与和电子登记保证债务发生的有效要件[50]。电子登记债权行为一旦完成,即与其原因关系分离,不再受原因关系的影响。即使作为其基础关系的买卖合同、借贷合同等基础关系不存在、被撤销或无效,也不影响电子登记债权发生、让与的效力,电子登记债权行为仍然有效。②电子登记债权的名义债权人不负证明给付原因的义务。由于电子登记债权行为的效力独立存在,电子登记债权的名义债权人无须证明其取得电子登记债权的原因确已存在、有效和合法,即可对电子登记债务人行使电子登

---

① 学者在论述票据行为无因性时,均将票据行为的无因性表述为"票据行为与其基础关系相分离,其基础关系是否存在以及效力如何,一概不问"。本书认为,如果法律禁止发行融资型票据,则要求票据行为的基础关系必须存在,至于其效力如何,在所不问。如果法律未禁止发行融资型票据,则票据行为的基础关系没有上述限制。同理,电子登记债权行为亦如此。

记债权。③电子登记债务人不得以原因关系对抗善意第三人。电子登记债务人只能对与自己有原因关系的电子登记债权人依原因上的事由进行抗辩,而不得以自己与电子登记债权的名义债权人前手之间所存在的原因关系上的事由对抗善意的电子登记债权的名义债权人。具体而言,原因关系无效或被撤销,当事人之间基于原因关系而产生的人的抗辩,如原因关系的当事人之间主张拒绝支付和变更登记内容的请求,原则上对电子登记债权的受让人不能主张[51]。④受让人在受让电子登记债权时,不必确认原因债权是否已经让与或者是否存在与原因债权让与有关的对抗要件,只需确认电子登记簿上登记的名义债权人并申请让与登记即可安全、便捷地取得电子登记债权[52]。⑤电子登记债务人在履行了电子登记债务后,可以拒绝原因债权受让人的履行请求[53]。电子登记债务人对电子登记债权的受让人支付后,可以拒绝原因债权的债权人的支付请求[54]。

(3) 无因性的例外

电子债权的无因性虽然保障了交易安全,促进了电子登记债权流通,但如果坚持绝对的无因性,会使电子登记债务人处于不利的地位,甚至是损害电子登记债务人的利益,因此电子登记债权法在坚持电子登记债权行为无因性的同时,亦对无因性进行了修正。具体而言:①直接当事人之间的例外。在电子登记债权行为的直接当事人之间,电子登记债权人请求电子登记债务人支付时,电子登记债务人可以基于原因关系的抗辩事由对抗电子登记债权人。②恶意抗辩例外,即对恶意取得电子登记债权的债权人抗辩的例外。如前所述,电子登记债务人不得以自己与电子登记债权的名义债权人前手之间所存在的原因关系上的事由对抗善意的电子登记债权的名义债权人,但电子登记债权的抗辩限制不是绝对的,当电子登记债权人在取得电子登记债权系恶意时,电子登记债务人可以以其与电子登记债权人前手之间的基于原因关系的抗辩事由对抗电子登记债权人。无因性的例外规定,允许电子登记债务人在一定情形下主张原因关系上的抗辩,矫正了当事人之间利益的失衡状态。电子登记债权行为的无因性及其例外规定,既保障了交易安全,促进了电子登记债权流通,又体现了民法的公平原则。

## 2.2.2 电子登记债权行为的构成要件

电子登记债权行为作为法律行为的一种类型,其成立除应具备民事法律行为通常的构成要件外,还应具备电子登记债权法规定的要件。民事法律行为通常的构成要件是电子登记债权行为的实质要件,包括当事人的能力和意思表示问题。电子登记债权法规定的要件为电子登记债权行为的形式要件,即电子登记。

当事人的能力包括行为人的权利能力和行为能力,电子登记债权法不作任何特殊规定,严格适用民法的规定。意思表示因涉及交易安全和消费者保护问题,所以电子登记债权法作出了一些特殊规定。此外,电子登记作为电子登记债权行为的形式要件,亦不同于民法关于民事法律行为的一般规定。因此,本书将单独讨论意思表示和电子登记。

### 2.2.3 电子登记债权行为人(电子登记债权利用主体)的范围

创设电子登记债权市场的主要目的是利用电子登记债权进行融资,那么,电子登记债权的利用主体是否仅限定为企业?假设承认消费者的利用,则是否需要对消费者进行保护?如消费者作为债务人时,是否可以不受抗辩切断制度的约束?有观点认为,电子登记债权法不应特别限制利用主体的范围,受理哪些人(特别是债务人)的申请,应该由电子债权登记机构决定[55]。本书认为,如果将电子登记债权的利用主体限定为企业,则个人将无法利用电子登记债权进行融资,有悖法律的公平;如果限制消费者利用电子登记债权,在电子债权登记申请时,电子债权登记机构会遇到以下困难:难以判断申请人是不是消费者,从而无法拒绝登记或限制登记内容。此外,消费者保护可以通过对经营者的权利进行限制的特殊规则实现,而不应该在电子债权法中通过限制利用主体的方式实现。因此,由电子债权登记机构限制利用主体的范围,有剥夺行为人利用电子登记债权进行融资的机会的嫌疑,所以电子登记债权法应明确禁止电子债权登记机构在业务规则中规定电子登记债权利用主体的范围。

鉴于全球经济一体化的发展、亚洲电子登记债权市场乃至世界电子登记债权市场创设的必要性和金融贸易电子数据交换(EDI)等原因,利用人不应仅限于本国人[56]。综上所述,电子登记债权法和电子债权登记机构均不应限制利用主体的范围。电子登记债权的利用主体不限于法人,自然人也可以[57]。不仅本国人可以申请登记,外国人也有权请求登记。

## 2.3 意思表示

电子登记债权行为的意思表示,原则上适用民法的规定。但当事人的意思表示存在缺陷(意思表示不存在或有瑕疵)时,基于保护交易安全和促进电子登记债权流通的需要,电子登记债权法应作出不同于民法的规定,即在电子登记债权行为因意思表示的缺陷而无效或被撤销时,行为人均不得以其无效或撤销对抗善意第三人。

### 2.3.1 意思表示存在缺陷在直接当事人之间的法律后果

电子登记债权行为的意思表示可能发生错误或因被欺诈、被胁迫而发生。民法上有关意思表示错误、欺诈及胁迫的规定,是针对意思表示的直接当事人之间规定的法律后果。此种情形,电子登记债权行为意思表示作为私法上的意思表示,在其直接当事人之间没有设置特殊规定的必要,直接适用民法上有关意思表示瑕疵的规定即可[58]。需要指出的是,如果登记申请行为的相对方通过电子债权登记机构知道申请人的意思表示存在心中保留、虚伪表示以及欺诈或错误时,亦适用日本民法典第93条但书和该法第94条第2款以及第96条第2款的规定。具体而言:如果相对人通过电子债权登记机构得知表意人的意思表示为心中保留时,表意人的意思表示无效;如果第三人通过电子债权登记机构得知表意人与相对人串通做出的虚伪表示,第三人不构成善意第三人,不得主张表意人和相对人所为的虚伪表示有效;如果相对人通过电子债权登记机构知道表意人所为的意思表示中有第三人实施欺诈,表意人可以撤销其意思表示。此外,在适用民法意思表示错误、欺诈、胁迫等规定时,如果债权债务关系的直接当事人作为登记申请人和登记申请的相对方,这里的相对方应解释为登记申请人的相对方[59]。

## 2.3.2 意思表示存在缺陷时对善意第三人的效力

**1. 是否对善意第三人进行保护**

电子登记债权意思表示因心中保留、虚伪表示或意思表示错误而无效,或因欺诈、胁迫而被撤销时,是否适用民法关于善意第三人保护的规定,有以下两种不同的方案:一种方案认为应参照日本商法典第191条①的规定,第三人作为受让人不适用民法的相关规定,如意思表示错误、人的抗辩和当事人之间的不当得利问题,即不适用民法有关善意第三人保护的规定;另一种方案认为应参照日本民法典的规定,设置第三人保护的规定[60]。本书认为,设置善意第三人保护的规定可能与意思表示的当事人之间的涂销登记请求权或更正登记请求权发生冲突,但在意思表示的当事人的利益和交易安全发生冲突时,应优先保护交易安全,即如果不适用或不类推适用《日本民法典》第94条第2款和第96条第3款就无法有效地保护受让人,从保障电子登记债权流通的观点来看,应直接适用或类推适用[61]。

**2. 是否设置与民法相同的规定**

(1)可供选择的方案

电子登记债权法是否设置与民法相同的规定,存在两种截然相反的方案:第一种方案认为,日本民法典的前述所有规定应适用于电子登记债权行为的意思表示。日本民法典之所以没有作出胁迫时对善意第三人保护的规定,原因在于胁迫的情况下债务人(被胁迫人)缺乏可归责性,此时民法应保护表意人。基于同样的理由,电子登记债权法也应做同样的规定。第二种方案认为,除胁迫外,前述民法典其他规

---

① 该条规定已被删除,笔者注。

定应适用于电子登记债权行为的意思表示,即胁迫发生后,当事人不得对善意第三人主张意思表示无效。因为胁迫人一方具有可归责性,在胁迫的程度比较明显且严重时如果以欠缺意思能力为由认定意思表示无效,胁迫人可以此为由受到保护,这显然不公平[62]。

(2) 日本《电子记录债权法》的规定

日本《电子记录债权法》基于对交易安全的保护,基本上采纳了第二种方案,即对电子登记申请的相对人的意思表示,如果因心中保留无效,意思表示错误无效;因欺诈或胁迫被撤销,不得对抗善意且无重大过失的第三人;因欺诈或胁迫被撤销的第三人,仅限于撤销后的第三人。①

(3) 本书的观点

① 被胁迫人撤销意思表示的主张能否对抗善意第三人

本书认为,保护交易安全的结果是破坏甚至剥夺了债务人的权利,因此对交易安全的保护应有节制,必须存在可归责于债务人的事由。第三人善意只能是其能否取得权利的条件,而不能作为剥夺被胁迫人权利的理由,因此,在被胁迫人没有过错时,其撤销意思表示的主张可以对抗善意第三人。为防止胁迫人不当利用该规定,电子登记债权法应规定胁迫人无权主张撤销其意思表示。综上所述,电子登记债权行为的意思表示因心中保留、错误无效或因欺诈被撤销,不得对抗善意第三人。

② 第三人是否必须是善意且无重大过失

对日本民法典第 94 条第 2 款规定和第 96 条第 3 款规定的"善意第三人"的解释,日本理论界和实务界之间存在争议,有观点认为此处的"善意第三人"不仅主观上为善意而且无过失,另有观点认为"善意第三人"主观上善意即可,不要求无过失[63]。关于电子登记债权行为的意思表示,有观点认为,为了促进电子登记债权流通,即使民法没有对第三人保护的明确规定时也应对善意、无重大过失的第三人进行保护,因此日本民法典对心中保留或意思错误没有设置对第三人保护的规定,也应解释为心中保留或意思表示错误不能对抗善意且无重大过失的第三人。因为电子登记债权法作为民法的特别法,应对第三人的保护要件设置严格的规定,应以"重大过失"准用"恶意"的规定,因此民法关于虚伪表示、欺诈被撤销前的第三人的保护规定,不应保护有重大过失的第三人[64]。日本《电子记录债权法》最终采用了此种方案。②

本书认为,知道与否是判断"善意"的标准,应否知道是判断"过失"的标准,所以日本《电子记录债权法》中"善意且无重大过失"的规定存在问题,因为"善意"和"无重大过失"不在一个逻辑层面上。同时,要求第三人"无重大过失"意味着第三人应

---

① 日本《电子记录债权法》第 12 条。
② 日本《电子记录债权法》第 12 条。

履行调查前项电子登记债权行为的意思表示是否存在瑕疵的义务,对第三人而言,这一规定未免过于严苛,既不利于提高交易效率,也影响了交易安全。因此,只要第三人不知道前项电子登记债权行为的意思表示存在瑕疵,即善意第三人,其利益就应受到保护。

③ 欺诈时受保护第三人的界定

关于欺诈,日本民法典第96条第3款规定的"第三人",判例、通说认为只限于撤销前的第三人,而不包括撤销后的第三人,因为法律推定撤销后的第三人知道该意思表示已被撤销[65]。日本《电子记录债权法》采用了此观点,将因欺诈或胁迫被撤销的第三人限定为撤销后的第三人。本书认为,传统的撤销意思表示的方式一般以通知的形式进行,其缺陷是通知不是有效的公示方式,无法准确地认定撤销前后的第三人,所以上述规定在适用时容易产生纠纷。为避免上述弊端,撤销电子登记债权的意思表示应以登记为要件,权利人只有将撤销的意思进行登记才能对抗第三人。如果只通知相对人而没有进行登记,除非撤销权人能举证证明第三人明知撤销意思对相对人作出,其撤销的意思不能对抗第三人,第三人仍属撤销前的第三人。

前述对善意第三人保护的规定不但适用于电子登记债权行为意思表示无效或被撤销时的登记,而且适用于变更登记[66]。同时因电子登记债权行为的意思表示存在瑕疵时对善意第三人保护的规定不适用于在支付日期以后(分期支付的情形,仅限于到期的部分)因电子记录债权的让与、设质、扣押债权、临时扣押债权以及裁定开始破产程序而成为电子记录债权的受让人、质权人、扣押债权人、临时扣押债权人、破产财产管理人以及消费者。①

## 2.3.3 意思表示存在缺陷时电子债权登记机构的责任

电子债权登记机构对申请人负有一般的注意义务,即确认申请人是否存在行为能力的限制(无行为能力或限制行为能力)和是否存在意思表示不存在、意思表示瑕疵的义务。申请人为限制民事行为能力人或者申请的意思表示不存在、意思表示瑕疵时电子债权登记机构承担的责任,依照侵权行为责任和其他民法的一般原则,而不设置特别规定,即没有特别规定不承担责任[67]。

## 2.3.4 意思表示存在缺陷时对消费者的保护

**1. 保护消费者的制度设计及其理由**

关于电子登记债权行为的意思表示存在缺陷时,该意思表示被撤销或无效后,不得对抗善意第三人,但第三人可以主张无效,因此要考虑消费者作为第三人或消

---

① 日本《电子记录债权法》第12条。

费者被欺诈、被胁迫时,是否对消费者予以特殊的保护。如果债权人为经营者,要考虑是否可以采用该经营者的行业法对债权人进行规制以达到保护消费者的目的。如果采用各自的行业法进行规制,由于债权人的种类众多,无法根据行业进行一一对应,不能通过行业法的规制达到保护消费者的目的[68]。因此,日本《电子记录债权法》第 12 条专门设置了保护消费者的规定。具体而言,因电子登记债权意思表示遭受损失的人,无权以意思表示错误为由对作为意思表示错误受领人的消费者主张无效;如果消费者作为进行意思表示的主体,如果消费者的意思表示存在缺陷,如意思表示不存在、被欺诈等,无论第三人善意与否,消费者均可对抗善意第三人[69]。需要注意的是,如果消费者为电子登记债权的意思表示的第三人,适用《日本民法典》第 94 条第 2 款和第 96 条第 3 款有关保护善意第三人的规定和日本《消费者契约法》第 4 条第 5 款的规定。

**2. 消费者的界定**

消费者保护法中的"消费者"是指个人,但个人从事经营或为了经营而成为契约的当事人时除外,个人经营者在购买私人汽车和家庭住宅时也是消费者。① 在日本,电子登记债权主要用于一揽子结算方式、银团贷款的流动化以及替代票据,这些情形的债务人和让与人中的个人全都是作为"经营或为了经营而成为契约的当事人",即不是消费者。因此,最初构想的电子登记债权当事人大部分不是消费者,消费者作为电子登记债权的意思表示的当事人可能仅仅是住宅按揭贷款的债务人[70]。对我国而言,未来电子登记债权的债务人不仅包括商品房按揭贷款的债务人,还包括汽车贷款的债务人等,因此中国未来的电子登记债权法有必要借鉴日本电子记录债权法的规定,设置电子登记债权行为意思表示瑕疵时消费者保护的特殊规定。

## 2.4 电子登记的基本问题

### 2.4.1 电子登记的概念和类型

**1. 电子登记的概念**

电子登记是电子债权登记机构将电子登记债权发生、让与、保证、质押、消灭的事实在电子登记簿上记载并由电子登记债权法赋予其法律效力的法律事实。电子登记与传统纸面登记的主要区别是采用电子形式,不仅便利了第三人查询,而且提高了登记效率,降低了登记成本。

---

① 根据日本消费者保护法的规定,"消费者"的身份依照各个具体契约的目的被认定。日本《消费者契约法》第 2 条第 1 款:本法所称的消费者是指个人,但个人作为商事合同或以商事为目的的合同的一方当事人时除外。因此,消费者的认定标准为:个人加消费而非经营行为。

**2. 电子登记的类型**

根据电子登记的登记事项、登记的申请人以及登记的效力,电子登记可以分为以下几种类型:(1)发生登记,以发生电子登记债权为目的的登记,是电子登记债权发生的有效要件;(2)让与登记,以让与电子登记债权为目的的登记,是电子登记债权让与的有效要件;(3)保证登记,对电子登记债务进行保证而进行的登记,是电子登记保证的有效要件;(4)质权设定登记,以在电子登记债权上设定质权为目的的登记,是质权设定的有效要件;(5)支付登记,对导致电子登记债务消灭的原因事实(如支付等)进行的登记,是电子登记债权消灭的有效要件;(6)变更登记,对(1)至(5)的登记内容进行变更以及因登记外的原因(如继承、公司合并等)引起权利变动结果进行的登记,变更登记是权利内容变更的有效要件。需要注意的是,电子债权登记机构对与当事人申请的内容不同的登记进行的更正登记,不同于变更登记[71]。

## 2.4.2 登记机构的选择

依照日本电子记录债权法的规定,由全国银行业协会设立统一的专业机构进行债权让与登记。为保证债权让与公示的统一性和权威性,便利第三人查询,我国未来的电子债权登记机构可以参考日本的模式,设立全国统一的登记机构。从降低设立成本的角度考虑,可以对现行中国人民银行征信中心设立的债权质押登记系统进行改造,受理当事人的电子登记债权申请。

## 2.4.3 电子登记的效力

对于登记的效力,可供选择的有登记生效主义和登记对抗主义。日本电子记录债权法采用登记生效主义[72]。我国未来电子登记债权立法宜采用登记生效主义,理由在于:从对抗第三人的效果来看,登记对抗主义和登记生效主义并无实质差别;从鼓励当事人进行登记的效果来看,登记生效主义比登记对抗主义的激励功能强[73]。登记生效主义和登记对抗主义分别向人们提供了不同的激励:登记生效主义向债权让与的当事人提供了债权变动形成力的激励,即登记对债权让与具有决定性意义,未依法进行登记,不仅不能产生对抗第三人的效力,甚至在当事人之间也不发生债权变动的效果;登记对抗主义向债权让与的当事人提供的激励是对抗力,即未经登记,不能对抗第三人,但在当事人之间发生债权让与的效果。在登记对抗主义模式下,受让人往往抱有侥幸心理而认为自己取得的债权未必受到第三人的追夺,因而没有进行登记的动力。让与人为了实现自己利益的最大化,往往对债权进行"一女多嫁",因而让与人也不愿意进行登记。再加上降低交易成本的考虑,债权让与的双方当事人均没有进行登记的积极性。由此可见,借助公示达成明澈债权权属以维护交易安全,登记生效主义的激励功能远比登记对抗主义要充分。

## 2.4.4 申请人

与其他登记一样,电子登记原则上应由当事人申请。电子登记债权的发生登记和保证登记,必须由负担债务的人,即发生登记的债务人和登记保证人申请。保证登记必须由保证人申请,理由在于负担电子登记保证债务必须基于保证人的意思表示。发生登记必须由债务人申请,原因在于电子登记债务远比普通债务沉重,依照"债务人不因债权让与而遭受损害"的原则,电子登记债权法必须为债务人提供保护其权益的机会,发生登记必须由债务人申请或经债务人同意就是充分尊重当事人意思自治、保护债务人利益的有效手段。让与登记,以丧失权利的让与人登记为必要[74]。此外,通过登记取得权利的债权人或受让人是否作为申请人,实有探讨的必要。另外,登记申请仅仅是对电子债权登记机构提出的申请,是申请人对电子债权登记机构而非对对方当事人的意思表示,且没有当事人之间关于电子登记债权发生、让与的合意[75]。因此,电子登记债权行为意思表示是否以当事人之间的合意为要件,即由当事人签订合同、订立契约,或者是由一方当事人申请而由对方当事人同意而引起电子登记债权发生、让与的契约,该契约独立于或者是不同于原因关系的契约[76],亦有探讨的必要。以电子登记债权的发生、让与是否需要当事人之间订立合同以及是否需要债权人、受让人申请为标准,主要有以下方案及理由。

**1. 可供选择的方案及理由**

(1) 需要当事人双方单独的合意

该方案不仅需要当事人申请,而且需要当事人单独的合意。此方案中,合意和双方当事人的申请均为必要条件,但没有关联性。依照民法的一般原则,没有当事人的合意不发生债权债务关系。此外,有些债权债务关系可能存在当事人禁止让与债权的约定,因此从保护债务人的利益出发,有必要维持禁止让与约定的效力,因此电子债权登记申请有必要以当事人的合意为要件[77]。根据是否需要当事人双方申请,该方案又可以分为以下两种具体的方案。

① 由当事人双方申请

该方案以电子债权登记机构登记、当事人之间的契约以及当事人双方申请作为要件。① 理由在于,电子登记债权的发生、让与影响原因债权行使,因此电子登记债权的发生、让与应基于当事人之间的契约,即申请本身以外的合意是进行申请的必

---

① 电子债权登记机构并不干预当事人之间的契约,当事人之间的契约成立与否以及契约的内容,无须电子债权登记机构进行确认,电子债权登记机构只需确认当事人双方申请的真实性即可。所谓"当事人双方申请"是指当事人双方共同进行申请,包括当事人提交共同署名的书面文件(包括电子签名的电子文档)和当事人分别进行申请的情形(申请的内容相同但申请的时间不同)。此外,电子债权登记机构也可以通过业务规则限定申请的方式,如只能由双方当事人共同申请。

要。该方案的不足之处在于当事人之间契约的内容(原因关系)和登记申请的内容不一致时,如原因债权的债权额为 100 万日元,在进行发生登记申请时错误地申请为 1 000 万日元,电子债权登记机构将债权额登记为 1 000 万日元,当事人之间实际的债权额只有 100 万日元,如果认定超过该 100 万日元的部分无效,将损害电子登记债权流通,因此在登记申请内容与原因债权的内容不一致时,应单独设置保护善意第三人的规定[78]。

② 由当事人一方申请

该方案以是否由电子债权登记机构通知对方当事人,又可以分为以下两种具体方案:

第一种方案认为,由债务人单独申请,或者是债权人单独申请,或者是由债务人申请并征得债权人同意,电子债权登记机构无须将申请内容通知相对人。在债务人不申请时,债务人基于合意有申请的义务,债权人有权请求债务人申请。同时,当事人一方可以委托另一方当事人进行申请。本书认为,由债权人单独进行申请,虽然有当事人的合意,但没有债务人申请而发生电子登记债权,有可能发生债权人滥用申请的危险[79];申请是对电子债权登记机构的意思表示而非对相对人的意思表示,而不需向债权债务发生那样需要债权人和债务人直接或间接的合意(意思表示一致)。此外,申请及其合意的内容应被电子债权登记机构和第三人知道,但债权人单独申请或者是债务人申请并征得债权人同意的申请方式,导致电子债权登记机构难以确认当事人之间是否存在合意以及合意的内容,有可能发生当事人合意有关的意思表示与申请行为不一致的情形,即债权人恶意登记而损害债务人的利益。

第二种方案认为,由当事人一方申请并由电子债权登记机构通知相对方。与前一方案不同的是,由债权人或债务人向电子债权登记机构提出申请,电子债权登记机构将申请的事实及内容通知相对人。当事人之间的合意并不独立于申请行为,当事人之间的合意与电子债权登记机构对申请的处理可通过一个行为进行。具体而言,电子债权登记机构可以采取以下方式履行通知义务:a. 一方当事人进行发生登记申请时,电子债权登记机构应将申请的事实及内容通知相对方,对方当事人接受发生登记申请,电子债权登记机构将对方当事人确认登记申请内容的事实通知当初申请的一方,当事人之间的契约成立。此方案防止了当事人之间契约内容和申请内容不一致情形的发生。但是,一方当事人代理对方申请(契约的内容存在代理权的授予),或者双方当事人共同申请时,即使电子债权登记机构没有将申请内容通知对方当事人,也不会产生当事人之间的契约和申请内容不一致的情形,因此,电子债权登记机构是否有必要将申请内容通知相对方,值得探讨[80]。b. 债务人或债权人将受领相对方承诺(同意)的意思表示的权限授予电子债权登记机构,电子债权登记机构受领债权人或债务人承诺的意思表示时合意成立(不需要传达债务人或债权人的承诺的意思表示），债务人或债权人的一个行为具有双重作用，即发送一封电子邮件给电子债权登记机构，同时完成对电子债权登记机构的发生登记申请和对相对人进行发生电子债权的意思表示。电子债权登记机构将该电子邮件转送给相对人（申请人的相对人），同样，相对人的一封电子邮件，即可同时完成对电子债权登记机构申请的同意和电子债权发生的意思表示的承诺[81]。此种方案，当事人之间的合意通过电子债权登记机构进行，从而使电子债权登记机构能够确认当事人之间是否存在合意以及合意的内容，从而有效地避免了与合意有关的意思表示和申请行为不一致的现象[82]。但该方案因当事人并未同时进行申请，最终申请的内容有可能是通过电子债权登记机构的几次传达才能确定，因此影响了登记效率。

综上所述，采取第二种方案，申请和当事人之间的契约由同一行为进行，能避免发生契约内容和申请内容不一致的问题。但该方案存在以下问题，即电子债权登记机构将申请内容通知相对方以及向对方确认需要付出时间和劳动成本。如果最先进行申请的当事人授权电子债权登记机构受领对方当事人的意思表示，虽然可以减少通知的次数，但电子债权登记机构在完成登记后仍需通知当事人。由当事人一方通过授权对方当事人代理登记申请（包括与电子债权登记机构订立基本契约授予代理权）即可以降低登记申请和通知所支付的成本，但电子债权登记机构确认代理权之有无存在困难。电子债权登记机构在无法确认代理权是否真实存在时，可以不受理该申请，同时预先在业务规则中规定代理申请必须提交的信息，就不会产生确认代理权的困难[83]，这样有可能将符合登记条件的申请拒之门外，同时也降低了登记的效率。

（2）只需当事人申请而不需要当事人之间的合意

该方案不需要当事人之间的单独合意，电子债权登记机构登记和当事人双方申请作为电子登记债权发生、让与的要件。因为电子登记债权是一种法定债权，电子登记债权的发生、让与依照申请内容（即登记内容）即可发生效力，不以当事人之间的契约为要件，所以不发生契约内容和申请内容不一致的情形，从而确保法律的稳定性和交易安全。根据申请人的不同，该方案又可以分为以下几种具体方案。

① 债务人单独申请

此种方案，与票据出票行为的理论基础相同，有债务人的申请即可，无须债权人的申请。有观点认为，此种方案有利于保护交易安全（保护第三人的利益），因为在债务人的意思表示没有到达债权人的场合或债权人是限制行为能力人时，电子登记债权也可以发生。但该方案存在以下不足之处，即在电子债权发生的阶段，债务人个人的行为即可产生电子登记债权，违背了民法的基本理论，债权人有可能不知道电子债权已经发生，从而影响原因债权的行使和处分[84]。本书认为，票据的出票行为是出票人签发票据并将其交付给收款人的票据行为,①因此票据的出票行为意味着当事人之间存在合意,电子登记债权作为财产权的取得必须基于取得者的意思表示,因此电子债权发生登记需要当事人之间存在合意,虽然不需要申请之外的单独合意,但需要当事人共同申请。此外,由债务人单独申请剥夺了债权人申请发生电子登记债权的机会,不利于债权的充分利用。

② 债权人申请或债务人申请

该方案不以当事人的合意为要件。具体而言,该方案又可以分为以下两种具体的方案:一是债权人或债务人单独申请即可,而不需对方当事人的同意;二是一方当事人申请,另一方同意,即债权人申请登记,债务人同意(明示、默示)[85],或者是债务人申请登记,债权人同意(实际上是借记划拨的支付方式)[86]。此方案不以合意为要件,在法律构成上比较简明扼要,弥补了前述方案以合意为要件的不足之处。但该方案存在以下弊端:由债权人单独申请即可发生电子登记债权,没有债务人负担债务的意思表示却要电子登记债务人负担电子登记债务,不符合债法的基本原理;不需申请相对人同意即可发生电子登记债权,有可能发生申请人恶意登记,从而损害申请相对人的利益;一方当事人申请而由对方当事人同意的申请方式,影响登记效率。

③ 债务人或让与人申请

该方案以债务人或让与人申请并由电子债权登记机构登记作为电子登记债权发生、让与的要件,不以当事人之间的契约、债权人和受让人的申请为必要,无须债权人、受让人意思即可产生电子登记债权的发生和让与的效力[87]。之所以如此,是因为电子登记债权是基于债务人和让与人单独行为而产生效力(发生和让与效力)的一种法定债权。即使债权人未申请或不同意,作为债务人也可以处理电子登记债权,既节约了申请和处理的时间和成本,又提高了交易效率。但该方案存在以下问题:没有债权人的意思表示即可产生原因债权的行使或消灭,让与人单独申请即可导致电子登记债权移转,其合理性值得怀疑;此外,如果电子登记债权发生和让与同时进行,受让人能否在没有债权人的意思表示时取得电子登记债权?另外,债权人不知道电子登记债权发生而将原因债权让与他人,如果电子登记债务人可以电子登记债权发生的事实对抗原因债权的受让人,则会损害原因债权的交易安全[88]。

④ 债权人和债务人或让与人和受让人共同申请

电子登记债权的发生、让与会影响原因债权的行使,因此,电子登记债权发生,必须由债权人和债务人申请,电子登记债权让与,必须由让与人和受让人共同申请[89]。由当事人共同申请,如果债权人和债务人曾约定禁止该债权让与,视为当事

---

① 我国《票据法》第 20 条。

人之间变更了禁止让与的约定而允许该债权转让。当事人（债权人和债务人）必须共同向电子债权登记机关申请发生登记[90]。

**2. 日本《电子记录债权法》的规定及其评述**

日本《电子记录债权法》最终采取了不以当事人之间的合意为必要，但原则上需要债权人和债务人共同申请并由电子债权登记机构登记的方案。① 本书认为，电子登记债权发生会影响原因债权的行使，同时为了防止权利人或义务人单方申请可能损害对方当事人的利益，应由权利人和义务人共同申请。在债权人和债务人共同申请时，可以推定当事人对电子登记债权的权利变动产生了合意，因此在登记申请时不需要当事人之间存在独立于登记申请之外的合意。当事人共同申请外加电子债权登记机构登记的方案，既提高了登记效率，又保障了权利人和义务人的安全，避免了一方当事人利用电子债权发生登记损害另一方当事人利益的弊端，是一种比较理想的方案，值得我国未来电子登记债权立法借鉴。需要注意的是，除当事人共同申请外加电子债权登记机构的登记外，电子债权的意思表示既包括当事人之间的意思表示，也包括对电子债权登记机构的登记申请的意思表示，应适用民事法律行为中意思表示的一般规定。

## 2.4.5 申请方式

电子登记债权作为IT社会（信息社会或网络社会）产生的新型债权，电子债权登记机构广泛采用传真以及网络登记方式。有观点认为，如果采用电子方式申请，使用电子签名和认证会增加电子债权登记机构的成本和加大其责任，基于技术中立的考虑，为适应将来技术发展的可能性，法律不应强制规定采用电子签名和认证的方式进行发生登记申请。此外，登记申请不宜全部采用电子方式，而应采用电子申请和纸面申请并存的方式[91]。

在现行技术条件下，可供当事人选择的登记申请形式有口头、书面（包括纸面和电子形式）和其他形式。确定电子登记申请及撤回申请的形式，既要适应将来技术发展的可能性，又要考虑登记的成本及电子债权登记机构提供服务的灵活性，还要考虑登记申请人的现实情况。考虑到电子登记债权利用人（债权人、债务人和受让人等）的范围较广，使用者自身的习惯以及拥有的计算机网络等通信工具存在差异，特别是现行金钱债权让与通常采用书面（纸面）方式进行，法律不应强行规定申请方法。此外，考虑到电子债权登记机构处理登记事务的便利，以及改变现行结算系统会增加费用，电子债权登记机构可以自由选择申请的方法[92]。综上所述，法律并不强制性规定申请的形式，即使当事人采用电子方式进行申请，法律也不强制性规定

---

① 日本《电子记录债权法》第4条和第5条。

采用电子签名和认证,而是由电子债权登记机构自由决定申请的形式。

为实现上述目标,关于登记的申请方式,电子债权登记机构应尽可能提供多种方式供申请人选择。具体而言,申请方式并不局限于通过互联网进行,互联网以外的其他方式亦可,如传真、窗口来访的方式[93]。除法律有明确规定外,电子债权登记机构可以在业务规则中确定当事人申请及撤回申请的方式。如为了尽可能防止错误发生,电子债权登记机构可以要求当事人采用电子方式进行登记申请。电子债权登记机构自主制定各种不同的申请方式可能会给申请人带来不便,因此电子债权登记机构制定的规则必须具有明确性和以特定方式公开,且该规则必须纳入业务规则[94]。

### 2.4.6 电子债权登记机构进行登记时应遵循的基本规则

**1. 及时并严格按照当事人的申请进行登记**

电子债权登记机构在收到当事人的登记申请时,必须毫不迟延地进行登记。因为电子登记债权未进行登记不发生电子登记债权变动的效力,所以当事人申请后毫不迟延地进行登记行为符合当事人期望[95]。

此外,电子债权登记机构应以当事人申请的事项为中心,依照登记程序在电子登记簿上登记。电子债权登记机构应将各电子登记债权在电子登记簿上区分进行登记并进行独立的编号,编号能起到区分各电子登记债权的作用。电子登记债权既然通过登记产生变动的效力,那么登记日便成为电子登记债权行为发生效力的日期,对该电子登记债权的内容(权利义务)而言是重要的记录,因此,电子债权登记机构应将登记日进行登记。

**2. 电子债权登记机构限制登记事项的规定应公开**

电子债权登记机构为了方便地开展登记业务,可以在业务规则中限制登记事项。关于该限制登记事项,原则上既不能进行申请,也不能进行登记。因此,发生登记的当事人在申请登记时应认真阅读电子债权登记机构的业务规则,以明确可以登记的事项。同时,打算受让电子登记债权的人,应预先通过确认业务规则以确定该电子登记债权的内容,即该电子登记债权是否有被限制登记的内容等[96]。但是,电子债权登记机构在业务规则中规定限制电子登记债权有关的私法上的权利义务的事项,例如限制有关转让的事项,如果该限制对电子登记债权的内容来说是重要的要素,应在业务规则里规定,并在电子登记簿上进行登记才能起到限制登记事项的作用,之所以对关涉当事人权利义务的登记事项的限制规定严格的程序,目的是促进电子登记债权交易的顺利进行[97]。此外,如果当事人约定采用账户汇款结算的方式或电子债权登记机构和债务人、银行等缔结账户汇款结算合同后,电子债权登记机构不得限制当事人登记结算账户的申请,同时,电子债权登记机构不得限制当事人将自己登记为个人经营者的登记申请。①

## 2.4.7 无权申请时电子债权登记机构的法律责任

电子债权登记机构有确认登记申请人真实身份的义务[98]。具体而言,电子债权登记机构在基于当事人的申请进行登记时,负有确认申请人有申请权限的义务,即电子债权登记机构应确认申请人具有本人的真实身份或在代理申请时代理人有代理权[99]。基于没有申请权限人的申请而进行的登记,因信赖该登记而取得电子登记债权的人,在本人事后未追认时,对本人无权主张基于该申请而进行登记的效果,同时无申请权限人有可能无法履行电子登记债务,此时受让人有可能因无权申请而遭受损失。为有效地保障受让人实现电子登记债权,促使电子债权登记机构提高注意义务,防止基于无权申请而进行的登记的发生,电子债权登记机构在特定情形下应对受害人承担责任。

**1. 无权申请的范围**

这里的"无权申请"包括电子登记债权无权代理和冒用,不包括表见代理、越权代理和变造。电子登记债权表见代理发生后,电子债权登记机构不承担责任。由于造成无权代理人具有权利外观的假象是由被代理人造成的,因此电子债权登记机构对表见代理的发生不具有过错,电子债权登记机构不承担责任。电子登记债权发生越权代理,电子债权登记机构亦不承担责任。原因在于电子债权登记机构与被代理人相比,被代理人较之电子债权登记机构更能控制越权代理的发生,因此电子债权登记机构对因越权代理而导致第三人的损失不承担责任。此外,电子登记债权变造因不存在行为人的申请行为,同时电子债权登记机构对防范无权申请和变造的注意义务不同,因此电子登记债权无权申请时电子债权登记机构的责任不同于与电子登记变造时电子债权登记机构的责任。

**2. 电子债权登记机构所承担责任的性质**

有观点认为,对于无权申请人的登记申请,电子债权登记机构由于过失而进行了发生登记,对电子登记债务人和受让人基于债务不履行或侵权行为而承担损害赔偿责任[100]。另有观点认为,如果电子债权登记机构怠于履行确认申请人有申请权限的义务而进行登记时,电子债权登记机构对因此遭受损害的人承担侵权损害赔偿责任[101]。本书认为,电子债权登记机构履行确认登记申请人真实身份的义务并非基于与受害人之间的约定产生,而是基于法律的直接规定,因此电子债权登记机构对因无权申请进行的登记而遭受损害的受害人承担侵权责任而非违约责任。

**3. 电子债权登记机构所承担的侵权责任的归责原则**

(1) 可供选择的几种方案及其理由

---

① 日本《电子登记债权法》第16条。

电子债权登记机构基于无权申请进行的登记所承担侵权责任的归责原则，有以下3种方案：第一种方案，不设置特别规定，依照日本民法典第709条、第715条承担过错侵权责任，并采用"谁主张、谁举证"的举证责任方式；第二种方案，采用过错责任，实行举证责任倒置，法律上推定电子债权登记机关存在过错，由电子债权登记机构证明自己不存在过错而免责；第三种方案，电子债权登记机构承担无过错责任[102]。除以上方案之外，也存在第二方案和第三方案的中间方案，即电子债权登记机构在证明基于无权申请人的申请进行登记的事实是因不可抗力引发即可免责[103]。

第一种方案认为，基于无权申请人的申请进行登记，如果有申请权限一方存在过失，如疏于管理ID和密码，一律推定电子债权登记机构存在过错，则显然不当，因此电子债权登记机构在没有过错时不承担责任[104]。

第二种方案认为，电子债权登记机构有确认申请人是否有申请权限的义务，电子登记债权是否值得信赖倚赖于电子债权登记机构是否严格履行此项义务。因此，电子债权登记机构基于无权申请进行登记，应该承担较一般过错责任更为严格的责任[105]。电子债权登记机构基于无权申请人的申请进行登记时，基于登记的事实可以推定其存在过错。但发生无权申请进行登记的原因有许多，应预留电子债权登记机构免责的余地，即电子债权登记机构能够证明自己没有过错[106]。同时，采用该方案，应区别是否进入电子债权登记机构的支配领域。① 只有信息进入电子债权登记机构的系统后才能将过错的举证责任倒置，特别是在电子债权登记机构兼具认证机构时，②电子债权登记机构在能够支配信息的阶段发生的冒用登记。因此，是否进入电子债权登记机构的支配领域作为是否采用过错推定的标准[107]。

第三种方案认为，应参照日本《公司债券、股票交易有关的法律》第79条和第81条规定的越权登记时账户管理机关的责任规定，电子登记簿的管理人基于无权申请人的申请进行登记时，即使电子债权登记机构不存在过错，也应承担损害赔偿责任[108]。

(2)日本《电子记录债权法》的规定

日本《电子记录债权法》采用了第二种方案，即电子债权登记机构对因无权申请而遭受损害的第三人承担过错（过错推定）责任，即电子债权登记机关证明其法人代表、雇员以及其他工作人员在进行登记时尽了必要的注意义务时，不承担损害赔偿责任。③

(3)本书观点

电子债权登记机构的责任轻重决定电子债权登记机构的注意义务，进而影响电

---

① 只有在电子债权登记机构能够控制的领域才能采取举证责任倒置。
② 电子债权登记机构应和电子认证机构分离，不应采取现行银行业采用自己认证的方式。
③ 日本《电子记录债权法》第14条。

子登记债权的可信赖程度。因此,电子债权登记机构承担无过错责任可以提高电子登记债权的真实性,从而增强电子登记债权的可信赖程度。有观点认为,采用无过错责任,电子债权登记机构无论采取何种措施也要承担责任,无法激励电子债权登记机构采取安全措施防范无权申请行为的发生[109]。本书认为,电子债权登记机构积极采取安全措施,可以降低冒用行为发生的机率。即使采用无过错责任原则,电子债权登记机构也会积极采取安全措施以防范冒用风险的发生,因此"无过错责任是对电子债权登记机构消极不作为的激励"的理论是不成立的。值得注意的是,如果权利人对无权申请行为的发生存在过错,电子债权登记机构是否可以免责。本书认为,只有构成表见代理时,电子债权登记机构可以免责,除此之外,因为电子债权登记机构处于最后控制风险的地位,电子债权登记机构在权利人对无权申请存在过错时也应承担责任。

**4. 无权代理人、冒用者的责任与电子债权登记机构责任的承担顺序**

电子登记债权发生无权申请后,无权代理人、冒用者与电子债权登记机构可能同时对第三人承担责任,此时,何者优先承担责任?本书认为,二者的责任是相互独立的责任,第三人可以任意选择承担责任的主体,但其请求责任主体承担责任的范围以自己遭受的损失为限。

## 2.5　电子登记债权行为的代理

电子登记债权的意思表示作为私法上的意思表示,可以由他人代为进行。电子登记债权的意思表示由他人代为进行时,可以采用显名代理的方式,如甲作为乙的代理人进行意思表示,在进行意思表示时需明示代理人的姓名或名称;也可以采用隐名代理的方式,如甲直接以乙的名义进行意思表示,在进行意思表示时不明示代理人的姓名或名称,只需表现本人的姓名或名称[110]。票据代理行为的代理人经被代理人授权单纯地签上被代理人姓名,而未加签自己姓名的,构成票据的代行。① 法律承认票据代行的合法性,同时也认可其所产生的法律后果由该授权的人承担[111]。电子登记债权的登记申请不允许代行。电子债权登记机构应严格审核当事人的身份,如果电子债权登记机构发现登记申请系代行,应将其登记为代理。

关于电子登记债权行为代理所遵循的法律规则,有学者认为,电子登记债权行为的代理适用民法关于代理的规定即可,没有必要设置特殊的规则[112]。另有观点认为,电子登记债权的意思表示作为私法上的意思表示,如果电子登记债权法没有特殊规定时,原则上适用民法或商法有关代理的规定[113]。本书认为,电子登记债权有关代理权的取得、形式和消灭以及代理的成立要件、有效要件和法律后果,适用民

---

① 电子债权登记申请的代行与电子债权登记未记载代理的事实不同。

法或商法有关代理的规定即可。民法的无权代理、越权代理以及表见代理的制度设计兼顾了被代理人、代理人和相对人的利益,而电子债权法以促进电子债权流通为目的,侧重保护受让人的利益以维护交易安全,同时,电子登记债权的登记申请由专业登记机构进行。与民事代理三方主体不同,电子债权登记申请代理行为涉及四方主体,法律关系也比民事代理复杂。因此,电子登记债权的无权代理、越权代理以及表见代理应有特殊规定,主要体现在无权代理、越权代理以及表见代理的法律后果与民法的规定存在较大差异。

## 2.5.1 电子登记债权行为的无权代理

有观点认为,如果申请人本人在授权委托书中附加了自己的电子签名,则不会发生无权代理[114]。本书认为,代理人超越代理权或电子签名本身被冒用时,仍会发生无权代理。因此,有必要探讨无权代理的法律后果。

**1. 无权代理的界定**

电子债权登记申请无权代理是指具备代理的形式要件,但代理人欠缺代理权这一实质要件的电子登记债权行为。详言之,是行为人没有代理权或不能证明代理权的存在,却以代理人的名义代理被代理人为电子登记债权行为。电子登记债权行为的无权代理有以下几种情形:(1)电子登记债权人作为被代理人时的无权代理。如甲授权乙将其对丙的债权 A 登记进行转让或质押,乙超越代理权,将甲对丙的另一债权 B 也进行了登记,或者是甲授权乙将其债权进行让与登记,乙将其质押给丙。(2)电子登记债务人作为被代理人的无权代理。如甲授权乙将其对丙的债务 A 登记进行转让或质押,乙超越代理权,将甲对丙的另一债务 B 也进行了登记,或者是甲授权乙将其债务进行质押登记,乙将其让与给丙。(3)电子登记债权人的代理人和电子登记债务人的代理人恶意串通,在没有代理权或超越代理权的情况下,将被代理人的债权进行质押或转让登记,或者是增加债权金额、提前付款日期等。

**2. 无权代理的构成要件**

(1)须在电子债权登记簿上记载代理的事实以及代理人的相关必要信息

申请人必须提交书面授权书和相关债权、债务关系证明,授权书载明具体的代理权限,如让与登记、质押登记或保证登记。电子债权登记机构应将代理人和被代理人的必要信息以及表明二者之间存在代理关系的事实在电子登记簿上登记。① 代理人的相关必要信息为姓名或名称及住所。如果代理人表明自己的代理身份,而电

---

① 如果登记申请写明被代理人姓名,也表明代理意旨,但代理人未在登记申请上签章,或者写明代理人姓名和代理意旨,但未表明被代理人为谁,电子债权登记机构应告知申请人进行补正。如申请人拒绝补正,电子债权登记机构应驳回该申请。如果电子债权登记机构未将申请驳回而予以登记,由电子债权登记机构承担电子登记债务。如果登记申请符合代理的条件,但电子债权登记机构将代理人的必要信息、被代理人的必要信息和代理的事实中的一项或两项遗漏登记,代理人或被代理人有权申请更正登记。

子债权登记机构未将代理的法律事实进行登记,在发生无权代理时,由电子债权登记机构承担全部责任。如果申请人按照他人的指示或授权在登记申请代行他人签章,①而实际上他人并未授权或指示时,此行为并非无权代理,而是电子债权伪造,或称为冒用他人名义进行的电子债权登记。

(2) 代理人欠缺代理权

代理人没有代理权,②且相对人相信代理人有代理权的事实或理由并非被代理人的行为造成的。相对人相信代理人有代理权的事实或理由并非被代理人的行为造成的这一要件是无权代理和表见代理的区别之处。我国民法学界的通说认为"表见代理不以相对人相信代理人享有代理权是因被代理人的行为造成的为要件"。本书认为,表见代理的被代理人之所以要承担无权代理的法律后果,不是由于相对人有理由相信代理人有代理权,而是由于被代理人的行为造成了代理人有代理权的外观假象,相对人基于此信赖而与代理人发生法律关系。被代理人的行为与相对人的信赖存在因果关系,因此被代理人应对自己的过错行为承担不利后果。

有学者认为,"行为人没有代理权,也没有令相对人相信其有代理权的事实和理由"是无权代理的构成要件之一[115]。本书认为,既然"没有令相对人相信代理人有代理权的事实和理由",意味着相对人明知代理人没有代理权,此时仍与代理人实施民事法律行为,其行为存在明显的恶意,此时代理人也明知自己无代理权,因此代理人和相对人之间以代理名义所为的意思表示存在瑕疵,不发生法律效力。理由在于:如果代理人和相对人主观上存在通谋,则代理人和相对人的行为构成共同侵权;如果不存在通谋,此时代理人和相对人所为的意思表示既非恶意串通,损害他人利益的行为,也不是欺诈、胁迫或乘人之危的意思表示,也不是游戏表示、心中保留、虚伪表示以及意思表示错误,因此不是无效和效力待定的法律行为,但因为意思表示存在瑕疵,所以不发生法律效力。

对代理权问题有争议时,代理人有义务证明其有代理权。③但在本人或者相对人主张代理权已终止时,主张代理权终止者负举证责任[116]。代理人欲主张有权代理,必须证明自己享有代理权。如果代理人不能证明代理权的存在,则应履行电子登记债务。由代理人证明自己享有代理权突破了民事诉讼"谁主张谁举证"的原则,原因在于代理权的授予是被代理人和代理人内部之间的事情,相对人无法准确查

---

① 这里的签章,既包括传统的签字和盖章,也包括电子签名。
② "代理人没有代理权"包括未经授权、代理权未生效、越权代理和代理权已终止。越权代理也是无权代理的一种表现形式,但越权代理的法律后果不同于无权代理,因此本书单独对其进行讨论。
③ 《最高人民法院关于民事诉讼证据的若干规定》第5条规定:"对代理权发生争议的,由主张有代理权一方当事人承担举证责任。"

知,因此很难举证代理人是否享有代理权。同时,代理人享有代理权是其从事代理行为的前提,因此代理人最容易证明自己是否享有代理权,也应该证明自己享有代理权。

(3) 代理人和相对人的法律行为有效

无权代理的另一个构成要件是代理人和相对人的法律行为有效。如前所述,电子登记债权行为具有独立性,因此这里的"有效"是指形式有效,并不要求实质有效。如果无权代理人的意思表示存在瑕疵,无权代理人可以对造成其意思表示不真实的直接责任人以及因恶意或重大过失取得电子登记债权的受让人或质权人进行抗辩而不承担无权代理的责任,但对善意第三人,无权代理人不得进行抗辩。

**3. 无权代理的法律后果**

(1) 日本《电子记录债权法》的规定

关于电子债权申请登记时无权代理的法律后果,日本《电子记录债权法》仅在第13条作出了规定:"对电子记录申请的相对人的意思表示适用民法第117条第2款的规定时,该款中的'过失'为'重大过失'。"因此,电子登记债权行为无权代理的法律后果,原则上适用日本民法典无权代理的规定,但民法典第117条第2款中的"过失"应为"重大过失"。依照《日本民法典》第113条至第117条的规定,电子债权登记申请无权代理的法律后果如下:无权代理非经本人追认,对本人不发生效力。① 无权代理构成表见代理时,其法律后果归属于本人。② 相对人有权催告本人是否作出追认的意思表示③。如果相对人缔约时不知代理人没有代理权,在被代理人没有追认时,可以撤销该法律行为。④ 被代理人追认后,法律后果归属于被代理人,如果被代理人在追认时没有特别的意思表示,其效力溯及登记进行之时,但不能损害第三人利益;被代理人未追认,无权代理人应服从相对人的选择,或者对相对人履行,或者负损害赔偿责任,但相对人明知或者因重大过失不知其没有代理权,或者没有行为能力的人作为他人的代理人签订契约时,无权代理人不承担责任。

(2) 本书的观点

① 本人的追认权

这里的追认,包括越权代理的追认。如果本人事后追认了无代理权的代理行为,根据日本民法典第116条的规定,无权代理的法律后果归属于本人。

a. 是否赋予本人追认权

---

① 日本民法典第113条。
② 日本民法典第109条、110条和112条。
③ 日本民法典第114条。
④ 日本民法典第115条。

如果否定"被代理人"的追认权,相应地也就否定了相对人的催告权和撤销权,①使电子登记债权的法律关系得以确定:原债权债务关系仍为民法上的债权债务关系,电子登记债权未发生,或者是不发生电子登记债权让与或质押以及保证的效力;被代理人不负担电子登记债务,其可以无权代理为由对抗包括善意受让人在内的一切受让人。无权代理人作为电子登记债务人履行电子登记债务,②加重了无权代理人的责任。电子登记债权的受让人或质权人可以直接请求无权代理人履行电子登记债务,避免了因"被代理人"拖延时间使电子登记债权的效力处于效力待定的状态而遭受损失的情况,有利于保障电子债权交易安全,促进电子登记债权流转。但"被代理人"的追认权不可避免地降低电子登记债务人的清偿能力,同时使"被代理人"丧失了维护其电子登记债权信誉的机会。

赋予"被代理人"追认权,符合电子登记债权受让人或质权人的本意。电子登记债务人的清偿能力可能高于无权代理人,因此赋予"被代理人"追认权,未必损害电子登记债权受让人或质权人的利益,使受让人和质权人更乐于接受电子登记债权。同时,无权代理的后果未必对被代理人不利,因此应给被代理人一个选择、判断的机会,决定是否追认。由此可见,追认无权代理应是"被代理人"的自由,是"被代理人"的权利。电子登记债权法的目的是通过保护受让人的利益(最终能够获得电子登记债务人的支付)以促进电子登记债权流通,赋予被代理人追认权,有利于实现确保电子登记债务支付,保障交易安全,促进电子登记债权流通的目标,因此未来中国电子登记债权立法应赋予被代理人追认权。

b. 关于追认、拒绝追认的相对人

关于追认、拒绝追认的相对人,应设置不同于民事无权代理的特殊规则。日本民法典第113条第2款规定事后追认或拒绝追认,非对相对人作出则不能对抗相对人,但相对人已知其事实时,不在此限。然而,无权代理人代理电子登记债务人或让与人进行电子登记债权意思表示,考虑到电子登记债权比通常的指名债权的流动性强,因电子登记债权让与而现在享有权利的债权人(受让人)极有可能不同于无权代理申请行为的相对人,因此与追认无权代理行为最有利害关系的人应是现在的债权人,所以追认或拒绝追认的决定,应对现在的名义电子登记债权人进行[117]。此处的"名义电子登记债权人"是指现在在电子登记簿上登记的债权人,是否为真实或真正

---

① 否定"被代理人"的追认权,目的在于使无权代理的法律关系简洁、清晰,防止出现无权代理处于效力待定的状态。相对人的催告权是与"被代理人"的追认权紧密联系在一起的,"被代理人"不享有追认权,相对人的催告权也就失去了存在的意义。相对人的撤销权也会使无权代理的法律后果处于不确定的状态,与否定"被代理人"的追认权的目的不符,因此应被否定。

② 在电子债权让与中,无权代理人取代了债权人和债务人的地位,享有接受第一受让人支付价款的权利,并承担向最后受让人履行债务的义务;在电子债权设定质权后,无权代理人取代了债务人的地位,在主债务人不履行债务时,无权代理人向质权人承担责任,在承担担保责任后,取得了对主债务人的求偿权。

的债权人,在所不问。因为对进行追认的电子登记债务人而言,很难对"名义电子登记债权人"的真实性进行确认。现在在电子登记簿上登记的名义电子登记债权人推定为合法的权利人,对其作出追认的意思表示即可[118]。

c. 追认权的行使

被代理人追认后第三人有无选择权,有以下两种方案可供选择:一是被代理人追认无权代理的法律后果后,第三人享有选择无权代理人或被代理人承担责任的权利;二是被代理人追认无权代理的法律后果后,第三人只能请求被代理人承担责任,而无权选择无权代理人或被代理人承担责任。本书认为,被代理人追认后相对人无选择被代理人和无权代理人承担责任的权利,因为被代理人追认后无权代理转化为有权代理,代理的法律后果由被代理人承受,相对人只能向被代理人请求履行电子登记债务。为防止无权代理人和无清偿能力的被代理人恶意串通损害相对人的利益,在被代理人不能清偿电子登记债务时,相对人可以就不足部分向无权代理人主张。

本人行使追认权不得损害第三人的利益。如果无权代理人代理债务人进行发生登记,在债务人事后追认之前,电子登记债权的原因债权被扣押,同时原因债权发生让与且具备了对抗债务人的要件,此后债务人追认了无权代理行为,该追认不能对抗扣押债权人和原因债权的受让人[119]。

② 无权代理人的责任

a. 可供选择的方案

依照日本民法典第117条的规定,债权人可以请求无权代理人履行债务或承担损害赔偿责任。电子登记债权法是否设置与民法相同的规定,有以下两种方案可供选择:

第一种方案认为,电子登记债权作为单纯的金钱债权,可以参照日本票据法第8条的规定,由无权代理人直接履行电子登记债务[120]。

第二种方案认为,由无权代理人履行电子登记债务的观点只关注了电子登记债权发生登记(无权代理人作为发生登记的债务人的代理人)的情形,在电子登记债权让与登记时发生无权代理(无权代理人代理让与人进行让与登记),此时无权代理人不能成为该电子登记债权的债务人,此外,作为让与人移转电子登记债权的义务,无权代理人只能从真实的电子登记债权人处有效取得该电子登记债权,才能对受让人履行该义务,但履行移转电子登记债权的义务通常会发生履行不能,因此不得不采用损害赔偿,所以有必要需要适用民法第117条的规定,同时承认履行责任和损害赔偿责任。此外,电子登记债权行为的代理,原则上适用民法的规定而不适用票据法第8条的规定。原因在于盗窃票据的人以被盗人的代理人的身份背书,无权代理人(盗窃人)履行票据债务后如果可以取得票据权利,则因盗窃票据而获得利益,这显然不合理[121]。由此可见,票据法第8条的规定不合理,因此电子登记债权行为的无权代理没有必要设置与票据法相同的规定。此外,电子登记债权的越权代理人,可以认定为"不能证明享有代理权的人",依照民法第117条承担责任,因此没有必要设置与票据法相同的规定。综上所述,电子登记债权法不设置与票据法第8条相同的规定[122]。

b. 本书的观点

无权代理人代理电子登记债权人进行让与登记时,无权代理人对相对人的义务是移转电子登记债权而非向相对人履行电子登记债务的义务,因此,无权代理人有可能取得有效的电子登记债权而向受让人履行,在无权代理人履行不能时,无权代理人承担损害赔偿责任。在此意义上,无权代理人履行电子登记债务和承担损害赔偿责任在理论上有区分的必要。但从受让人的角度出发,受让人请求无权代理人移转电子登记债权的目的是为了获得电子登记债务人的履行,如果无权代理人能够履行电子登记债务,受让人的目的亦能实现,因此无权代理人履行电子登记债务和承担损害赔偿责任在实务上尚无区分的必要。此外,民法上无权代理的法律后果考虑的只是被代理人、代理人和相对人之间的利益,保护的是静的安全,因此赋予权利人请求无权代理人履行债务或承担损害赔偿责任的权利。而电子登记债权法以促进电子登记债权流通为目标,保护的是动的安全,需要作出不同于民法的规定,即由无权代理人履行电子登记债务以保护交易安全,促进电子登记债权流通。综上所述,由无权代理人直接履行电子登记债务与请求无权代理人承担损害赔偿责任并无实质差异,且没有明确区分的必要。此外,基于促进电子登记债权流通的需要,电子登记债权法可以规定由无权代理人直接履行电子登记债务。

此外,民事无权代理人的责任范围因无权代理人是善意还是恶意而存在区别:知道代理权瑕疵的无权代理人,有根据第三人的选择负有履行合同或赔偿损失的义务;无权代理人不知道代理权存在瑕疵,仅承担赔偿信赖损害的责任[123]。简而言之,无权代理人为善意时相对人仅能请求信赖利益,反之,相对人可以请求履行利益。但电子登记债权的信赖利益和履行利益是相同的,因此电子登记债权的无权代理人的责任范围,尚无区分无权代理人善意与否的必要。

③ 无权代理人的权利

无权代理人被追究责任享有以下权利:a. 享有被代理人的抗辩权以及"代理行为"本身产生的抗辩权(如无权代理人自己无行为能力、代理行为本身存在瑕疵的抗辩),但该抗辩只能向无权代理行为的相对人主张。同时,无权代理人可以与相对人约定,若本人不予追认无权代理的法律后果,则无权代理人不承担责任,但该约定不得对抗善意第三人。b. 无权代理人履行电子登记债务后,代位取得被代理人的电子登记债权。c. 无权代理人能否以相对人存在过错为由进行抗辩。有观点认为,无权代理行为的相对人有恶意时,无权代理人不承担责任[124]。另有观点认为,从确保电子登记债权流通的角度出发,相对人具有轻过失时无权代理人也应承担责任,只有相对人知道代理人没有代理权,或因重大过失不知道时,无权代理人不承担责任[125]。本书认为,即使"被代理人"未追认,依照法律的规定,无权代理人也应承担责任,因此相对人对无权代理人的行为产生了信赖。如果无权代理人以第三人明知为由进行抗辩,会危及交易安全,阻碍电子债权流通,所以无权代理人不得以相对人存在恶意(知道)或过失为由进行抗辩。

## 2.5.2 电子登记债权行为的表见代理

表见代理有以下两种表现形式:一类是被代理人知道他人以自己的名义进行登记申请,而不作反对表示;①另一类是被代理人的行为造成代理人有代理权的外观假象。例如甲将电子签名或印鉴、债权债务关系的证明交给乙代为保管,未经甲授权,乙将债权进行登记。关于电子登记债权表见代理,值得探讨的问题是表见代理的构成要件和法律后果。

### 1. 构成要件

通说认为,表见代理的构成要件为:(1)行为人以被代理人的名义实施法律行为;(2)行为人未获得授权,包括没有代理权、超越代理权和代理权已经终止;(3)除行为人欠缺代理权外,具备民事法律行为的其他有效要件;(4)相对人有理由相信行为人有代理权[126]。我国《合同法》第49条规定:"行为人没有代理权、超越代理权或者代理权终止后以被代理人名义订立合同,相对人有理由相信行为人有代理权的,该代理行为有效。"由此可见,我国《合同法》关于表见代理的构成要件采纳了学界的通说。

有观点认为,电子登记债权行为无权代理发生后,本人原则上不承担责任,只是在极其特殊的情况下承担责任。转得者具有故意或重大过失时,②以转得者的主观要件限制本人承担责任在实务操作中存在困难。为了平衡本人和转得者之间的利益,应严格设定本人承担责任的条件,即侧重于保护本人的利益[127]。本书认为,民事表见代理没有以本人过错为构成要件,其过分保护了交易安全而忽视了本人的利益。传统表见代理的构成要件不以本人过错为构成要件,原因在于本人与代理人之间的授权状态具有相对性,对于相对人而言,具有内部性、隐蔽性,因此相对人难以核实代理权的真实性。特别是在通信技术不发达的时代,查证代理权存在与否的事实对相对人而言相当困难,或者是须支付较高成本。基于效率的需要,不要求以本

---

① 《民法通则》第66条规定:"本人知道他人以本人名义实施民事行为而不作否认表示的,视为同意。"
② 转得者又称为电子登记债权的继受者,包括受让人、继承者等。原文采用"转得者"一词,日语"转得"的意思是转手得到的意思。

人过错作为表见代理的构成要件,这在一定程度上侧重于保护相对人的利益。现在通信技术异常发达,相对人很容易向被代理人核实代理人是否有代理权,此时,法律在设定表见代理的法律后果时应平衡本人和相对人之间的利益,只有在被代理人的行为造成了虚假外观时,即被代理人存在过错时,才能构成表见代理。表见代理不仅要求无权代理人具有权利外观的假象是由被代理人的行为造成的这一要件,而且要求第三人和电子债权登记机构均对此行为产生了信赖。电子登记债权行为以登记为生效要件,电子债权登记机构对登记申请进行审查,因此,只有被代理人的过错使电子债权登记机构和第三人对无权登记申请产生信赖,才构成表见代理。

**2. 法律后果**

依照民事表见代理的基本理论,民事表见代理的法律后果由本人对无权代理行为的相对人承担责任。然而,无权代理行为的相对人在解释上仅限于直接相对人,而不包括直接相对人的后手,如电子登记债权的第一受让人的后手。但电子债权的转得者并非基于对基本代理权和授予代理权表示的信赖而获得电子登记债权,而是基于对登记的信赖而获得电子登记债权。因此有观点认为,如果将表见代理的相对人理解为直接相对人,则表见代理的规定不能充分保护电子登记债权继受者的利益,需要设置保护第三人的特殊规定[128]。本书认为,表见代理的法律后果不应解释为本人对无权代理行为的直接相对人承担责任,而应解释为无权代理的法律后果由本人承担,至于本人是对无权代理的直接相对人承担责任还是对直接相对人的后手承担责任,在所不问。对电子登记债权行为的表见代理而言,本人承担电子登记债权无权代理的法律后果,意味着本人对电子登记债权的受让人(不限于直接受让人)履行电子登记债务或移转电子登记债权。因此,参照民事表见代理的法律后果设定的电子登记债权行为表见代理即可有效保护第三人的利益,没有必要设置保护第三人的特殊规定。

## 2.5.3 电子登记债权行为的越权代理

**1. 概念及构成要件**

电子登记债权行为的越权代理是指代理人超越其代理权限进行的电子登记债权行为。电子登记债权的越权代理与电子登记债权的无权代理的前两个构成要件相同,电子登记债权的越权代理的另一个构成要件是代理人有代理权但逾越了代理权限。越权代理主要有增加债权金额、提前付款日期和变更付款地等。提前付款日期和变更付款地等越权代理行为,虽然有可能造成本人的损失,但付款日期和付款地只是电子登记债务的履行条件,变更此类事项不影响电子登记债务的基本内容,并未从实质上加重本人的债务[129]。基于保护交易安全、促进电子登记债权流通的考虑,对未从实质上加重本人债务的越权代理行为的法律后果,如果第三人,包括相对人和受让人等,不知越权事实的存在,①由本人承担越权代理的法律后果。本人如果因越权行为遭受损失,可以请求代理人赔偿损失。增加债权金额从实质上加重了本人的债务,因此,越权代理的法律后果由谁承担,实有探讨的必要。

**2. 法律后果**

(1) 可供选择的模式

关于增加债权金额的越权代理的外部责任承担,主要有以下几种模式可供选择:①分别责任模式,又称越权部分模式。分别责任模式又可分为两种:一是绝对的分别责任模式,即本人只就其授权范围内部分负责,而由越权代理人就越权部分负责;二是相对的分别责任模式,即本人就其授权范围内部分负责,越权部分由被代理人和越权代理人承担连带责任。②选择模式,即在对外责任关系上,应由权利人在本人和越权代理人之间选择其一承担全部责任。③本人责任模式,应由本人承担全部责任。④越权代理人责任模式,由越权代理人向权利人承担全部责任。② ⑤本人有限责任、代理人全部责任模式,即越权代理人承担全部责任,同时被代理人仍应就代理权限内金额负责。

(2) 对以上模式的评析

绝对分别责任模式虽然容易区别被代理人和代理人各自责任的范围,但使电子登记债权债务关系复杂化,在实务中难以操作。电子登记簿并未登记授权范围,因此受让人很难确定是否越权以及越权的金额,所以难以向被代理人和代理人分别行使权利。③ 同时受让人分别行使权利需要进行分割登记和变更登记,对受让人而言,不仅有所不便,而且增加了行使权利的成本。绝对分别责任实际上是被代理人和越权代理人内部责任的分配方式[130],不应作为对外承担责任的方式。相对分别责任模式虽然降低了受让人无法获得全额赔偿的风险,但仍然存在前述绝对分别责任模式的弊端。

在选择模式下,受让人可以根据被代理人和代理人的清偿能力、行使权利的便利程度以及成本自由选择责任人,较之分别责任模式,显然有利于保护受让人的利益。但受让人只能选择其一,如果选定的责任人清偿能力有限,受让人无法获得全额清偿,因此选择模式存在受让人无法获得全额清偿的风险。

本人责任模式和越权代理人模式在外部责任上免除了代理人或被代理人的责

---

① 即第三人善意。这里的抗辩类似于票据法上的人的抗辩,即只能对特定债权人行使的抗辩。

② ③、④仅仅是外部责任的承担方式,在内部关系中,本人仅就其授权部分负责,越权代理人则就越权部分负责。承担全部票据责任的本人或越权代理人对超过其应负担部分向另一方有求偿权。

③ 如果登记申请与授权书不一致,电子债权登记机构依照登记申请进行登记,或电子债权登记机构所为的登记与登记申请不一致,则是登记错误,依照登记错误的规定处理。

任,不但减弱了电子登记债权的清偿能力,而且对被免除责任的相对方不公平,①有悖于保障电子登记债权交易安全的宗旨。

本人有限责任、代理人全部责任模式,受让人可以要求越权代理人承担全部责任,如不能获得全部清偿,则仍有权向被代理人就代理权限内金额请求清偿。与前4种模式相比,该模式增加了责任人的清偿能力,但受让人在该模式下仍有无法获得全额清偿的风险,因此该模式亦无法充分保护受让人的利益。

(3) 本书的观点:连带责任模式

为了将受让人赔偿目标落空的可能性降至最低,简化追偿手续以提高效率,最大限度地保护受让人的利益,增强电子登记债权的流通性,被代理人和越权代理人对受让人应承担连带责任。连带责任设置的依据如下:①损害的不可分性,要求每个连带责任人应对全部损害承担赔偿责任。②责任主体的行为之间或利益之间具有牵连性[131]。被代理人和代理人作为一个利益共同体,由于代理人的越权行为造成了受让人的不可分性损害,因此被代理人和代理人应对越权代理的法律后果承担连带责任。

被代理人和代理人之间承担连带责任,有可能出现一方在承担责任后无法向对方追偿,②自己最终承担的责任超过了应承担的部分,违背责任自负原则和公平原则。是否设置连带责任,取决于电子债权法的价值取向。如果被代理人或代理人都有良好的清偿能力,自己责任与受让人获得完全赔偿③的目标均能实现。但这只是一种美好的设想,被代理人或代理人无力清偿的情形时有发生,因此电子登记债权法必须作出选择。设置连带责任,意味着由被代理人和代理人承担求偿不能的风险,否定连带责任则由受让人承担此种风险。本书认为,责任自负既然是一种原则性规定,就应允许有例外。在主体自愿排除"责任自负"原则的适用或者适用该原则将会导致更严重的不公平的情形下就可以适用连带责任[132]。

连带责任受到的最大质疑是牺牲了公正,即连带责任成了一个产生效率的制度,却非一个产生公正的制度[133]。电子登记债权行为越权代理的法律后果是否公正,实际上是求偿不能的风险是否被公平、合理地分配。被代理人和代理人能够有效地控制此种风险,依照风险由可控制风险的一方承担的原理,求偿不能的风险由被代理人和代理人承担。理由在于:代理人是由被代理人选任的,被代理人能够通过选择值得信赖的代理人以控制越权代理发生的风险。因此在越权代理发生后,被

---

① 既然有本人授权的部分,实在没有免除其授权金额部分的理由;越权代理是由代理人造成的,因此不能完全免除其责任。

② 在内部责任划分上,被代理人就授权部分负责,代理人就越权部分负责,被代理人或代理人就超出自己应承担的部分,有权向另一方追偿。

③ 受让人获得全额赔偿能够有效保障交易安全,促进电子登记债权流通。

代理人应承担超出自己应承担责任份额的风险;越权代理的发生,意味着代理人存在过错,代理人不仅应就越权部分承担责任,而且也应承担超出自己应承担责任份额的风险。连带责任制度的设置,能够促使本人在选任代理人时和代理人在实施代理行为时提高注意义务,防范越权代理风险的发生。同时,能够使受让人找到最优的方案实现自己的诉求,激励被代理人和代理人相互监督、积极履行债务,降低受让人因责任人无力清偿而无法获得足额赔偿的风险,从而能够公正地救济受让人。

# 第 3 章　电子登记债权发生

## 3.1　电子登记债权发生的概念和要件

### 3.1.1　电子登记债权发生的概念

电子登记债权发生是指当事人向电子债权登记机构申请发生登记，或者电子债权登记机构基于行政机关或司法机关的嘱托在电子登记簿将必要登记事项进行登记，电子登记债权因此而产生的法律事实[134]。电子登记债权发生后，在电子登记簿上登记的名义债权人依照登记内容享有电子登记债权，与之相对应，在电子登记簿上登记的名义债务人依照登记的内容履行电子登记债务。

### 3.1.2　电子登记债权发生的要件

**1. 实体要件**

电子登记债权发生的实质要件是要求当事人之间存在真实的原因债权，至于原因债权是否有效，在所不问。电子登记债权的原因债权应真实存在，旨在控制社会总体信用规模，防止信用膨胀，确保国家对信贷活动的有序管理，保障宏观经济安全。需要指出的是，原因债权的真实性与电子登记债权行为的无因性不同。

首先，二者分属不同的法律范畴。电子登记债权行为的无因性是民商法的视角，体现的是当事人之间的私法关系。原因债权的真实性是经济法的范畴，体现的是国家对金融活动的宏观调控。基于电子登记债权法的视角，电子登记债权的有因和无因相对。在经济法看来，原因债权真实存在与控制货币发行量相对应。原因债权真实存在不等于有因论。有因性是电子登记债权法的范畴，是针对电子登记债权效力而言，如果电子登记债权法采用有因性原则，违反有因性原则后电子登记债权本身无效，行为人承担民事责任；真实交易背景是经济法的范畴，是从金融监管的角度出发，并不涉及电子登记债权在私法上的效力，违反真实交易背景要求，行为人承担经济法责任。

其次，二者的功能不同。电子登记债权行为无因性的目的是促进交易安全和效率,是电子登记债权行为和原因债权之间的关系问题,即电子登记债权与其基础交易是否分离,电子登记债权的效力是否受其基础交易的影响。原因债权的真实性要求其目的是保障金融安全。无真实原因债权的电子登记债权会导致全社会货币信贷增长虚增放大,可能引发宏观经济风险。因为融资型电子登记债权(没有实体交易或者是没有真实的原因债权而是单纯为了融资)如果不受管制,与商品服务等实体经济不直接关联的资金融通活动就会通过电子登记债权市场大行其道,导致社会信用无限制膨胀,从而引发金融风险;而具有真实原因债权的电子登记债权使电子登记债权依托于真实的基础交易关系,无论让与多少次,均不会引起货币量的增加,从而使社会信用得到有效控制,甚至由于货币替代的作用,反而会减少货币量。

综上所述,电子登记债权行为的无因性和原因债权的真实性分属电子登记债权法和经济法的范畴,二者相互独立,不应混为一谈。无真实原因债权的电子登记债权虽然依照电子登记债权法有效,但当事人应承担经济法上的法律责任。

**2. 形式要件**

电子登记债权作为与原因债权不同的债权,以电子债权登记机构进行登记为形式要件[135]。电子债权登记机构进行发生登记的前提是当事人的发生登记申请,发生登记申请是电子登记债权发生不可欠缺的要件。有观点认为,在法律没有特殊规定时,债权债务关系依照当事人之间的合意发生。当事人向电子债权登记机构申请,除非有当事人之间的合意,否则电子登记债权不发生[136]。本书认为,当事人共同向电子债权登记机构提出发生登记申请,意味着当事人之间存在合意,而不需要在当事人之间存在除登记申请以外的合意。具体而言,发生登记程序分为当事人的申请和电子债权登记机构基于当事人的申请进行登记两个阶段。本书第2.4节所探讨的登记申请人,适用于电子登记债权发生登记的申请主体,因此,本章中发生登记的申请人,本书不再单独探讨。此外,行政机关或司法机关嘱托进行登记的程序准用当事人申请进行电子登记的程序。①

## 3.1.3 电子登记债权发生的效力

如前所述,电子登记债权是与原因债权分离而成的新的债权,但电子登记债权发生后,基于买卖合同等原因关系产生的原因债权是消灭还是电子登记债权和原因债权并存?如果不消灭,二者的行使顺序是什么?

**1. 由当事人自由决定原因债权是否消灭**

电子登记债权法作为民事特别法,应遵循当事人意思自治原则,电子登记债权发生后原因债权是否消灭,由当事人自由约定。具体而言,应根据当事人发生电子

---

① 参见日本《电子记录债权法》第4条。

登记债权的目的,依照当事人的意思表示确定[137]。因代物清偿而发生电子登记债权,①原因债权消灭是否以在电子登记簿上登记为条件? 原因债权因代物清偿而消灭时,应适用民法的规定,理由在于:因代物清偿而发生电子登记债权时,原因债权是否消灭应适用电子登记债权法的规定,但原因债权如何消灭,即消灭的条件,仍应依照民法的规定,因此不应把在电子登记簿上将原因债权消灭的意思进行登记作为原因债权消灭的条件[138]。

在当事人没有约定时,或约定不明时,是否设置推定规则作为补充性规定? 例如,在当事人的意思不明确时,原因债权不消灭,债权人应先行使电子登记债权。有观点认为,并非一定要设置补充性规定,因为设置补充性规定不能反映当事人的真实意思,甚至可能与当事人的预期相反,从而导致僵硬的结果,因此没有必要设置补充性规定[139]。本书认为,基于防止债权双重让与以及保护债务人利益的考虑,电子登记债权法应规定电子登记债权发生后,原因债权消灭。

**2. 债权人将原因债权和电子登记债权转让后的法律后果**

电子登记债权基于原因债权发生后,原因债权与电子登记债权分别被转让:如果当事人约定电子登记债权发生后原因债权不消灭,则债务人应向原因债权的受让人以及电子登记债权的受让人分别履行原因债权的债务和电子登记债务,债务人履行后可以向债权人请求返还不当得利;如果当事人未明确约定电子登记债权与原因债权之间的关系或约定不明,有观点认为,从避免原因债权的受让人遭受损失的观点看,原因债权和电子债权被另外的债权联结,电子债权成为原因债权的变样(变观)。但此种处理措施存在以下问题:首先,作为前提的原因债权和电子登记债权有必要进行联结,但多个原因债权登记为一个电子登记债权时,困难随之产生;其次,此种方案使电子登记债权成为有因债权,损害了电子登记债权的可信赖性,并且与电子登记债权的权利内容依照电子登记簿的内容确定这一电子登记债权的文义性特征不协调;最后,债务人有时希望原因债权与电子登记债权并存,电子登记债权为原因债权的变观不仅违背债务人的意思,而且无法防止原因债权让与后受让人遭受损失的情形发生。综上所述,此种方案不可行[140]。本书认为,在当事人没有约定或约定不明时,电子登记债权发生后原因债权随即消灭,原因债权的受让人只能请求电子登记债权人(让与人)返还价款并赔偿损失。

**3. 电子登记债权与原因债权并存时二者行使的顺序**

如果当事人约定电子登记债权和原因债权并存时,是先行使电子登记债权还是先行使原因债权,有以下方案可供选择:一是债权人应先行使电子登记债权,二是债权人可以自由选择行使一种债权,一种债权得到满足后,另一种消灭。有观点认为,

---

① 代物清偿的构成要件之一是给付与原给付不同,如果只存在极其微细的差异,可视为清偿而非代物清偿。电子登记债权具有无因性特征,而原因债权通常系有因债权,因此构成代物清偿。

原因债权和电子登记债权的行使顺序,应由当事人自由约定,在当事人未约定或约定不明时,为避免原因债权的权利人和电子登记债权人(有时二者的债权人可能不同)相继提出请求时,电子登记债权法不应作出强制性规定,而应根据交易习惯决定[141]。亦有观点认为,应根据当事人发生电子登记债权的目的确定。以支付为目的而发生的电子登记债权,如果原因债权和电子登记债权并存时,债权人必须先行使电子登记债权[142]。

本书认为,电子登记债权和原因债权并存时,当事人可以自由约定行使权利的顺序,一种债权实现后,另一种债权消灭。但电子登记债权未经注销登记,不消灭。当事人对权利行使的顺序未有约定或约定不明时,权利人应先行使电子登记债权。

## 3.2 发生登记的法定必要登记事项

发生登记事项是指电子债权登记机构在进行发生登记时在电子记录簿上登记的有关电子登记债权内容的事项。具体包括法定必要登记事项和法定任意登记事项。电子登记债权发生登记事项和电子登记债权发生申请事项不同,后者是当事人向电子债权登记机构提交登记申请中记载的事项,当事人申请的事项包括必要申请事项(必须进行申请的事项,该事项的一部分欠缺时,申请无效。下同)和任意申请事项。必要申请事项包括发生登记的必要登记事项和电子债权登记机构在业务规则中规定的必须申请的事项。任意申请事项包括法定任意登记事项和电子登记债权法没有规定而由电子债权登记机构在业务规则中规定可以申请的事项[143]。

### 3.2.1 法定必要登记事项的概念

发生登记的法定必要登记事项,是指电子登记债权发生所必须登记的事项。法定必要登记事项可以分为绝对必要登记事项和相对必要登记事项。绝对必要登记事项欠缺其中任何一项,电子登记债权无效。有观点认为,在一定日期能够受领一定金额的支付是电子登记债权的基本特征,因此,债权金额、支付日期、发生登记日期、登记编号、债务人的特定事项和债权人的特定事项是电子登记债权的最低必要记载事项[144]。另有观点认为,债权人和债务人的姓名或名称、支付金额、支付日期应作为法定必要登记事项[145]。鉴于法定必要登记事项的性质,其范围越广,电子登记债权无效的可能性越大,因此应将必要登记事项限制在最小的范围内。依照日本《电子记录债权法》第16条的规定,法定必要登记事项包括债务人支付一定金额的意思表示、支付日期、发生登记日期、登记编号、债务人和债权人的特定事项。

## 3.2.2 债务人支付一定金额的意思表示

在一定日期能够受领一定金额的支付是电子登记债权的基本特征[146]。与之相对应,电子登记债务是电子登记债务人在一定日期承诺支付一定的金额。因此电子登记债权发生,必须有电子登记债务人负担一定金额的意思表示。

## 3.2.3 债权金额

**1. 债权金额应确定**

债权额是确定债权内容的因素之一,进行发生登记时,为特定债权内容,必须将债权金额进行登记,因此电子登记债权金额为必要登记事项。电子登记债权的金额,必须是确定的金额[147]。在卖方交付货物后买方支付价款前,卖方将债权采用电子登记债权的方式转让以获取融资,存在发生登记时不需要金额确定和登记时需要依照一定的标准进行确定金额的两种不同意见。有观点认为,电子登记债权作为金钱债权,至少在支付阶段,金额应该确定[148]。本书认为,参照买卖合同"标的物的名称和数量是合同必要条款"的基本原理,债权金额必须在发生登记时确定,否则电子登记债权将无法进行让与。此外,电子登记债权的内容依照登记内容确定,登记内容(特别是登记金额)是电子登记债权流通的前提,因此电子登记债权有必要在发生阶段规定确定的金额以成为金钱债权[149]。

**2. 确定债权金额的依据**

电子登记债权金额的确定,通常情况下依照发生登记时原因债权的数额确定,但原因关系在电子债权发生后发生变化,如原因债权的债权额发生变化,电子登记债权的债权额是否相应发生变化? 此时,电子登记债权的债权额是否相应变更,应以相关利害关系人的合意为必要。如果相关利害关系人不同意变更,因电子登记债权具有独立性,电子登记债权的债权额仍依照登记确定,但电子登记债务人可以主张人的抗辩,即可以原因债权的债权额和电子登记债权的债权额之间的差额对抗发生登记的电子登记债权人[150]。

**3. 将来债权金额的确定**

将来债权采用电子登记债权的方式进行让与时,当事人可以将原因债权预计发生的金额为确定金额登记使之发生电子登记债权。在电子登记债权支付阶段,该预计发生金额(即登记的债权金额)与实际发生金额可能存在一定的差额,此时债务人可以该差额主张人的抗辩[151]。具体而言,电子登记债务人只能对抗发生登记的债权人。

电子登记债权法是否借鉴票据法关于人的抗辩的基本理论,[①]即电子登记债务人能否以电子登记债权的登记额和原因债权实际发生额之间的差额对抗明知上述事实的受让人,本书认为,原因债权的实际发生额与电子登记债权的登记数额可能存在一定的差额,这种不确定性是发生登记的电子登记债务人和电子登记债权人造成的。发生登记的电子登记债权人和电子登记债务人能够有效地控制该差额,而电子登记债权的受让人无法控制该差额的发生。受让人受让电子登记债权时,虽然受让人知道可能存在差额,但无法准确确定最终是否会发生该差额。此时,受让人信赖的是登记的债权金额而非原因债权的实际发生额。基于保护交易安全的需要,电子登记债务人不得以原因债权的实际发生数额与电子登记债权的登记数额之间的差额对抗受让人,包括知道可能存在差额事实的受让人。

为了保护电子登记债务人的利益,将来债权采用电子登记债权进行让与时,能否将电子登记债权金额作为任意登记事项进行登记,即"预计发生金额为 $X$ 元,但以实际发生金额为准",本书认为,电子登记债权的金额不确定将无法进行交易,因此电子登记债权金额不得作为任意登记事项。

## 3.2.4 电子登记债务人的必要信息

### 1. 债务人的姓名或名称及住所必须进行登记

债务人是谁是债权特定的必要因素,因此债务人的姓名或名称及住所作为特定债务人的必要事项,应作为必要登记事项[152]。有观点认为,基于对电子登记债权管理和支付的需要,有关债务人的必要信息,如债务人的姓名或名称、住所以及法定代表人的姓名应作为必要登记事项[153]。日本《电子记录债权法》没有将法人的法定代表人作为必要登记事项。[②] 本书认为,法定必要登记事项作为影响电子登记债权效力的因素,其范围应尽可能小,以最大限度地使电子登记债权有效,从而促进电子登记债权流通。电子登记债权有关电子登记债务人的必要登记事项以能够特定债务人为必要:电子登记债务人为法人时,该法人的名称和住所即可有效地将债务人特定化,因此法人的法定代表人的姓名没有必要作为必要登记事项。

法人的法定代表人虽然不是必要登记事项,但申请人为法人时,除该法人的名称及住所作为必要申请事项外,该法人的法定代表人的姓名也应作为必要申请事项,其目的是明确申请发生登记的人是谁。[③] 由此可见,如果在申请阶段能够准确确

---

[①] 依照票据人的抗辩的基本理论,持票人在取得票据时明知债务人与发票人之间、与持票人的前手之间存在抗辩事由,持票人取得票据、行使权利将使债务人受到损害,当持票人向票据债务人行使票据权利时,债务人仍可以主张其与发票人之间或其与持票人的前手之间的抗辩事由而拒绝持票人的付款请求。见谢怀栻著:《票据法概论》,法律出版社 2006 年版,第 87 页。

[②] 见日本《电子记录债权法》第 16 条的规定。

[③] 实际上是申请人有无申请权,因为法人只有法定代表人或其授权的代理人才能进行申请。

认申请人特定的事项,则没有必要将这些申请人的所有信息记录在电子登记簿上。综上所述,法定代表人的姓名是必要申请事项,而非必要登记事项[154]。

**2. 多数人之债的登记事项**

如果电子登记债务人为两人以上时,无论是按份之债,还是连带之债,该电子登记债务并非数个债务,而是同一债务,因此登记一次即可,而无须进行数次登记[155]。本书认为,原因债务为不可分债务时,债务人虽然为数人,但原因债务为同一债务且不可分,因此当事人必须将原因债务登记为同一电子登记债务。如果原因债务为可分债务,此时原因债务虽然是同一债务,但其是可分的,因此可分债务的各个份额是相对独立的,当事人可以将原因债务登记为同一电子登记债务,各债务人也可以按照其各自应当承担的份额登记为数个电子登记债务。

依照民法的基本原理,普通金钱债务的债务人有两人以上时,如果没有当事人的特别约定,各债务人按照均等的份额负担债务。电子登记债务如果仅登记"电子登记债权的金额"而没有登记各债务人具体负担的债权额,此时电子登记债务是连带债务,还是按份债务,在电子登记簿上并不明确,会造成全体债务人中的任一债务人承担全部债务的外观假象。当原因债务为按份债务,如果依照原因债务的内容确定电子登记债务人的债务,有可能造成依照电子登记簿的登记内容进行交易的人遭受意外损失。因此电子登记债务为按份债务时,应将电子登记债务为按份债务的意思,即各债务人应负担的债务份额进行登记。如果未明确登记电子登记债务人所负担的债务份额,电子登记债务人承担连带责任[156]。简而言之,如果电子登记债务是连带债务,则登记债务总额即可。如果是按份债务,则应明确每一债务人应承担的债务数额。①

### 3.2.5　电子登记债权人的必要信息

与债务人的姓名或名称及住所作为必要登记事项一样,债权人是谁也是电子登记债权特定的必要因素,因此债权人的姓名或名称及住所作为债权人特定的必要事项,也是必要登记事项[157]。债权人为两人以上时,和债务人为两人以上时同样,按份债权的每一债权人可以分开进行发生登记。债权人为两人以上时,如果债权为连带债权,则登记债权总额即可;如果债权为按份债权,则应明确每个债权人的债权额。②

### 3.2.6　登记编号和登记日期

除以上登记事项之外,登记编号(既有发生登记又有分割登记时,指各自的登记

---

① 日本《电子记录债权法》第16条。
② 见日本《电子记录债权法》第16条的规定。

编号)和电子登记的日期,也应作为电子登记债权的法定必要登记事项。登记编号作为必要登记事项,是因为在相同的当事人之间,有可能在同一日期登记内容相同的多项债权,为了将电子登记债权特定化,有必要对各项电子登记债权进行编号,该号码为电子债权的登记编号[158]。将电子登记债权进行编号,不仅便于他人查询,也便于电子债权登记机构管理电子登记债权。电子登记的日期是电子登记债权发生效力的日期,同时,电子登记的日期也是确定电子登记债务人是否具有相应行为能力的时间,因此登记日期也应作为法定必要登记事项。

### 3.2.7 是否认可类似空白票据的电子登记债权

票据未记载部分必要记载事项时,可以认定为空白票据使用。① 如果认可类似空白票据的电子登记债权,有关空白部分,即未登记的事项,在发生登记后确定即可。如当事人在金额未确定时即将债权登记为电子登记债权进行融资,如同空白票据一样,授权债权人在电子登记债权的发生登记事项中补充,即在原因债权的数额确定后再进行登记补充。授权当事人补充会产生电子登记债权的内容和电子登记簿的内容不一致的后果,导致电子债权登记机构无法判断日后登记申请的内容是否在空白补充权的范围内[159],同时授权当事人在事后补充登记这一事实与电子登记债权的内容根据电子登记簿的登记内容确定这样的基本理念不符,基于以上理由,不认可类似空白票据的电子登记债权[160]。

## 3.3 发生登记的法定任意登记事项

### 3.3.1 法定任意登记事项的概念

法定任意登记事项,是指由电子登记债权法规定在电子登记簿中当事人可以自由选择是否登记的事项,未经登记不发生电子登记债权法上的效力。法定任意登记事项不同于法定必要登记事项。前者未经登记并不影响电子登记债权的效力,只是不能作为电子登记债权的内容;后者必须进行登记,不登记可能会导致电子登记债权无效。

电子登记债权以电子信息为基础,以电子数据的形式存在。电子数据本身能附加各种各样的信息。同时,纸质票据因受载体的制约,可以记载的事项有限。电子登记簿理论上可以登记无限的信息,因此电子登记簿可以登记各种各样的信息。但登记信息的无限增加会加重登记系统的负担,必须允许电子债权登记机构限定法定

---

① 见日本《票据法》第 10 条、第 77 条第 2 款的规定。

任意登记事项的范围。因此,在电子登记簿上登记的信息,必须是确定电子登记债权的内容且方便记载的事项,如利息及利率、期限利益丧失的约定、保证条款等。

## 3.3.2 支付日期

有观点认为,电子登记债权作为金钱债权,支付日期是债权特定的必要要素,因此支付日期应作为法定必要登记事项。同时,登记的支付日期,必须是确定的日期[161]。另有观点认为,支付日期是电子登记债权的最低必要登记事项,因此应作为法定必要登记事项[162]。本书认为,支付日期并非是特定电子登记债权的最低事项,因此支付日期不应作为法定必要登记事项。同时,考虑到电子登记债权的多种用途,有关电子登记债权的支付事项,在发生登记时债权人和债务人之间可能存在复杂的约定。例如,银团贷款中通常存在有关期限利益丧失事由和期前清偿的约定等,借款债权作为原因债权而发生电子登记债权时,这些约定登记事项也适用于在从发生登记的债权人受让了该电子登记债权的人(受让人)和债务人之间,因此支付日期不应作为法定必要登记事项[163]。此外,发生登记的当事人可以自由约定电子登记债权的支付日期,如果当事人未登记支付日期,推定电子登记债权人可以随时要求履行。综上所述,支付日期应作为法定任意登记事项。

## 3.3.3 分割支付

票据必须以证券的存在为前提,因此分割支付的票据无效。① 而以电子信息为基础的电子登记债权,以上问题不会出现。电子登记簿采用磁盘对债权进行管理,因此没有必要像纸面的票据一样禁止分割支付。电子登记债权与票据在物理特征上的差异,决定了电子登记债权可以进行分割支付。考虑到实务中电子登记债权的多种用途,既有利用电子登记债权一笔支付的约定,也有把采用分割支付方法进行支付的债权使用电子登记债权的必要,因此电子登记债权法应允许分割支付。当事人在发生登记中登记分割支付的登记事项时,应将分割支付的意思及各支付日期的支付金额进行登记。此外,电子登记债权采用分割支付时,可以在电子登记簿上登记数个日期作为支付日期[164]。需要注意的是,对分割支付的电子债权进行发生登记会增加登记系统的负担,是否允许电子债权分割以及分割的次数,由电子债权登记机构自由决定[165]。

## 3.3.4 当事人就利息的约定

**1. 利率必须确定**

对于金钱债权,债权人和债务人之间可以自由决定是否收取利息以及利率。考

---

① 日本《票据法》第33条第2款。

虑到电子登记债权的多种用途,贷款债权作为原因债权而发生电子登记债权时,债务人应支付利息,因此当事人需要对利息及利率进行约定[166]。贷款债权一般采用浮动利率。依照电子登记债权的基本理论,作为债权具体内容的利率和利息额应严格依照电子登记簿确定,因此必须在电子登记簿上登记具体的利率。电子登记债权如果采用浮动利率,会导致浮动利率与电子登记债权内容的确定性发生冲突。如果登记为固定利率而实际采用浮动利率,有可能导致电子登记债务人和电子债权登记机构无法了解变动的利率。如果在利率变动时电子登记债权的利率也随之发生变化,而利率的变动须经过电子登记债务人的同意并进行登记,程序比较烦琐,在实务操作上存在一定的困难。

有观点认为,对于确定应支付的利息额的问题,清偿期到来后的利息债权是电子债权范围外的事情,因此无须依照电子登记簿确定。此外,电子登记债权不像票据那样有单纯性的要求,多数意见认为变动利率也可以进行登记。因此可以考虑将变动利率作为电子登记债权的内容,并产生电子登记债权法上的效力[167]。本书认为,电子登记债权能否采用浮动利率,关键是如何确定利率的问题,依照电子登记债权的内容及电子登记簿确定的基本原理,发生登记时采用浮动利率的电子登记债权必须登记确定的利率。利率发生变化时,当事人是否必须依照法定的程序进行变更登记,如果当事人未进行变更登记,电子登记债权的利率依照电子登记簿确定,发生登记的电子登记债权人和电子登记债务人只能主张人的抗辩。

**2. 利息债权移转的规则**

清偿期尚未到来的利息债权并不独立于本金债权,因此利息债权应附随本金债权一起移转。清偿期届至的利息债权是否与本金债权同时移转,有观点认为,在支付利息的情形,清偿期到来后的利息债权在理论上是与作为本金的电子登记债权独立的,电子登记债权让与时利息债权并不当然移转[168]。依照民法的基本原理,已届清偿期而尚未清偿消灭的利息债权,已分离而独立存在,但在本金债权让与时,如利息债权尚未支付,推定其随同本金债权一起移转[169]。本书认为,清偿期届至的电子登记债权,利息债权是否附随本金债权一起移转,由当事人自由约定并将约定内容在电子登记簿上登记。如果当事人未约定或虽有约定但未进行登记,因本金债权和利息债权单独让与会增加电子债权登记机构的负担以及当事人的负担,因此电子登记债权法应规定二者一同移转。

## 3.3.5 电子登记债权作为信托财产

电子登记债权在发生时如果作为债权人(债权人为受托人)的信托财产,如受托人出卖作为信托财产的不动产,与买受人之间约定通过电子登记债权支付该不动产的价款,此时受托人应将该电子登记债权为信托财产的意思在发生登记时进行登记,否则不能具备信托财产的对抗要件。因此,在电子登记债权人作为信托财产的受托人时,该电子登记债权作为信托财产的意思可以作为法定任意登记事项[170]。如果电子登记债权人作为信托财产受托人的事实没有被登记,则对电子登记债权的处分不得对抗第三人。需要注意的是,此处登记的对抗意义与受托人的权限相关,如果受托人可以任意处分信托财产,包括处分原信托财产而发生电子登记债权,此时是否将电子登记债权登记为信托财产则变得毫无意义。

## 3.3.6 电子登记债权的限制事项

电子登记债权可以有多种用途,当事人既可以将电子登记债权让与进行融资,也可以将电子登记债权进行质押以担保其他债权的履行,亦可以在电子登记债权发生后对该电子登记债权进行保证登记以增强电子登记债权的安全性。基于当事人意思自治的原则,当事人亦可以通过约定限制电子登记债权的用途,即约定不得进行让与登记、保证登记、质权设定登记或分割登记,或者是约定对电子登记的次数进行限制以及其他限制。① 具体而言,债权人和债务人亦可以通过约定限制电子登记债权的流通范围,为了实现上述目的,当事人可以约定限制该电子登记债权的受让人、转让期间或质权的设定,以及限制电子登记保证以维持电子登记债权的无担保性,使之符合该电子登记债权最初设想的用途。

**1. 限制让与相对人**

在电子债权登记机构认可的范围内,电子登记债权的当事人可以将受让人限定在一定范围内。例如,银团贷款作为原因债权而发生电子登记债权时,贷款合同中如果约定该债权的受让人仅限于符合一定资格的贷款人,在进行电子登记债权发生登记时,债权人和债务人可以将受让人限定为一定范围的人,如受让人不能是该财团以外的第三人或仅限于金融机构,以上限制可以作为法定任意登记事项。

限制让与相对人时,应在电子登记簿上将限制让与人的意思和特定的受让人或受让人的范围进行登记[171]。在该约定进行登记后,受让人(从发生登记的债权人处受让该电子登记债权的人)也受该约定的约束[172]。在交易实务中,债务人做出全面禁止转让的意思表示之后,可以通过债务人的个别同意解除此限制。此时,债务人同意的意思表示采取的方式以及电子债权登记机构确认债务人同意的方式,由债务人和电子债权登记机构自由约定。此外,关于电子债权登记机构是否可以将受让人限制为一定的人,本书认为,受让人的选择是电子登记债权当事人意思自治的范畴,是电子登记债权当事人的权利范畴,电子债权登记机构无权作出限制。

**2. 让与次数的限制**

利用电子登记债权作为一揽子结算方式的收款人变更时,会增加电子债权登记

---

① 日本《电子记录债权法》第16条。

机构登记系统的负担,因此电子债权登记机构可以限制电子登记债权转让的次数。如果认可电子债权登记机构对让与次数的限制,其限制的方式和公示方式,与电子债权登记机构对分割让与的限制相同[173]。值得注意的是电子登记债务人能否限制转让的次数,有观点认为电子登记债务人无权作出让与次数的限制,亦有观点认为没有禁止债务人作出此限制的理由[174]。本书认为,电子登记债权让与的次数多少不影响电子登记债务人的义务,基于促进电子登记债权流通的考虑,电子登记债务人无权作出此限制。

除以上让与限制外,关于是否可以对电子登记债权的让与期间进行限制,有观点认为应禁止支付日期后的让与登记[175]。有观点认为,在支付日当日进行的让与登记,可能造成在支付日无法进行收款处理。因此在支付日前的一定期间内,电子债权登记机构可以拒绝让与登记申请,如可以借鉴电子票据业务在支付日的5个营业日前不得提出转让登记申请的规定[176]。在支付日期前的一定期间内是否禁止电子登记债权让与,需要视让与电子登记债权是否影响电子债权登记机构和电子登记债务人确认电子债权人而定:如果电子债权让与发生后立即进行让与登记,则完全没有必要禁止在支付日期前的一定期间内限制电子登记债权让与;如果电子登记债权让与和让与登记存在一定的时间差,如1天,则在该时间差的期限内不得将电子登记债权进行让与。

## 3.3.7 当事人约定排除善意取得及人的抗辩切断的适用

### 1. 可供选择的方案及理由

电子登记债权是为了提高债权的流通性而重新创设的债权。为了保障交易安全,促进电子登记债权流通,电子登记债权法认可电子登记债权的善意取得并确立了人的抗辩切断制度。但当事人一方或双方通过约定能否排除上述规定的适用,有以下三种方案:(1)当事人可以通过约定排除善意取得及人的抗辩切断的适用;(2)当事人不得通过约定排除善意取得及人的抗辩切断的约定;(3)该方案是前两种方案的折中方案,即当事人只能排除人的抗辩切断的适用。

反对当事人通过约定排除善意取得和人的抗辩切断规定适用的理由是:创设电子登记债权市场的目的是增强债权的流通性,电子登记债权的善意取得及人的抗辩切断的目的是促进电子登记债权流通,排除上述规定的适用不可避免地会阻碍电子登记债权流通,如果认可当事人阻碍电子登记债权流通的约定,则会与创设电子登记债权市场的目的冲突[177]。第三种方案的理由是,善意取得是基于登记具有权利推定的效力,如果当事人排除善意取得的适用,实际上是排除了登记具有权利推定效力这一原则,但登记的权利推定效力这一原则不允许发生登记的当事人通过约定排除,因为登记具有权利推定效力是强行性规范,只能通过法定的事由进行排除。

此外,实务中发生善意取得的情形不多,并非一定要排除善意取得的适用[178]。

**2. 日本《电子记录债权法》的规定及其评述**

日本《电子记录债权法》最终也采用了第一种方案。① 电子登记债权法既要以促进电子登记债权流通为目的,又要体现当事人的意思自治,不能为了保障电子登记债权流通而戕害当事人的意思自由,因此绝对禁止当事人排除善意取得和人的抗辩切断的规定的方案并不可行。虽然善意取得在实务中发生的情形不多,但这并不能成为否定排除善意取得的理由。此外,善意取得的理论基础是登记的权利推定效力,但当事人约定排除善意取得并未否定这一基本原理,因为登记具有权利推定效力的规则并不是绝对的,允许通过一定的方式进行变更,如当事人约定的方式。此外,如果因登记具有权利推定效力这一原理而否定当事人排除善意取得的约定,则违背了各独立的登记事项之间平等的原则。

采用第二种或第三种方案,电子债权登记机构应负担调查有关的申请事项是否是无益登记事项的义务,并有拒绝登记无益登记事项的义务,这无疑增加了电子债权登记机构的负担。既然认可电子登记债权禁止让与的特别约定,同时考虑到电子登记债权多种用途,也应该认可当事人排除善意取得及人的抗辩切断的约定。

## 3.3.8 期限利益丧失的约定

贷款债权作为原因债权登记发生电子登记债权时,当事人之间有关期限利益丧失的约定可以作为法定任意登记事项[179]。需要注意的是,当事人之间有关期限利益丧失的事由必须明确、具体,并详细地在电子登记簿上进行登记。如果当事人约定的期限利益丧失的事由发生,但该事实未在电子登记簿中登记或登记得不明确,该约定仅在当事人之间有效,不得对抗第三人。

除以上法定任意登记事项外,当事人可以就迟延损害赔偿金、抵销或代物清偿、清偿抵充的指定、当事人之间的通知方式和纠纷解决方式作为法定任意登记事项进行登记。② 如前所述,电子登记债权法规定了消费者保护的特殊条款,当事人为了增强电子登记债权的信用,促进电子登记债权流通,可以在发生登记中表明自己是个人经营者的身份,即电子登记债权人或电子登记债务人为个人经营者可以作为法定任意登记事项。

---

① 日本《电子记录债权法》第16条。
② 日本《电子记录债权法》第16条。

# 第 4 章 电子登记债权让与

## 4.1 电子登记债权让与的概念和要件

### 4.1.1 电子登记债权让与的概念

当事人向发生登记的电子债权登记机构申请移转登记,电子债权登记机构在发生登记的电子登记簿上登记受让人的有关事项之后,开始发生电子登记债权移转的效力[180]。与传统指名债权让与相比较,电子登记债权让与具有以下法律特征。

**1. 要式性**

电子登记债权让与系要式法律行为,以在电子登记簿上登记为生效要件。指名债权让与通常为非要式法律行为,除法律、行政法规另有规定外,当事人采用口头、书面及其他形式均可。电子登记既是电子登记债权让与的生效要件,又是电子登记债权让与的公示方式。指名债权让与因欠缺有效的公示方式,受让人的交易安全无法获得有效保障。因此,与指名债权让与相比,电子登记债权让与能够有效地保障受让人的安全。

**2. 无因性**

电子登记债权让与具有无因性,即原因关系的效力不影响电子登记债权让与的效力[181]。具体而言:原因关系的有效性不是电子登记债权让与的有效要件;只要行为人进行了让与登记,电子登记债权即发生移转的效力;电子登记债权让与一旦完成,即与其原因关系分离,不再受原因关系的影响,即使其基础关系不存在、被撤销或无效,也不影响电子登记债权让与的效力。在我国法的框架下,对于指名债权让与在解释上宜采有因说,原因行为无效或者被撤销场合,债权让与不发生效力;在作为原因行为的合同被解除场合,债权自动复归于让与人[182]。指名债权让与坚持有因性原则,导致受让人取得的债权随时有丧失的危险,将会阻碍债权的流通。无因性能够有效地保障电子登记债权让与的交易安全,促进电子登记债权流通。

### 4.1.2 电子登记债权让与的构成要件

电子登记债权让与和电子登记债权发生的条件一样,涉及以下三个问题:一是法律上合意的要件，即具有电子登记债权让与目的的让与人（现在被登记为电子登记债权人的权利人）和受让人之间的合意；二是申请人，即谁有权向电子债权登记机构提出让与登记申请；三是合意和申请之间的关系[183]。有观点认为，受让人在取得电子登记债权时无须确认和承诺，特别是受让人没有必要在取得时确认让与人不同意承担担保责任，即不需要当事人之间的合意。另有观点认为，债权的法律性质决定了在电子登记债权发生阶段以当事人之间的合意为必要，既然已经有当事人之间的合意存在（电子登记债权已经发生），因此只需让与人进行让与登记的申请即可[184]。电子登记债权让与，未有当事人的意思表示和让与登记，①不产生让与的效力。但当事人进行让与登记，即可推定当事人之间存在让与电子登记债权的合意。

**1. 让与登记可推定当事人之间存在让与的合意**

电子登记债权让与属于双方法律行为，因此电子登记债权让与须有当事人之间的合意。当事人之间的合意可以采用多种形式表现出来，从提高电子登记债权交易效率的角度出发，电子登记债权让与不需要当事人之间单独的合意，②当事人向电子债权登记机构申请让与登记即可推定当事人之间合意的存在。此外，让与人和受让人之间是否需要有单独的让与登记合意，本书认为，意思主义和有因形式主义不需要当事人之间存在单独的让与登记合意，依照让与的合意，当事人即可请求进行移转登记。无因形式主义需要有当事人之间单独的让与登记合意，才可以进行移转登记申请。即使采用无因形式主义，当事人进行让与登记的意思表示即可推定让与人和受让人之间存在让与合意，因此，让与登记不需要当事人之间存在单独的让与登记合意。

电子票据业务，票据受让人应进行确认。采用一揽子结算方式时，收款人变更时，变更前的收款人和变更后的收款人双方应履行收款人变更手续，共同确认变更的事实[185]。受让电子登记债权的行为属于被授予权利的行为，因此电子登记债权的受让人没有履行确认受让电子登记债权的义务，但受让人为防止让与登记发生错误，有权请求电子债权登记机构对让与登记进行确认。让与登记是电子登记债权人处分自己权利的行为，因此让与登记原则上由电子登记债权人申请，但电子登记债权人无正当理由拒绝申请让与登记时，受让人有权依照生效的判决或仲裁机构的裁定单独申请让与登记。

**2. 让与登记是电子登记债权发生移转的有效要件**

让与登记是因电子登记债权让与而导致电子登记债权移转的有效要件[186]。有学者认为，我国有关立法对债权转让应明确登记对抗主义原则[187]。本书认为，电子

---

① 为了区别因继承和法定代位时的变更登记或支付登记，将电子登记债权因让与而发生移转时进行的登记称为"让与登记"，并将"让与登记"明确限制在因电子登记债权让与而进行的登记。
② 不以当事人之间单独的让与合意为要件并不能说明当事人之间不存在让与合意。

登记债权与指名债权让与相比,具有严格的要式性,因此电子登记债权让与应采取登记生效主义。需要注意的是,电子登记债权让与虽然与电子登记债权继承、承继或法定代位一样会导致电子登记债权发生移转,但电子登记债权让与以让与登记为有效要件,而电子登记债权发生继承、承继或法定代位时,电子登记债权的移转不以让与登记为要件[188],但需要进行其他登记。具体而言,电子登记债权发生普通继承时,可以通过变更登记将电子登记簿上的债权人由被继承人变更登记为继承人;基于清偿而法定代位取得电子登记债权时,该清偿人通过进行支付登记并依照支付登记的权利推定效力可以取得电子登记债权[189]。

### 4.1.3 让与登记

**1. 让与登记的内容**

与发生登记一样,让与登记的内容包括法定必要登记事项和法定任意登记事项。

(1) 法定必要登记事项

让与登记是因让与而导致电子登记债权移转所进行的登记,其法定必要登记事项是电子登记债权移转被认可所必要、最低限度的事项。基于此,让与电子登记债权的意思表示、让与人和受让人的必要信息以及登记日期应作为法定必要登记事项。①

① 让与电子登记债权的意思表示

电子登记债权让与虽然以让与登记为生效要件,但让与登记仅仅是电子登记债权让与的程序要件,电子登记债权让与的最终效力来源于电子登记债权人让与电子登记债权的意思表示,因此让与电子登记债权的意思表示是电子登记债权因让与而发生移转的实质要件,是让与登记的法定必要登记事项。

② 让与人的姓名或名称及住所

让与电子登记债权的意思表示必须由让与人做出,因此让与人,即现在的名义电子登记债权人的基本信息必须进行登记。具体而言,让与人的基本信息包括其姓名或名称及住所。

③ 受让人的姓名或名称及住所

进行让与登记,作为让与登记结果而在电子登记簿上进行登记的债权人,即受让人是谁成为必不可少的信息,因此特定受让人的必要信息,如受让人的姓名或名称及住所应作为法定必要登记事项[190]。之所以将受让人的基本信息作为法定必要登记事项,是因为与证券的持有人被推定为权利人的规则不同,是否为电子登记债权的权利人,通过电子登记簿以外的方法无法判断,因为电子登记债权无法像纸面

---

① 日本《电子记录债权法》第18条。

证券那样被现实地持有,只能依靠电子登记簿确认权利人,因此只能通过电子登记簿确认权利人。综上所述,让与登记必须登记受让人的特定事项,而不能采用与票据空白式背书同样的发生,即不登记受让人的基本信息的登记方式[191]。

④ 登记日期

电子债权登记机构在收到移转电子登记债权的让与登记申请时,应将受让人的特定事项和移转登记日期进行登记。附利息的电子登记债权,清偿期届至的利息债权并不必然附随电子登记债权移转。因此让与登记的登记日期,可以确定清偿期届至后利息债权的范围[192]。

(2) 法定任意登记事项

与发生登记一样,让与登记的登记事项也包括多种法定任意登记事项,具体包括以下内容:①让与人和受让人约定的支付方式。如债权人和电子登记债务人约定由电子登记债务人向电子登记债权人的账户进行支付时,让与人和受让人可以约定由电子登记债务人直接向受让人的账户支付以履行电子登记债务。②让与人为个人经营者。如果让与人为消费者但被登记为个人经营者,该登记本身无效。③让与人和受让人之间约定的通知方法和纠纷解决方法。① 此外,电子登记债权的受让人作为信托财产的受托人时,该电子登记债权作为信托财产的意思可以作为法定任意登记事项,其理由与发生登记的理由相同[193]。

**2. 电子债权登记机构登记**

当事人提出让与登记申请后,电子债权登记机构必须及时进行登记。依照未经当事人申请电子债权登记机构不得登记的原则,电子债权登记机构应以当事人申请的事项为中心进行登记[194]。此外,发生登记为先行存在的登记,因此让与登记不得与先行存在的发生登记冲突。为此,发生登记的申请人在发生登记中有特别约定时,让与登记的登记事项不得与之冲突[195]。

## 4.2 电子登记债权让与的效力

在电子债权登记机构完成让与登记时,电子登记债权即发生移转。具体而言,让与登记一经完成,电子登记簿登记的全部权利(包含电子登记债权本身、利息债权②及附属权利,如电子登记保证债务履行请求权等)一并移转给受让人[196]。电子登记债权让与,除发生权利移转外,还产生以下法律后果。

---

① 日本《电子记录债权法》第18条。
② 包括已发生的利息债权和尚未发生的利息债权。

## 4.2.1 让与人的担保责任

让与人的担保责任是指让与人对电子登记债务人的清偿能力承担担保责任。依指名债权让与的基本理论,债权让与人对债务人的支付能力,除有特别约定外,对受让人不承担担保责任。让与人承诺对债务人的清偿能力承担担保责任时,原则上仅担保债务人在债权让与时的清偿能力,而不担保债务人将来的清偿能力,但如让与人明确约定其对债务人将来的清偿能力亦负担保责任的,不在此限。未届清偿期债权的让与人担保债务人将来的清偿能力的,推定其所担保的是清偿期时债务人的清偿能力。① 依票据法的基本理论,票据背书人未作相反的意思表示的,承担担保责任。

**1. 让与人是否承担担保责任**

(1) 可供选择的方案

电子登记债权的让与人(不限于第一让与人)是否承担担保责任,有观点认为,应由当事人自由选择[197]。具体而言,有以下模式可供让与人选择:①原则上承担担保责任,但在登记时记载了让与人不承担担保责任时,让与人不承担担保责任。如采用一揽子结算方式的金融机构对债权让与人无偿还请求权,②因此利用电子登记债权的一揽子结算方式,电子登记债权人也不承担担保责任[198]。②原则上不承担担保责任,但在登记时记载了让与人承担担保责任时,让与人承担担保责任[199]。③电子登记债权的让与人只对特定的受让人承担担保责任。该模式类似票据禁止背书的背书。具体而言,电子登记债权人可以在电子登记簿上登记以下内容:让与人对直接的受让人承担担保责任,对直接受让人以外的其他受让人不承担责任;让与人可以对电子债权的直接受让人(直接后手)主张的抗辩,可以向电子债权的直接受让人以后的受让人主张。

(2) 本书的观点

指名债权让与在让与人未有明确承诺时不对债务人的清偿能力承担担保责任,而票据法规定背书人未有相反的意思表示时,对其后手承担担保责任。二者之所以作出不同的规定,是因为指名债权让与遵循了当事人意思自治的基本理念,即当事人未有明确的意思表示时,法律原则上不设定当事人的义务,而票据法的规定侧重于保护票据受让人的利益,即通过规定让与人原则上承担担保责任,以增强票据的信用,从而调动受让人接受票据的积极性,进而促进票据流通。

---

① 见《法国民法典》第1694条和第1695条、《瑞士债法典》第171条、《日本民法典》第569条和我国台湾地区"民法典"第352条的规定。

② 该规定具体参见日本《防止价金迟延支付法》。具体而言,债权人将债权让与后,债务人未向金融机构履行还款义务,金融机构无权向债权人追偿。

电子登记债权的让与人承担担保责任时,可以增强电子登记债权的信用,促进电子登记债权流通,但在电子登记债务人不履行电子登记债务时,让与人承担担保责任后会导致电子登记债权人利用电子登记债权进行融资的目的落空。因此,电子登记债权的让与人是否承担担保责任,应由受让人在权衡利弊后自主决定,法律不应作出强制性规定。详言之,让与人可以自由决定是否承担担保责任以及承担担保责任的范围和担保责任相对人的范围,未有让与人承担担保责任的意思表示并或未经登记,电子登记债权的让与人不承担担保责任。

**2. 让与人担保责任的独立性**

如前所述,电子登记簿登记了让与人的担保责任时,让与人应承担担保责任。让与人的担保责任具有独立性,即电子登记债权的发生登记或让与登记即使无效,让与人也应承担担保责任[200]。电子登记债权的让与人承担担保责任(以让与人的信用担保电子登记债权履行),且担保责任具有独立性,可以增强电子登记债权的安全性,促进电子登记债权流通。

**3. 让与人承担担保责任的要件**

(1)实质要件:电子登记债务人到期不履行电子登记债务

在电子登记债务人到期不履行电子登记债务时,电子登记债权的受让人即可请求让与人承担担保责任。受让人在履行期届至时无权自由选择由债务人或是让与人履行电子登记债务人,亦无权在履行期届至时直接请求让与人承担担保责任。因为前述规则与电子登记债权的让与人承担担保责任的目的不符,又因为让与人承担担保责任的目的是增强电子登记债权的信用而非代位电子登记债务人履行电子登记债务,即让与人的责任只能是第二顺序的补充责任而非与电子登记债务人承担连带责任,所以受让人只能在电子登记债务人未履行电子登记债务时请求让与人承担担保责任。

如果发生登记的电子登记债务人破产,受让人可以在支付日前对承担担保责任的让与人依法进行追索。如果电子登记簿上存在有关电子登记债权期限利益丧失的约定,承担担保责任的让与人应受该约定的约束,受让人在支付日前向承担担保责任的让与人进行追索时,不需要依照其他法律特别规定的条件[201]。①

(2)形式要件:有两个以上的承担担保责任的让与人时,受让人应通知让与人

依照票据法的基本理论,持票人向背书人行使追索权时,应提供拒绝证书[202]。受让人请求让与人承担担保责任时,不以受让人请求电子登记债务人支付和强制执行电子登记债务人的财产仍无法获得全部清偿为前提,也不需要受让人提供拒绝证书,但承担担保责任的让与人为两人以上时,受让人应通知让与人。

---

① 在债务人破产时,债权人行使追索权需要满足特定的法律要件;如果电子债权登记原簿进行了期限利益丧失的约定,债权人可以依照期限利益丧失的登记直接行使追索权。

① 受让人无须请求电子登记债务人支付

发生登记的电子登记债务人在支付日到来后未支付,受让人可以对承担担保责任的让与人主张担保责任。不需要限定特定的方法以证明电子登记债务人未支付的事实,受让人也没有必要对发生登记的电子登记债务人请求支付。例如,如果电子登记债务为送付债务,送付债务需要债务人主动在债权人的住所履行,不需要债权人请求,因此让与人承担担保责任以对电子登记债务人进行支付请求作为要件与送付债务的性质相冲突。此外,到期没有支付的事实通过查阅电子登记簿即可确认,而不需要将受让人的支付请求作为让与人承担担保责任的要件[203]。

② 受让人无须提供拒绝证书

票据权利的存在以持有票据为前提,而票据本身处于不断流转过程中,因此付款人无法准确了解票据的权利人为谁,因此票据权利人请求付款人付款必须向付款人提示票据,即请求付款人履行票据债务。而电子登记债务人在电子登记债权履行期届至时可以方便地查阅电子登记簿确定电子登记债权人,因而无须受让人主张,电子登记债务人应主动向受让人履行电子登记债务。因此,电子登记债权履行期届至时,未进行涂销登记,即可证明电子登记债务人未履行电子登记债务,而无须受让人在请求电子登记债务人履行电子登记债务遭拒绝并做成拒绝证书后才能请求让与人承担担保责任。

③ 不以强制执行电子登记债务人的财产仍无法获得全部清偿为前提

让与人承担担保责任时,是否享有类似一般民事保证人享有的先诉抗辩权,即让与人承担担保责任以强制执行电子登记债务人的财产仍无法获得全部清偿为前提,本书认为,这样规定虽然有利于保护让与人的利益,但影响电子登记债权让与的效率,因此让与人承担担保责任应以电子登记债务人到期不履行电子登记债务为条件,而非以电子登记债务人不能履行电子登记债务为要件。

④ 受让人的通知义务

受让人在请求让与人承担担保责任时是否必须将支付日未支付的事实通知承担担保责任的让与人,有以下两种方案:一种是肯定说,即必须通知。理由在于票据追索时基于保护承担担保责任人的目的,应履行通知义务。基于同样的目的,电子登记债权人应通知承担担保责任的人[204]。另一种方案为否定说,即不需要通知。理由是:如果电子登记债权的担保责任是基于特定的承担担保责任的意思表示产生,①如同可以确认未进行涂销登记一样,②承担担保责任的人可以通过查阅电子登

---

① 即基于当事人的约定在电子债权登记原簿上进行了登记。
② 涂销登记是电子债权消灭的要件,同时要确保涂销登记申请和支付同时履行。支付日经过后未进行涂销登记,本身能够说明未进行有效支付。见[日]電子債権研究会:《電子債権に関する私法上の論点整理——電子債権研究会報告書》,2005年12月,第53页。

记簿进行确认,因此无须通知[205]。本书认为,让与人通过查阅电子登记簿即可了解自己是否应当承担担保责任,所以受让人原则上无须履行通知义务。但存在多个承担担保责任的让与人时,因受让人可以自由选择具体承担担保责任的让与人,为明确责任人,受让人应履行通知义务。

综上所述,只要履行期届至电子登记债务人未履行电子登记债务(以未进行涂销登记为证明),受让人即可请求让与人承担担保责任。但有两个以上的承担担保责任的让与人时,受让人应履行通知义务。

**4. 让与人担保责任的内容**

指名债权让与,让与人的担保责任仅以让与人自出让的权利中取得的价金或者是订约时的债权额为限。① 电子登记债权的让与人的担保责任的范围,包括受让人可以请求支付电子登记债权的债权额以及自支付日后的延迟损害赔偿金。此种担保责任与指名债权让与中让与人的担保责任不同,目的是通过保护受让人的利益促进电子登记债权流通。

**5. 让与人承担担保责任后的法律后果**

（1）让与人的追索权

让与人在承担担保责任后,可以请求受让人将其电子登记债权移转给自己并进行登记,并有权请求电子债权登记机构将自己被追索的事实进行登记。电子债权登记机构在电子登记簿上进行登记后,让与人即可取得该电子登记债权并有权进行追索。具体而言,承担担保责任的让与人,对自己之前承担担保责任的人和发生登记的债务人,可以请求自己对债权人的支付金额及自己对债权人支付后的延迟损害赔偿金[206]。

（2）让与人部分支付时的追索权

如果让与人只履行了部分电子登记债务,让与人仍有权在其承担责任的范围内对其前手电子登记债务人进行再追索。让与人部分履行电子登记债务时在电子登记簿进行的登记方法,可以先将电子登记债权进行分割,在让与人履行额的范围内将电子登记债权移转给让与人并进行登记。

采用分割登记进行处理时,如果该电子登记债权禁止分割转让,或者有分割转让次数限制,该部分支付已经超过分割次数的限制时,有以下两种处理方案：一种方案认为,再追索(再请求)不受禁止或限制分割转让登记的约束；另一种方案认为,虽然禁止或限制分割转让,但部分履行不能认定为分割转让[207]。本书认为,如果将让与人部分履行后代位取得的电子登记债权认定为分割让与,而让与人的再追索又不受禁止或限制分割让与的限制,则会与当事人约定禁止或限制分割让与的约定或电

---

① 《法国民法典》第 1694 条和《日本民法典》第 569 条。

子债权登记机构禁止或限制分割让与的规定相冲突,因此第一种方案不可取。承担担保责任的让与人代位取得电子登记债权与受让人通过让与登记取得电子登记债权,二者虽然都产生电子登记债权移转的结果,但前者是电子登记债权的法定移转,后者是电子登记债权依照当事人约定进行移转,因此让与人履行部分电子登记债务后代位取得的电子登记债权并非是分割让与,不受禁止或限制分割让与约定或规定的限制。

## 4.2.2 禁止让与约定的效力[①]

### 1. 可供选择的方案及其理由

日本《民法典》第466条规定指名债权的禁止让与特别约定在当事人之间有效,但该约定不得对抗善意第三人。电子登记债权的债务人和债权人是否可以做出全面禁止电子登记债权让与的特别约定,有以下两种方案可供选择。

(1) 禁止让与约定无效

具体而言,如果电子债权登记机构没有在业务规则中规定禁止让与的情形,当事人之间存在全面禁止让与特别约定,如不论让与的相对方或让与的次数等,对该电子登记债权让与全部予以否认的特别约定,或者是该电子登记债权的让与必须经过发生登记的债务人同意的特别约定,或者是电子债权登记机构的业务规则有全面禁止让与的规定,均不认可该禁止让与约定的效力[208]。

无效说的具体理由在于,电子债权禁止让与约定,与促进电子登记债权流通的基本构想相矛盾。如果欲达到全面禁止电子登记债权转让,通过禁止电子登记债权发生即可实现上述目的,完全没有必要在电子登记债权发生后又全面禁止转让。日本《民法典》第466条在解释上以重大过失为要件,即只有在第三人存在重大过失时,当事人之间禁止债权让与的约定才能对第三人发生效力,如果电子登记债权做同样的解释,则会阻碍电子登记债权流通[209]。此外,欲使法律认可禁止让与特别约定的效力,采用指名债权让与的方式即可,而没有必要利用电子登记债权。另外,如果认可禁止让与特别约定的效力,现行指名债权让与阻碍债权融资的情形将再次出现。电子登记债权作为新创设的制度,其目的是确保债权让与的确定性和可信赖性,因此对于当事人之间因合意产生全面禁止让与的约定,电子登记债权法应规定其无效[210]。

(2) 禁止让与约定有效

具体而言,电子登记债权禁止让与特别约定的效力依照日本《民法典》第466条

---

[①] 这里的禁止让与约定既包括电子登记债权人和电子登记债务人之间禁止电子登记债权让与的合意,也包括电子债权登记机构在业务规则中禁止电子登记债权让与的规定,为表述方便,本书采用禁止让与约定一词。

确定,电子登记债权法不设置特别规定,即当事人可以约定禁止或限制电子登记债权让与,或者电子债权登记机构可以在业务规则中规定禁止或限制电子登记债权让与[211]。

有效说的具体理由是:首先,否定禁止让与约定的积极理由不成立,全面禁止让与的电子登记债权,并非完全丧失债权的流通性,只是未经发生登记的债务人的个别同意不发生让与的效力,其仍存在让与的可能性。同时,登记可以使债权内容具备可识别性,因此该类电子登记债权仍有存在的必要性[212]。其次,既然可以限制电子登记债权让与的相对人和次数,为何不能全面禁止电子登记债权转让[213]?让与的禁止在某种意义上可以认为是将可以让与的次数限制在零次的让与限制,既然可以对让与进行限制,也应允许禁止让与[214]。再次,禁止让与的特别约定发生在各种各样的场合,应该尊重利用电子登记债权制度的当事人的意思。如债务人对债权人有特殊的要求,不想把不喜欢的人作为债权人,因此债务人应有选择债权人的自由。如果不允许当事人之间禁止让与的特别约定,电子登记债权制度有可能成为多余的制度而被闲置[215]。复次,如果电子债权登记机构的业务规则认可禁止转让,登记机构对附有禁止让与特约的债权进行登记,可以认为是电子债权登记机构的一种特有的商业模式,因电子登记簿不进行让与登记,所以电子登记簿比较简易,便于电子债权登记机构进行管理[216]。

**2. 本书的观点**

首先,无效说不符合创设电子登记债权市场的目的。创设电子登记债权市场的目的是促进电子登记债权流通,但除此之外,电子登记债权还有其他目的或用途,如可以将电子登记债权作为质押标的担保其他债权的履行,也可以对发生登记的电子登记债权进行电子登记保证以担保电子登记债权的实现,因此电子登记债权让与不是电子登记债权市场创设的唯一目的。为实现创设电子登记债权市场的多重目的,电子登记债权法应承认当事人间禁止让与约定的效力。

其次,无效说违背了意思自治原则。电子登记债权让与除具有前述电子登记债权行为的基本特征外,自由让与性也是电子登记债权让与的另一重要特征。所谓自由让与性是指当事人有权自由约定电子登记债权是否让与以及受让人及让与的次数。电子登记债权法作为民事特别法,应最大限度体现当事人的意思自治,如果采用无效说,则与前述"发生登记的当事人在电子债权登记机构的业务规定所规定的范围内,可以进行限制让与的登记"相冲突。

最后,无效说损害了电子债权登记机构的营业自由。考虑到电子债权登记机构开展业务的自由,电子债权登记机构可以在业务规则中限制电子登记债权让与,如只进行电子登记债权发生登记和质押登记或保证登记等。因此,电子债权登记机构可以在业务规则中作出禁止让与的规定。需要注意的是,电子债权登记机构可以作出禁止让与规定的前提是有多家登记机构可供当事人自由选择,如果未来我国只设立一家电子债权登记机构,则不允许电子债权登记机构作出禁止让与的规定。

指名债权让与中债权人和债务人之间的禁止让与约定之所以受到质疑,是因为指名债权让与欠缺有效的公示方式,无论法律是肯定还是否定禁止让与约定的效力,都无法有效地平衡债务人和受让人之间的利益。电子登记作为电子登记债权让与的有效公示方式,受让人可以通过查阅电子登记簿了解电子登记债权是否存在禁止让与约定,其安全地位获得有效保障;同时,债务人可以将禁止让与约定在电子登记簿上登记,并以电子登记的对抗效力对受让人进行抗辩,债务人的利益亦得到有效保护。由此可见,认可禁止让与约定的效力,可以通过电子登记的公示方式有效地平衡债务人和受让人之间的利益。

综上所述,电子登记债权的当事人可以约定禁止电子登记债权让与并将该约定进行登记,电子债权登记机构也可以在业务规则中规定禁止或限制电子登记债权让与的规定。如果电子债权登记机构的业务规则中存在禁止限制让与的规定,即使没有当事人的申请,该禁止或限制让与的内容也必须进行登记[217]。

## 4.2.3 电子登记债权双重让与

**1. 电子登记债权是否发生双重让与**

创设电子登记债权市场的目的之一是有效地破解指名债权双重让与的难题。有观点认为,登记后具备了对债务人和第三人的对抗要件,因此排除了电子登记债权双重让与的可能性[218]。本书认为,如果电子登记债权采用类似电子证券市场集中竞价的交易方式,则不发生双重让与;如果采用类似不动产的交易方式,即让与人和受让人订立让与合同后请求电子债权登记机构进行让与登记,电子登记债权仍存在双重让与的可能。

**2. 电子登记债权发生双重让与后的优先权规则**

(1) 确立登记优先的规则

电子登记债权发生双重让与后,是依照让与合同订立或生效的时间还是依照让与登记的先后确定优先权规则,本书认为,应依照让与登记的先后确定优先权规则,但最先进行登记的受让人有恶意的除外。这里的恶意是指进行登记的受让人明知让与人与第三人已订立电子登记债权让与合同,而不要求登记受让人存在以欺诈、胁迫等手段妨害第三人进行让与登记之申请等有违反诚实信用原则的行为。登记受让人存在恶意时,如果该电子登记债权未让与他人,第三人可以请求电子债权登记机构进行变更登记而取得该电子登记债权;如果该电子登记债权已让与他人并进行了让与登记,第三人无权请求电子债权登记机构进行变更登记,只能请求让与人和恶意登记受让人赔偿损失。

（2）登记优先的理论基础

依照登记时间的先后确定优先权规则，理由如下。

① 从利益衡量的角度出发，登记优先原则保护的是社会利益

电子登记债权发生双重让与后，各受让人之间的利益发生冲突。当事人之间利益的冲突决定了法律不能保护也不能彻底保护全部利益，因此法律制度往往是在发生利益冲突时进行利益衡量的结果。电子登记债权发生双重让与后，是保护让与登记之前受让人的利益，还是保护进行让与登记的受让人的利益，只能在进行利益衡量后得出结论。

让与登记之前的受让人代表的是个人利益，让与登记受让人代表的是不特定多数人获得交易安全的需求，即社会利益。① 社会功利主义者认为，衡量或比较利益的一般原则是制度设计应保护最大多数的利益而牺牲最少的其他利益。庞德先生认为，应尽可能保护被认可的利益，只有这样才能使整体利益损害最小[219]。本书认为，利益产生冲突时，首先要评价的是何种利益为正当利益，然后再具体确定哪种利益应该优先保护。因为最大多数人的利益不一定正当，如张三之外的人往往会有瓜分张三财产的欲望，但法律不能认可这些人的需要，原因在于这些需求不正当。因此功利主义的利益衡量标准不足取。在利益发生冲突时，利益衡量应遵循以下原则：正当利益优于不正当利益；当双方的利益均为正当时，多数人的利益优于个人利益。在让与登记之前存在债权让与的情形，让与登记之前受让人的利益和让与登记受让人的利益均为正当利益，但前者代表的是个人利益，后者代表的是不特定多数人的利益，依照前述利益衡量的标准，应优先保护登记受让人的利益。

② 从经济学的角度分析，有利于降低社会成本

依经济学的基本原理，一项设计良好的制度，其运行应当能够产生明显的积极效果，或者说，在扣除其成本和副作用后仍然能够形成净收益[220]。电子登记债权的登记程序支付了一定的成本，如果不优先保护登记受让人的利益，则会造成资源浪费。因此，电子登记债权发生双重让与后，应优先保护登记受让人的利益。确立登记优先原则，可以有效地避免社会成本的浪费。

登记优先规则使电子登记债权在发生双重让与后有明确的权利归属标准，避免了指名债权双重让与处理规则的缺陷，破解了传统债权双重让与的难题。

---

① 以提出或主张利益的主体为标准，利益可以分为三类：个人利益、公共利益和社会利益。个人利益是指以个人生活名义提出、直接涉及个人生活和从个人生活的立场看待的请求、需求和欲望；公共利益是指作为法律实体的有组织的政治社会的请求、需求，具体而言，是指由有关的个人提出或从政治生活——有组织的政治社会生活——的立场提出的请求、需求和要求它们以该组织的名义提出的请求、需求；社会利益，是指从社会生活的角度考虑，被归结为社会集团的请求的需求、要求和请求。它们是事关社会维持、社会生活和社会功能的请求，是以社会生活的名义提出、从文明社会的社会生活的角度看待的更为宽泛的需求与要求。见[美]罗斯科·庞德著：《法理学（第三卷）》，廖德宇译，法律出版社 2007 年版，第 18～19 页。

## 4.2.4 电子登记债权期后让与

**1. 期后让与的概念**

期后让与是指电子登记债权的支付日期经过后进行的让与。支付日期经过后，电子登记债权的消灭时效不一定完成，电子登记债权并不一定消灭。支付日期经过后，虽然电子登记债务人可能承担违约责任，但电子登记债权仍然有效，电子登记债权人仍可以将电子登记债权转让给他人。在支付日期经过后进行让与登记以转让电子登记债权的行为，电子登记债权法应予认可[221]。与电子登记债权在支付期内的让与一样，期后让与只有进行让与登记后才发生移转的效力。

**2. 期后让与登记的效力**

（1）可供选择的方案及理由

关于电子登记债权期后让与登记的效力，有以下两种方案可供选择。

第一种方案认为，为了促进电子登记债权流通，支付日后和支付日前让与登记的效力不应存在区别，因此期后让与和支付日以前的让与具有同样的效力。具体而言，电子登记债务人在支付期间内对债权人进行了支付，但未完成登记，在电子登记债权人再次将该电子登记债权让与后，①电子登记债务人对该电子登记债权的受让人，除人的抗辩延续外，不能主张支付完毕的抗辩。具体理由如下：①支付日期后，发生违约的电子登记债权也存在现金化或者是融资的需求，为使之顺利进行，在流通性的保护方面不应该与支付日期前的电子登记债权区别对待；②人的抗辩被切断对债务人而言未免过于苛刻，就此而言，应限制支付日期后让与登记的效力，但支付完毕而无权进行抗辩的情形很少发生，因此采用此方案并不会在实践中发生混乱[222]。

第二种方案认为，在支付日后没有促进电子登记债权流通的必要，因此善意取得和抗辩的切断没有必要确立。具体而言，对于支付日期后的让与登记，与票据期后背书的效力一样，②不适用善意取得及人的抗辩切断的规定。如在上述事例中，电子登记债务人可以对让与人主张的抗辩延续至受让人，即债务人对受让人可以主张支付完毕的抗辩[223]。具体理由如下：①由于电子登记债权有多种用途，因此电子债权登记机构会有多种业务模式，电子债权登记机构将支付和支付登记同期处理存在困难。如果采用此方案，就没有必要使支付和支付登记同时进行，所以此方案是保

---

① 采用此方案仍不能排除债权双重让与的情形，但给出了一个明确的解决方案，较传统债权让与制度为给出一个明确的方案更具有积极的意义。传统的缺陷在于法律规定的不明确使当事人不能预测自己的风险，而此规定可以使当事人明确自己的风险。

② 参见日本《票据法》第 20 条第 1 款但书、第 77 条第 1 款第 1 项的规定。

护进行支付的电子登记债务人利益的有效手段。①②电子登记债务人如果怠于主张原因关系的抗辩,如基于抵销等正当拒绝支付事由的抗辩,该抗辩事由仍可以对支付日期经过后对受让人主张,这样可以有效保护电子登记债务人的利益。同时电子登记债权的受让人在支付日期经过后受让电子登记债权时,往往会提高注意以查明是否存在正当的拒付理由(拒绝支付的事由),因此期后让与在保护交易安全方面没有必要设置与支付日期内让与一样的规定[224]。

(2) 本书的观点

若采用第二种方案,会遇到以下问题:如果电子登记债权采用分割支付,"支付日期"是指各分割支付的支付日期还是指最后的支付日期,一种观点认为,"支付日期"是指各分割支付的支付日期,如果不这样认为,则不能彻底贯彻第二种方案中消除双重支付风险的考虑;另一种观点认为,"支付日期"是指最后的支付日期,如果分割支付的电子登记债权在中途被让与,例如,金额1000万元分10次(每次支付100万元)进行支付的电子登记债权,支付两次后即支付了200万元但未进行支付登记,如果该电子登记债权的受让人不知道已支付200万元的事实,如果债务人可以清偿的效力进行抗辩,则会阻碍采用分割支付方式的电子登记债权的流通性[225]。鉴于以上问题,如果采用第二种方案,需要与分割支付的电子登记债权的"支付日期"的确定问题结合作出结论。此外,如果采用第二种方案,基于在支付日期后与其重视保护交易安全不如重视对进行支付的债务人的保护,即静的安全的考虑,在支付日期后接受电子登记债权的人(受让人、质权人),是否有必要否定因意思表示无效或因欺诈等而导致意思表示被撤销时对第三人保护的规定,有必要与支付日期后让与登记的效力合并讨论[226]。

是否有效地防止双重支付不是选择上述方案的理由。电子登记债权的支付可以通过电子债权登记机构进行支付时,在当事人向电子债权登记机构汇款后电子债权登记机构立即进行支付登记即可确保支付与支付登记的同期性。票据期后背书只具有指名债权让与的效力,②是因为持票人理应在到期日前或期限届满前行使票据权利。如在到期日后或期限届满日后仍行背书,法律就不能如同对一般转让背书一样地去保护[227]。之所以如此,是因为票据为提示证券,票据到期后持票人应在法律规定的期限内行使票据权利,如果票据到期后仍处于流通之中,票据债务人将无法准确判断自己履行债务的时间,从而会带来诸多不便。此外,票据法规定票据权利应严格地依照规定期限行使,目的是使票据债务人尽快解脱繁重的票据债务,因此票据期后背书,票据债务人对期后背书的被背书人可以主张抗辩的延续以及不适用票据善意取得的规定。但电子登记债权不同于票据,电子登记债务人履行电子登

---

① 采取证券的交易方式可使支付和支付登记同时进行。
② 《日本票据法》第20条第1款但书的规定。

记债务不以电子登记债权人请求为前提,电子登记债务的履行期届至时,电子登记债务人应向电子登记簿的名义电子登记债权人履行电子登记债务。如果履行期经过后电子登记债务人未履行电子登记债务,电子登记债权人将该电子登记债权让与他人时,并未增加电子登记债务人的负担,因此保护受让人的善意取得和人的抗辩切断制度仍应对受让人适用,电子登记债权期后让与和电子登记债权的通常让与的效力相同。

## 4.3 电子登记债权抗辩限制

### 4.3.1 电子登记债权抗辩限制的范围及内容

**1. 电子登记债权抗辩的种类**

为平衡电子登记债权当事人之间的权利义务,电子登记债权法确立了电子登记债权抗辩制度。所谓电子登记债权抗辩,是指电子登记债务人基于合法的事实或理由对电子登记债权人提出的请求予以拒绝的行为。依照抗辩原因、效力的不同,电子登记债权抗辩分为绝对抗辩和相对抗辩。具体而言,基于电子登记债权本身存在的事由,即电子登记债权欠缺形式要件,一切被请求人或特定请求人得对抗任何电子登记债权人的抗辩,称之为绝对抗辩;基于当事人之间的关系,一切被请求人或特定请求人得对特定电子登记债权人主张的抗辩,称为相对抗辩。

**2. 抗辩限制的范围**

(1) 绝对抗辩不得限制

绝对抗辩因电子登记债权本身的原因发生并依附于电子登记债权存在,无论该电子登记债权转让给何人,这种抗辩都随电子登记债权存在。基于保护电子登记债务人的需要,绝对抗辩不能限制,也不应限制。此外,绝对抗辩是由于电子登记债权欠缺形式要件而产生的抗辩,因此,受让人可以通过查阅电子登记簿确定电子登记债权是否存在形式瑕疵。如果受让人在受让电子登记债权时未对电子登记债权的瑕疵提出异议,受让人的行为属甘冒风险的行为,电子登记债权形式瑕疵的法律后果应由受让人承受。

电子登记债务人如果对绝对抗辩事由的发生存在过错,其能否行使抗辩权,本书认为,电子登记债务人在先的过错行为导致电子登记债权产生形式瑕疵,受让人并未丧失自由选择的机会,并且受让人处于最有能力控制风险的地位,电子登记债权形式存在瑕疵而受让人仍受让该电子登记债权,虽然不能以此认定受让人的行为存在过错,但至少应推定受让人并不反对电子登记债务人对自己主张抗辩。此外,电子登记债务人可以对受让人行使绝对抗辩权,其原因不在于自己不存在过错,而是因为受让人自愿承受抗辩的法律后果。因此,电子登记债务人对绝对抗辩事由的发生存在过错时,其仍可行使抗辩权。综上所述,电子登记债权的绝对抗辩不能限制。

(2) 相对抗辩应进行限制

在保护电子登记债务人的同时,为了增强电子登记债权的流动性,电子登记债权法有必要对人的抗辩进行限制,这就是所谓的电子登记债权抗辩限制,即发生登记的债务人或电子记录保证人(以下称为电子登记债务人)不得以自己与让与人之间基于人的关系产生的抗辩事由,对抗电子登记债权的受让人[228]。由此可见,电子登记债权抗辩的限制,仅限于基于人的关系产生的抗辩,即相对抗辩。

人的抗辩的限制不是绝对的,电子登记债务人可以对知道抗辩事由存在的电子登记债权人进行抗辩。因此,所谓人的抗辩限制,是将抗辩限制在直接当事人之间以及电子登记债务人与其他知道抗辩事由存在的电子登记债权受让人之间,而不允许以上当事人之间的抗辩扩展至其他人之间。具体而言,电子登记债权经让与至直接当事人以外的第三人后,直接当事人之间的抗辩原则上被切断,电子登记债务人不得以直接当事人之间的抗辩对抗任何非直接当事人,但受让人取得电子登记债权时明知会损害电子登记债务人的情形除外。

**3. 抗辩限制的内容**

具体而言,电子登记债权抗辩限制主要包括以下两方面的内容。

(1) 发生登记的电子登记债务人或电子登记保证人(以下简称电子登记债务人)不得以其与发生登记的电子登记债权人之间存在的人的抗辩事由,对抗善意受让人。如前所述,电子债权行为具有无因性特征,电子登记债权的基础关系与电子登记债权相分离,无论原因关系如何,均不影响电子登记债权的效力。电子登记债务人对发生登记电子登记债权人的抗辩是基于基础关系的欠缺、瑕疵或无效产生的,应仅限于当事人之间而不应扩展至当事人以外的受让人。

(2) 发生登记的电子登记债务人、电子登记保证人和承担担保责任的让与人,不得以其与善意受让人的前手之间基于人的关系产生的抗辩事由(如善意受让人的前手为恶意取得电子登记债权的人),对抗善意受让人。理由在于:电子登记债权行为具有独立性特征,各电子债权相互独立。电子登记债务人与受让人的前手之间的电子登记债权行为存在瑕疵,不影响其后发生的电子登记债权行为的效力。因此,发生登记的电子登记债务人、电子登记保证人和承担担保责任的让与人不得以其与善意受让人的前手之间基于人的关系产生的抗辩事由,对抗善意受让人。

## 4.3.2 电子登记债权抗辩限制的目的和理论依据

**1. 电子登记债权抗辩限制的目的**

指名债权让与时,依照债务人不因债权让与而受到损害的原则,债务人对让与人(原债权人)可以行使的抗辩权,均可以继续对受让人行使。受让人将债权再次让与时,债务人有权以其对抗受让人(第一受让人,第二受让人,……,第 N 受让人)的抗辩事由,对再受让人(转得人)主张[229]。这是因为债权让与是债之主体变更,并不改变债之内容,债的同一性不因债权让与而丧失。因此,债权原有的瑕疵,亦随同移转于受让人,所以债务人可以对抗原债权人的抗辩事由,自然可以对受让人主张[230]。其结果是,债权让与的次数越多,债务人可主张的抗辩事由就越多,债权无法实现的风险也就越大。

如果电子登记债权沿用指名债权让与的抗辩规则,允许电子登记债务人随意进行抗辩,则电子登记债权受让人的权利就得不到确实保障,将会对电子登记债权流通构成障碍。指名债权让与的抗辩制度,体现了民法侧重保护债务人利益的理念。电子登记债权法应强化保障交易安全和促进电子登记债权流转的理念,设置不同于指名债权让与的电子登记债权抗辩限制制度,即抗辩限制制度。确立电子登记债权抗辩限制,其目的是优先保护电子登记债权受让人的利益,促进电子登记债权流通。

**2. 电子登记债权抗辩限制的理论依据**

促进电子登记债权流通是电子登记债权法的核心理念。电子登记债权的发生、让与等以登记为生效要件,电子登记债权的权利、义务主体以及内容依照电子登记簿的登记内容确定(电子债权行为的文义性特征),其目的是促进电子登记债权快捷和高速地流通。电子登记债权的文义性导致受让人无法知道电子登记债务人与让与人之间存在的抗辩事由。如果电子登记债务人对让与人有权行使的基于人的关系产生的抗辩可以对抗受让人,受让人在受让该电子登记债权时因无法预测债务人可以对债权人主张的抗辩事由而遭受不测之损害,从而损害电子登记债权的交易安全,阻碍电子登记债权流通[231]。因此,基于受让人对登记内容的信赖,电子登记债务人的抗辩应被限制在一定的范围内,即电子登记债务人原则上不得以对让与人基于的人的关系产生的抗辩事由对抗受让人。电子登记债权抗辩切断制度,排除了因抗辩的延续对电子登记债权流通产生的不利影响。即使电子登记债权经过多次让与,受让人也不必担心会遇到来自电子登记债务人的因抗辩延续所积累的多种抗辩,维护了电子登记债权的交易安全,避免了受让人权利的不确定性,为债权最大限度的流动提供了保障。

### 4.3.3 电子登记债权抗辩限制的例外①

**1. 电子登记债权抗辩限制的例外的理论依据**

绝对的安全是不存在的,一切安全总是建立在对一切不安全因素的防范之上,任何民事法律的内在平衡,总是要通过权利义务的对抗性来维持[232]。电子登记债

---

① 电子登记债权抗辩与电子登记债权抗辩限制的例外相比,二者的法律后果相同,即电子登记债务人均可对电子登记债权人进行抗辩。但二者的理论依据不同,前者是令受让人承担甘冒风险的法律后果,后者是对电子登记债权无因性以及独立性的纠正。

权抗辩的限制不是绝对的,电子登记债权法在一定条件下允许电子登记债务人基于人的关系产生的抗辩事由对受让人行使抗辩权,这就是所谓的电子登记债权抗辩限制的例外,即电子登记债务人可以以自己与让与人之间的抗辩事由对抗电子登记债权的受让人。

电子登记债权抗辩的限制重在保护电子登记债权受让人的利益,以促进电子登记债权流通。电子登记债权抗辩限制的例外可以说是民法指名债权让与抗辩规则的回归,侧重于保护电子登记债务人的利益。此外,允许电子登记债务人在一定条件下拒绝履行电子登记债务,不仅是保护电子登记债务人的需要,同时也会促使受让人提高注意义务,更加谨慎地从事电子登记债权行为,以尽力避免电子登记债权抗辩的发生,从而达到保障交易安全、促进电子登记债权流通的目的。

**2. 电子登记债权抗辩限制例外的内容**

(1) 受让人恶意

电子登记债权抗辩切断的例外,应从人的抗辩的切断理论基础出发,以寻求确定人的抗辩切断例外的具体标准。从不妨划定人的抗辩切断的受让人的范围的观点,即以人的抗辩的切断保护的是需要交易安全保护的适格受让人,而受让人是否值得保护应着眼于其主观方面,因此,电子登记债权抗辩切断的例外也应以受让人的主观方面为标准。如果不考虑受让人的主观方面,对知道人的抗辩存在、有损害债务人意图而受让电子登记债权的受让人,因不属于电子登记簿中的登记事项而不能对抗该受让人,一旦对该受让人清偿后,在可抗辩的范围内的清偿额作为不当得利,虽然电子登记债务人向债权人或受让人主张请求返还不当得利,但是容易发生纠纷[233]。因此,电子登记债务人可以对受让人行使恶意抗辩权。

① 恶意的判断标准

有关受让人恶意的判断标准,有以下方案可供选择:a. 通谋说。在受让人和其前手之间存在恶意串通损害电子登记债务人利益时,电子登记债务人才可以此对抗受让人;b. 害意说。受让人在取得电子登记债权时对电子登记债务人存在害意,即受让人知道取得电子登记债权会损害电子登记债务人的利益,而放任或追求这一结果,电子登记债务人才有权进行抗辩;c. 认识说。受让人在取得电子登记债权时知道电子登记债务人和自己的前手之间存在抗辩事由,电子登记债务人即可以此进行抗辩。

日本《电子记录债权法》采用了害意说。① 本书认为,通谋说将受让人恶意的范围限定得较窄,受让人的恶意不应以其前手的主观方面为要件,因此,受让人的恶意不应以受让人与其前手通谋为要件。与通谋说相比,害意说扩大了恶意受让人的范

---

① 日本《电子记录债权法》第 20 条。

围,有利于保护电子登记债务人的利益。但其带有主观随意性,难以作出客观的判断,电子登记债务人难以举证证明受让人有损害自己利益的故意。此外,害意说存在对恶意的范围限定较窄的缺陷,不利于保护电子登记债务人的利益。相对前两种方案而言,认识说较为客观合理,且易于判断,有利于保护电子登记债务人的利益,应为我国未来电子登记债权立法所采纳。

② 恶意存在的时间

认定受让人存在恶意的时间,应以受让人取得电子登记债权时为准,即只有受让人在进行让与登记之前知道电子登记债务人与其前手之间存在抗辩事由,电子登记债务人才可以主张抗辩限制的例外,行使抗辩权。需要指出的是,受让人的恶意并不一定产生电子登记债务人的恶意抗辩,如果受让人请求电子登记债务人履行电子登记债务时,电子登记债务人可以主张的特定的抗辩事由已经消灭,则不发生恶意抗辩的问题。此外,电子登记债务人进行恶意抗辩时,应举证证明受让人存在恶意。

(2) 当事人在电子登记簿上登记了抗辩事由

电子登记债务人可以进行恶意抗辩外,是否还可以和电子登记债权人约定抗辩事由并在电子登记簿上登记,从而依照电子登记簿上的抗辩事由对受让人进行抗辩,有观点认为,受让人在取得电子登记债权时存在恶意,电子登记债务人即可以此进行抗辩。恶意抗辩即可有效地保护电子登记债务人的利益,因此不需要在电子登记簿上登记抗辩事由[234]。

本书认为,在网络空间很难确立判断当事人主观善意与否的标准,仅将模糊的主观要件作为人的抗辩可否切断的标准,不利于保护受让人的利益。对受让人而言,登记可以使其明确识别电子登记债权存在的抗辩事由和范围。在此意义上,与其以受让人的主观善意与否作为标准,倒不如以登记的有无这一明确的客观要件为判断标准。此外,电子登记簿上可以登记多种预设的抗辩事由,与票据相比,电子登记债务人可以对让与人主张的抗辩事由的种类比较多,有利于保护电子登记债务人的利益。例如,基于银团贷款债权产生的电子登记债权,可以登记多种详细的特约条款,以提高契约内容的可视性或可识别性,电子登记债务人依照电子登记簿登记的抗辩事由对受让人进行抗辩,既能实现保障交易安全的目的,又能有效地保护电子登记债务人的利益。

(3) 恶意抗辩与登记抗辩之间的关系

① 电子登记债务人只能主张登记的抗辩事由说

有观点认为,不论受让人主观善意与否,电子登记债务人可以对受让人主张的抗辩事由,以在电子登记簿上进行登记的抗辩事由为限。采用该方案时,没有被登记的事由,即使受让人有恶意,电子登记债务人也不能以之对抗受让人。电子登债务人在履行了债务后,可以对让与人主张返还不当得利[235]。

依照上述观点,人的抗辩切断与否应依抗辩登记的有无确定,这样规定虽不意味着抗辩依"在电子登记簿上的登记"决定,但至少可以认为,必须依登记推认客观存在的抗辩事实[236]。有观点认为,如果遵循以上规则,不可避免地面临以下问题:a. 基于有无登记决定能否抗辩,会产生需要登记何种明确程度的抗辩情形才能产生"登记抗辩"的效力问题。与票据不同,电子登记债权基于人的关系产生的抗辩事由种类繁多,当事人难以详细、明确地将这些事由列举并进行登记。因此明确登记可以对抗受让人的所有事由,对电子登记债务人确实比较困难,结果不仅损害了能否对抗的明确性,亦存在难以有效保护电子登记债务人利益的不足之处[237]。b. 如果抗辩依发生登记的抗辩事由而行使,有可能在让与行为发生之后至支付日期之间发生的抗辩事由经登记后,在实际抗辩事由产生后即可对抗受让人,则有过分扩大抗辩延续的嫌疑。c. 如果抗辩采用未登记不能对抗受让人的规则,债务人会登记多种抗辩事由,导致电子登记债权成为仅仅是登记原因关系的权利义务,从而有可能成为与指名债权具有相同程度流通性但又不同于指名债权的制度,违背了创设电子登记债权市场的初衷[238]。

针对电子登记债务人可以主张的抗辩事由依登记确定规则所遇到的问题,本书认为,抗辩事由本身可能难以全部列举,但认定抗辩事由的具体标准,即登记的抗辩事由在符合什么样的条件下被电子登记债权法认可,应该是具体的。因此,电子登记债权法没有必要一一列举当事人可以约定的抗辩事由,只需规定当事人约定的抗辩事由有效标准即可。同时,为了涵盖受让人主观方面的抗辩事由,可以在电子登记簿中登记"可以对抗电子登记债权的恶意受让人"。对于电子登记债权的当事人可能登记多种抗辩事由而阻碍电子登记债权的流通的观点,本书认为,登记原则上由电子登记债权人和电子登记债务人共同申请,因此最终登记的抗辩事由是基于双方的合意。就可以主张的抗辩事由而言,电子登记债权人和电子登记债务人之间的利益是对立的。电子登记债务人为了有效地保护自己的利益,总是尽力争取登记更多的抗辩事由,但电子登记债权人基于增强电子登记债权的信用和促进电子登记债权流通的考虑,会尽量拒绝电子登记债务人主张登记的抗辩事由,二者博弈的结果是电子登记簿上不会登记过多的抗辩事由。特别是对已经发生登记的电子登记债权的抗辩的登记,其性质为变更登记,需要与其他利害关系人共同申请,因而在现实中很难进行抗辩登记。因此,即使允许当事人自由登记抗辩事由,也不会出现阻碍电子登记债权流通的结果。虽然有可能出现损害电子登记债务人利益的不正当结果[239],但基于促进电子登记债权流通的需要,制度设计应倾向保护受让人的利益,因此,对电子登记债务人的抗辩权应进行适当的限制。此外,严格遵循受让人可以主张的抗辩事由应发生在让与行为完成之前的原则,就不会产生抗辩被无限扩大的结果。

② 本书的观点

没有登记抗辩事由的电子登记债权成为一种电子货币,对电子登记债务人而言,风险太大,会影响电子登记债务人利用电子登记债权的积极性。对恶意串通欺诈取得的电子登记债权的受让人适用抗辩切断规则会产生不公平的结果,如果适用诚信原则等一般法理排除抗辩切断的适用,会导致抗辩的范围不明确[240]。因此,电子登记债权法需明确规定电子登记债务人可以进行抗辩的范围。现实中的电子登记债权交易,既存在所有的交易过程均在计算机网络上进行(完全电子商务模式),也有实际的交易在网络空间以外完成的(非完全电子商务模式),后者程序复杂,因此需要考虑受让人的主观方面[241]。电子登记债务人可抗辩范围的确定既要体现当事人的意思自治,又要符合明确、具体的要求,电子登记簿登记的抗辩事由和受让人主观善意与否并不冲突,需要结合起来适用。在电子登记簿登记的抗辩事由,至少可以作为认定受让人是否存在恶意或有重大过失的依据[242]。

除恶意抗辩和登记抗辩外,日本《电子记录债权法》规定受让人在支付日期经过后(采用分期支付的情形,仅限于已届支付日期的部分)受让人电子登记债权时,电子登记债权的抗辩不切断。① 如前所述,支付日期经过后受让电子登记债权的人,其权利不应受到限制,因此,电子登记债权抗辩限制规则仍应适用。另有观点认为,电子债权登记机构在业务规则中可以规定人的抗辩不切断的情形[243]。本书认为,电子登记债权抗辩是否切断,应在考虑交易安全和受让人的主观善意的基础上,有效地平衡电子登记债权当事人之间的权利义务,其属于电子登记债权法中的强制性规则,不应由电子债权登记机构在登记规则中自由设定。因此,电子债权登记机构无权在登记规则中规定人的抗辩不切断的情形。

## 4.4 电子登记债权的善意取得

指名债权让与不发生善意取得。理由在于,善意取得制度是公信力原则的具体表现,而公示主义又是公信力原则的前提,只有权利有明确可靠的公示方法时,才有可能成立善意取得。但指名债权变动并没有一种特别理想的公示方法,亦无所谓信赖此权利表征而受让债权的情形,因此指名债权不发生善意取得[244]。此外,指名债权让与之所以不发生善意取得,其他可能的原因是指名债权让与须由债权人通知债务人才能生效,因此不发生无权处分,善意取得也就无从谈起。

善意取得的功能是保护交易安全,其构成要件之一是受让人对权利外观的合理

---

① 日本《电子记录债权法》第 20 条。

信赖。由此可见,善意取得的功能或目的与善意取得的构成要件是有区别的。现行债权让与不发生善意取得的观点只是实证主义的研究方法,为现行制度的合理性进行解释和辩护。指名债权让与欠缺有效的公示方法,无法适用善意取得,并不代表债权让与没有保护交易安全的需要。指名债权让与仍有第三人假冒债权人的名义通知债务人的可能,因此指名债权让与仍存在无权处分的情形。与物权变动一样,指名债权让与有保护交易安全的强烈需求。现行法律没有规定指名债权让与的公示方法,并不代表债权让与没有适当的公示方法,学者应采用规范的分析方法,寻求科学的债权让与公示方式,以满足债权让与保护交易安全的需要。

电子登记是电子登记债权的公示方式。登记具有权利推定的效力,在电子登记簿登记为电子登记债权人的人,推定为该电子登记债权的权利人[245]。因电子登记簿上的名义债权人被推定为合法享有该电子登记债权,第三人基于对登记的信赖而与之进行交易,从电子登记簿登记的电子登记债权人处通过让与登记或质权设定登记的方式取得电子登记债权后,为保护交易安全,即保护受让人对登记的信赖,受让人应取得电子登记债权。因此,电子登记债权让与可以发生善意取得。

## 4.4.1 电子登记债权善意取得的概念

电子登记债权善意取得,是指受让人依电子登记债权法规定的让与方式,善意地从无权处分人处受让电子登记债权并由电子债权登记机构进行让与登记,因而取得电子登记债权。① 在电子登记债权让与的过程中,可能会发生以下情形:受让人依照电子登记债权法规定的让与要件取得了电子登记债权,但让与人却无权转让该电子登记债权,电子登记债权的实际权利人和受让人之间的权利冲突因此而发生。例如,电子债权登记机构错误地将甲的电子登记债权登记为乙,丙从乙处受让该电子登记债权并完成了让与登记,如果丙在受让该电子登记债权时不知乙无处分该电子登记债权的权利,此时,法律必须决定该电子登记债权是由甲享有还是由丙享有,但无论选择哪一方都会对另一方造成损害。

电子登记债权的高速流动性导致受让人难以通过查阅电子登记簿以外的事实了解电子登记债权的权属状况,因此在电子登记债权流通的过程中,对让与人是否有处分电子登记债权的权利,受让人往往难以得知。如果以电子登记债权让与不具备实质条件为由否定受让人享有该电子登记债权,势必引起一系列的交易回转,不仅程序烦琐,而且不可避免地增加交易成本。对社会而言,意味着资源的浪费。对受让人来说,增加了受让人的风险。受让人不得不支付大量的成本以确认出让人是否具有处分权,第三人可能因此拒绝接受电子登记债权,电子登记债权的流通性也

---

① 电子登记债权质权的善意取得,参照电子登记债权的善意取得。

就因此丧失殆尽。流通性是电子登记债权的生命力之所在,为保护交易安全和维护登记之公信力,促进电子登记债权流通,电子登记债权法确立了电子登记债权的善意取得制度,即在善意受让人和真实权利人之间发生冲突时,最终选择保护前者的利益。

### 4.4.2 电子登记债权善意取得的构成要件

电子登记债权的善意取得,是以牺牲真实权利人的利益来保护善意第三人的利益,为有效地平衡当事人之间的利益,电子登记债权法应设置严格的要件,具体而言:

**1. 受让人必须是从无权处分人处取得电子登记债权**

无权处分人是指让与人(名义电子登记债权人)在形式上享有电子登记债权而实际上并不享有该电子登记债权。具体而言:(1)让与人必须没有处分权。如果让与人为电子登记债权的实际权利人,但因其行为能力有所欠缺,则受让人不能受善意取得制度保护,但第三人如果从该受让人处取得电子登记债权,仍适用善意取得;(2)无权处分人以受让人的直接前手为限,至于其间接前手有无处分权,在所不问;(3)无权处分人必须是登记的名义电子登记债权人。如果受让人是从真实权利人的无权代理人处取得电子登记债权,则适用电子登记债权无权代理或表见代理的规定,而非电子登记债权的善意取得。此外,冒用和变造发生后,已经对受让人进行了有效保护,不发生善意取得的问题,即不依照善意取得保护受让[246]。

无权处分人包括以下两类:一是非法控制电子登记债权的人,如以欺诈、胁迫、窃取等非法手段取得电子登记债权的人;二是合法控制但无处分权的人,如受电子登记债权人委托而控制电子登记债权的人(电子登记债权人将交易安全程序,如登录ID和密码或登录证书和密码交由第三人保管),或者是因电子债权登记机构登记错误而在形式上享有电子登记债权的人(此时该名义电子登记债权人虽形式享有该电子登记债权,但不能进行处分)。

**2. 受让人对登记有合理的信赖**

有观点认为,与电子登记债权的抗辩一样,未登记的事由不得对抗受让人,①同时参照证券集中竞价交易的善意取得,电子登记债权善意取得不以受让人的主观善意为要件,无论受让人主观善意与否,依照让与登记即可取得电子登记债权[247]。本书认为,证券集中竞价交易时,受让人并不知道让与人为何人,因此不知道让与人没有处分权亦无从查知让与人是否享有处分权,所以受让人在从无权处分人处受让证券时,其主观方面仍为善意。如前所述,电子登记债权的善意取得,其目的是保护交易安全,而交易安全是对善意无过失者之保护,因此,电子登记债权的善意取得应以

---

① 电子登记债权抗辩不区分相对人的主观方面。

受让人的主观善意为要件。受让人的主观善意表现为受让人对电子登记簿的登记内容有合理的信赖。需要注意的是,受让人无须举证证明自己在取得电子登记债权主观方面为善意,善意是通过受让人不存在恶意或重大过失反推的,即除非电子登记债权的实际权利人能够举证证明受让人在进行让与登记时存在恶意或重大过失,法律即推定受让人的主观为善意。

### 3. 真实权利人对权利外观的形成具有可归责性

受让人对登记有合理的信赖,是否以电子登记债权的实际权利人的过错为要件,叶金强教授认为,如果第三人对权利外观有合理的信赖,而且信赖的合理性程度特别高,那么就倾向于对他进行保护。第三人信赖合理性程度可以和原权利人的可归责性加以比较,在公信力制度的适用上,也应当考虑权利人的因素,看他对权利外观的形成是否具有可归责性。这样,在两者之间进行权衡,最终产生一个双方归责性的比较。而第三人方面,要考虑他对权利外观有没有理由怀疑,如果他应该怀疑的理由越大,那么这时对他进行保护的需要就越弱。所以是一个综合考虑的过程。①

本书认为,登记的公信力主要是对主观善意的第三人(受让人)信赖的保护,善意地信赖登记是第三人受保护的充分条件,而不是取得权利的必要条件。保护交易安全的结果是破坏甚至剥夺了真实权利人的权利,因此对交易安全的保护应有节制,必须存在可归责于真实权利人的事由,即真实权利人对权利外观的形成具有可归责性。

采用电子登记的公示方式,受让人难以了解真实权利人是否存在过错,同时更是难以证明真实权利人对权利外观的形成具有过错,因为为平衡真实权利人和受让人之间的利益,应采取举证责任倒置,即真实权利人无法证明自己对权利外观的形成不存在过错时,即认定真实权利人对权利外观的形成具有可归责性。

此外,真实权利人的可归责性不仅解决受让人能否取得电子登记债权的问题,而且解决权利人或受让人的损害由谁承担的问题。如果权利的虚假外观是由真实权利人自己造成的,则由真实权利人自己承担因此造成的损害。如果权利的虚假外观是由他人造成的(登记错误、欺诈),则受让人无权主张善意取得,受让人可以请求造成虚假权利外观的行为人赔偿损失。

### 4. 受让人已付出相当的对价②

关于对价的含义,中外学者众说纷纭,尚未形成一致意见。本书认为,应从权利义务的角度分析对价,即对价是受让人履行了其不应履行的义务或放弃了其本应享

---

① 叶金强教授在中日民商法研究会 2006 年大会上的发言,见南京大学会议纪要组:《中日民商法研究会 2006 年大会会议记录》,李又又校对,载渠涛主编《中日民商法研究(第六卷)》,北京大学出版社 2007 年版,第 399 页。

② 电子登记债权质权的善意取得不以质权人付出合理的对价为要件,因为其并非发生在交易过程中。

有的权利。民法上的善意取得,以受让人支付了合理的价格为要件。[1] 票据权利的善意取得,英美票据法均规定受让人应付出相当的对价[248]。电子登记债权的善意取得,是否以受让人付出相当的对价为要件,日本《电子记录债权法》第19条并未规定此要件。本书认为,电子登记债权的善意取得,是以牺牲真实权利人的利益为代价来换取交易安全,而以无对价或无相当对价取得电子登记债权欠缺交易性,因此不构成善意取得。[2]

电子登记债权的对价,可以是受让人在取得电子登记债权时向让与人支付或提供了相当于电子登记债权金额的金钱、实物或劳务等。受让人付出的对价并不要求等值,只要"相当"或"合理"即可,且是否相当或合理,只要无权处分人和受让人在给付时共同认可即可(即受让人并非采用欺诈或胁迫等手段违背无权处分人的意思而获得电子登记债权),至于在客观上是否相当或合理,在所不问。

**5. 让与登记已完成**

该要件具体包括以下两方面内容:

第一,受让人向电子债权登记机构提出让与申请。如果第三人未申请让与登记,但由于电子债权登记机构错误登记而导致第三人被登记为权利人,此时该名义电子登记债权人不能依照善意取得制度取得电子登记债权,而应该由电子债权登记机构主动进行更正登记以纠正登记过程中发生的错误。

第二,让与登记已经完成。电子登记债权的移转以登记为生效要件,只有完成了让与登记,受让人才能依照善意取得的规定取得电子登记债权。如果仅有名义电子登记债权人和受让人的让与意思表示而未进行让与登记,受让人不能取得电子登记债权。

需要指出的是,电子登记债权的善意取得,仅适用于通过让与登记方式取得的电子登记债权,如果受让人系通过继承、公司合并等其他方式取得电子登记债权的,则不发生电子登记债权善意取得的效力。

## 4.4.3 电子登记债权善意取得的效力

受让人取得电子登记债权如具备上述要件,即构成电子登记债权的善意取得,并发生以下具体效力。

**1. 受让人原始取得电子登记债权**

受让人从无权处分人处依照电子登记债权法的规定而非基于原权利人的意思取得电子登记债权,因此,受让人取得的电子登记债权属原始取得。受让人可以依

---

[1] 见我国《物权法》第106条的规定。
[2] 未支付相当的对价,不发生善意取得,此时,交易回转不可避免地发生一些费用,甚至有可能给受让人带来损失,但基于保护真实权利人的需要,该风险由受让人承担。

照电子登记债权法行使电子登记债权的全部权利,包括电子登记债权本身及担保权,电子登记债务人不得以受让人系从无权处分人处取得电子登记债权为由对善意受让人进行抗辩。

**2. 原权利人丧失电子登记债权**

受让人善意取得电子登记债权后,原权利人丧失电子登记债权。无论无权处分的发生原因为何,原权利人均不得请求善意受让人回转电子登记债权,而只能请求无权处分人赔偿损失。值得注意的是:原权利人丧失电子登记债权后,其应负担的电子登记债务是否消灭;如原权利人将担保电子登记债务人支付的意思表示进行了登记,在原权利人丧失电子登记债权后,原权利人的担保责任是否随之消灭。本书认为,电子登记债权、原权利人的担保责任以及电子登记债权法律关系分属不同的范畴。原权利人的担保责任在其履行电子登记债务并进行支付登记后消灭,或者是在电子登记证债务因其他原因消灭后而消灭。因此,原权利人丧失电子登记债权并不必然导致其担保责任以及原电子登记债权法律关系消灭。综上所述,原权利人丧失电子登记债权后,其负担的电子登记债务并不消灭。

**3. 电子登记债权上的负担依然存在**

善意受让人取得动产后,该动产上的原有权利消灭,但善意受让人在受让时知道或者应当知道该权利的除外。① 票据的善意取得,票据上的一切从权利因之全部归于消灭[249]。本书认为,电子登记债权行为以登记为生效要件,因此,对于有效的电子登记债权负担,如以电子登记债权为质押标的而发生的电子登记质权,不论受让人在受让电子登记债权时是否查阅电子登记簿以及是否知道或应当知道该电子登记质权,法律均推定受让人知道。因此,对于已经进行登记的电子登记债权负担,善意受让人应承受。

## 4.4.4 电子登记债权善意取得的除外规定

**1. 日本《电子记录债权法》关于善意取得的除外规定**

日本《电子记录债权法》第19条规定,电子登记债权的受让人受让电子登记债权后,虽然符合电子登记债权善意取得的构成要件,但在下列情形下仍不发生善意取得的效力:(1)发生登记的当事人约定该电子登记债权不适用善意取得并进行了登记;(2)受让人在支付日期经过后(采用分期支付的情形,仅限于已届支付日期的部分)通过让与登记取得电子登记债权时;(3)个人(个人经营者除外)作为让与人和受让人之间关于让与登记的意思表示无效时,受让人在该无效的让与登记后申请让与登记而被登记为电子登记债权人。

---

① 我国《物权法》第108条。

#### 2. 本书的观点

如前所述,期后让与仍发生电子登记债权善意取得的效力,所以期后让与不能排除电子登记债权善意取得的规定。基于当事人意思自治原则,当事人可以在电子登记簿上记载排除善意取得适用的意思表示。关于消费者作为让与人时排除善意取得适用的具体理由,请参见第4.5节的论述。

如果发生登记的当事人约定电子登记债权禁止转让并进行了登记,该电子登记债权丧失了流通性。如果无权处分人将该电子登记债权让与第三人,当事人之间的让与合同有效,但因标的原始不能,受让人不能依照让与登记取得电子登记债权,因而也就不发生善意取得的问题,第三人只能请求电子登记债权人承担违约责任。需要注意的是,当事人仅仅进行了禁止转让登记,并未禁止电子登记债权设定质权时,第三人仍可以依照质权设定登记善意取得电子登记质权。

## 4.5 电子登记债权让与中的消费者保护

### 4.5.1 排除善意取得及抗辩切断的例外

#### 1. 可供选择的方案及理由

是否在特定条件下排除善意取得及抗辩切断在电子登记债权让与中的适用,有以下三种方案:(1)肯定说,即在特定情形下排除善意取得和抗辩切断的适用;(2)否定说,即不存在排除善意取得和抗辩切断适用的情形;(3)折中说,即善意取得不得排除适用,但抗辩切断可以排除适用。

否定说的理由在于,认可排除善意取得和抗辩切断制度会阻碍电子登记债权流通,为增强电子登记债权的流动性,不应设置阻碍电子登记债权流通的制度[250]。折中说的理由在于,善意取得是登记具有权利推定效力的体现,否定善意取得,意味着否定登记的权利推定效力。同时,善意取得在实务中发生的情形不多,并非一定要排除[251]。此外,关于普通的动产买卖和公司债券、股票的转让,让与人为消费者时也没有作为善意取得的除外对象,电子登记债权的受让人为消费者时可以适用善意取得以保护受让人,但电子登记债权的让与人作为消费者时排除善意取得的规定是否适当,值得慎重考虑[252]。

#### 2. 本书的观点

从流通的角度审视电子登记债权,既有流通性强的电子登记债权,也有流通性差的电子登记债权,甚至还有不可流通的电子登记债权。为保障电子登记债权的多样性,应在特定条件下认可排除善意取得及抗辩切断适用的电子登记债权。特别是排除善意取得和抗辩切断的电子登记债权缺乏流通性,有利于电子登记债权的结算。此外,排除善意取得,电子登记债务人可以有效地避免电子登记簿记载错误引发的风险[253]。再有,为了调动消费者利用电子登记债权的积极性,应给予消费者特殊保护。综上所述,在电子登记债务人或让与人为消费者时,应排除善意取得及抗辩切断的适用。

### 4.5.2 善意取得适用的例外

**1. 善意取得适用例外的界定**

基于保护消费者的需要,消费者将自己的电子登记债权以让与登记的方式转让给受让人,如果该让与登记的意思表示无效(让与登记引发的权利移转无效)时,第三人从该受让人处受让电子登记债权,即使符合善意取得的条件,第三人也不能依照善意取得的规定获得该电子登记债权。排除善意取得不同于排除适用人的抗辩切断的情形,只有消费者作为电子登记债权的让与人时才排除善意取得的适用。如果电子登记债务人为消费者时,善意取得的规定仍然适用,因为善意取得不过是确定该电子登记债权归属的规则,并未实质变更电子登记债务人的义务,适用善意取得的结果并不会发生迫使债务人双重支付的可能性。因此,电子登记债务人为消费者时,善意取得的规定仍然适用[254]。

**2. 善意取得适用例外的理论基础**

有观点认为,如果让与人为消费者时,从消费者保护的观点出发,不能进行比通常的指名债权让与更为不利的处理,通常的指名债权让与不承认善意取得,因此让与登记的申请是基于意思不存在、意思表示瑕疵而导致无效或被撤销时,无权代理的法律后果不归属本人时,让与人未申请让与登记而进行让与登记等情形,让与登记不发生权利移转的效力时,日本民法典第94条第2款和第96条第3款和表见代理等民法关于保护第三人的规定不适用,此时法律保护的作为让与人的消费者的静态安全,而不保护善意第三人[255]。本书认为,指名债权让与引入适当的公示方式后仍可能发生善意取得。因此,消费者作为电子登记债权让与人时不适用善意取得,其原因不在于指名债权让与不发生善意取得,也不是作为消费者的让与人不因电子登记债权的发生而受害这一原则的体现,而在于对消费者予以特殊保护,以调动消费者利用电子登记债权的积极性。

### 4.5.3 人的抗辩切断适用的例外

电子登记债务人(包括一切负担电子登记债务的人)为消费者时,适用人的抗辩切断以保护交易安全与消费者保护的理念相冲突,因此不适用电子登记债权抗辩限制制度。限制消费者的抗辩权,虽然有助于债权的自由让与,却损害了作为弱者的消费者的合法权益,与我国消费者权益保护法的宗旨不符,因此消费者的抗辩权不应被限制[256]。

# 第 5 章　电子登记保证

## 5.1　电子登记保证的含义和特征

### 5.1.1　电子登记保证的含义

**1. 电子登记保证的概念**

电子登记保证是指电子登记债务人以外的人为担保电子登记债务履行，在电子登记原簿上将保证人负担同一内容的电子登记债务的意思表示进行登记的法律事实。电子登记保证与民事保证一样，具有补充特定债务人信用不足、保障债权实现的功能[257]。所不同的是，电子登记保证的功能侧重于促进电子登记债权流通，即通过担保电子登记债务履行，降低电子登记债权受让人的风险，从而促进电子登记债权流通。

**2. 电子登记保证的法律特征**

电子登记保证的功能不同于民事保证，其法律特征自然与民事保证存在差异，具体而言：

（1）电子登记保证兼具附属性和独立性

电子登记保证兼具保证行为和电子债权行为的特征。作为一种保证行为，电子登记保证具有附属性；作为一种电子债权行为，①其又具有独立性。附属性是指电子登记保证对电子登记债权的发生和被保证的电子登记债务有附属性，电子登记保证建立在电子登记债权发生行为之上，以形式有效的电子登记债务为前提，随电子登记债务的消灭而消灭。② 独立性是指只要电子登记债务形式有效，电子登记保证即可有效成立，即使电子登记债务实质无效，电子登记保证的效力也不受影响，电子登记保证人仍应负担电子登记保证债务。电子登记保证的独立性增强了电子登记保

---

①　电子债权行为是指以在电子登记原簿上登记为要件，引起电子登记债权发生、变更或消灭的法律行为。对电子登记债务进行保证产生的电子登记保证债权履行请求权和电子登记保证人履行电子登记保证债务后取得的特别求偿权，都是电子登记债权。因此，电子登记保证是一种电子债权行为。

②　日本《电子记录债权法》第 33 条第 1 款。

证的效力,促进了电子登记债权流通。

(2) 电子登记保证具有要式性

要式性是指电子登记保证必须以法定方式进行,即以保证人申请并由电子债权登记机构在电子登记原簿上登记为成立要件[258]。如果保证人与电子登记债权人订立保证合同担保电子登记债务履行,但未进行登记,该保证为民事保证而非电子登记保证,即使保证人履行了电子登记保证债务也不能取得特别求偿权,保证人只能依民事保证的规定对债务人进行求偿。

## 5.1.2 电子登记保证与民事保证、票据保证之比较

### 1. 电子登记保证与民事保证之比较

电子登记保证与民事保证都属于人的担保,具有人的担保的一般特征,如都是无偿行为,都具有保障债权实现的功能,都是担保主债务的从债务,都因主债务的消灭而消灭等。法律对电子登记保证没有特别规定时,适用民事保证的规定[259]。但电子登记保证作为一种电子债权行为,与民事保证相比,在法律性质以及效力等方面又具有自己的特性。

(1) 二者的法律性质不同

民事保证是双方和非要式法律行为,而电子登记保证是单方和要式法律行为。民事保证是保证人与债权人之间签订的合同,是一种双方法律行为。电子登记保证系保证人的单方法律行为,不要求当事人之间订立保证合同,保证人提出申请并由电子债权登记机构进行登记,电子登记保证即可成立。虽然我国担保法规定民事保证为要式法律行为,但通说认为民事保证为非要式法律行为。电子登记保证为要式法律行为,必须由保证人以法定方式进行,即在电子登记原簿上记载法定事项方能成立。

(2) 二者附属性的内容不同

二者虽然均具有附属性,但其附属性的内容不同:民事保证以主债务实质有效为前提,而电子登记保证以主债务形式有效为前提,不论主债务实质有效与否。之所以不同,是因为民事保证设立的目的是担保主债务的履行,因此主债务必须实质有效。电子登记保证侧重于促进电子登记债权流通,因此主债务形式有效即可。

(3) 独立性之有无不同

民事保证原则上不具有独立性而仅具有附属性,当主债务无效或被撤销时,保证债务无效。电子登记保证具有独立性,除电子登记债务因欠缺法定必要记载事项而形式无效外,主债务人因不具备相应的行为能力或因欺诈等不负担主债务时,电子登记保证人仍应负担电子登记保证债务。

(4) 补充性之有无不同

民事保证原则上具有补充性,即主债务不履行时,保证债务作为次位债务履行[260]。民事保证的补充性派生出保证人的催告抗辩权和先诉抗辩权[261]。电子登

记保证不具有补充性,即电子登记保证债务的履行不以主债务不履行为前提,并非是在主债务不履行时的补充[262]。电子登记保证不具有补充性,因此电子登记保证人不享有催告抗辩权和先诉抗辩权,电子登记债权人可以直接请求电子登记保证人履行电子登记保证债务。

(5)清偿债务后保证人取得的权利不同

民事保证的保证人履行保证债务后,可以对主债务人行使求偿权。电子登记保证的保证人履行电子登记保证债务后,可以对主债务人、自己的前手保证人以及其他共同保证人行使特别求偿权。特别求偿权以支付登记为成立要件,而求偿权在保证人履行保证债务后自动产生,无须进行登记。求偿权的具体范围,即请求数额,依是否接受主债务人委托而有所区别,特别求偿权的求偿额不因是否接受主债务人委托而存在差异。

**2. 电子登记保证与票据保证之比较**

电子登记保证与票据保证都具有保障债权实现、促进被担保债权流通的功能,二者都具有独立性,均为要式和单方法律行为。但电子登记保证与票据保证相比,又存在以下区别:第一,成立方式不同。电子登记保证以登记为成立要件。票据保证不需要登记,保证人在票据或其粘单上记载法定事项即可成立。第二,保证债务的范围不同。票据保证债务不仅在种类及数量上与被保证人的债务完全相同,而且在性质及时效上也完全相同[263]。电子登记保证则不同,保证人可以自由决定电子登记保证债务的范围。第三,被保证人特定与否不同。被保证人的名称为票据保证的相对必要记载事项。未记载被保证人的名称,不影响票据保证的效力,根据票据法的规定,已承兑的汇票,承兑人视为被保证人,未承兑的汇票及本票,出票人视为被保证人[264]。电子登记保证的被保证人名称为绝对必要记载事项,如未登记被保证人的名称,电子登记保证无效。① 第四,共同保证责任不同。票据共同保证人依法就被保证债务对债权人负连带责任,该责任为法定连带责任,保证人不得以特约排除[265]。电子登记保证,共同保证人可以自由约定保证份额,并应就保证份额的约定进行登记,未约定或虽有约定但未在电子登记原簿上进行登记时,电子登记保证人承担连带责任。电子登记债权人对主债务人和保证人的全部或部分,可以请求债权额的全部[266]。第五,消灭时效期间不同。根据我国《票据法》第 17 条的规定,票据保证的消灭时效期间分别为 2 年、6 个月和 3 个月[267]。电子登记保证的消灭时效期间为 3 年。②

---

① 日本《电子记录债权法》第 32 条第 3 款。
② 日本《电子记录债权法》第 23 条。

## 5.2 电子登记保证的成立

### 5.2.1 电子登记保证的当事人

电子登记保证的当事人包括保证人和被保证人。民事保证成立以保证人和债权人之间签订保证合同为必要,因此保证人、债权人必须确定。电子登记保证系单方法律行为,同时电子登记债权的流通性导致电子登记债权人具有不确定性,因此电子登记债权人难以且无须确定,保证人和被保证人特定即可。电子登记保证的被保证人必须是负担电子登记债务的人,不仅包括发生登记的电子登记债务人,还包括承担担保责任的让与人。电子登记保证人的条件直接影响电子登记保证的效果,因此法律对电子登记保证人有特殊的要求。

**1. 电子登记保证人的条件**

电子登记保证人应当具备相应的民事行为能力。如果电子登记保证人为无民事行为能力人,与民事保证的法律后果不同,电子登记保证债务形式有效而实质无效。保护无民事行为能力人是民法的基本准则,不能因促进电子登记债权流通而否定对无民事行为能力人的保护,因此无民事行为能力的保证人不承担保证责任。如果存在再保证,此时主保证实质无效但形式有效,依照电子登记保证的独立性,再保证的效力因不受主保证实质无效的影响而有效,虽然主保证人不承担保证责任,但是再保证人应承担保证责任。

依照日本《电子记录债权法》的规定,电子登记保证人应具有清偿能力,但电子登记保证人由电子登记债权人指定时,不在此限;如果电子登记保证人不具有清偿能力,电子登记债权人可以请求具备清偿能力的人替代。[①] 清偿能力仅在履行电子登记保证债务时有意义,不影响电子登记保证的效力。日本《电子记录债权法》作出此规定的意义在于赋予电子登记债权人更换不具备清偿能力的保证人的权利,是对电子登记债权人的一种救济措施。保证人有无清偿能力虽不影响保证的效力,但会影响保证的作用[268]。我国未来的电子登记保证立法,不应把电子登记保证人的清偿能力作为电子登记保证的有效要件,但应赋予电子登记债权人请求更换不具备清偿能力的保证人的权利。

**2. 电子登记保证人的范围**

电子登记债务人不能担任保证人,理由在于:(1)电子登记债务人本身已因一定

---

① 日本《电子记录债权法》并未直接规定电子登记保证人的条件,而是规定电子登记保证人的条件适用《日本民法典》第450条的规定。该法第450条规定,保证人须有清偿能力,但债权人指定的保证人除外。如果保证人不具有清偿能力,债权人可以请求具备清偿能力的人替代。

的行为而负担电子登记保证债务,如允许其再为其他债务人提供保证,无非是重复其应承担的电子登记债务而已,没有任何实际意义。(2)电子登记保证的目的是增强电子登记债权的总信用(总债务人的资力),只有在已有的电子登记债务人之外求取保证人才能达到这一目的。因此,电子登记保证人只能由电子登记债务人(包括承担担保责任的让与人)以外的人担任。电子登记保证人可以是电子登记债权人。债权人作为民事保证人的情形几乎没有。电子登记债权人为增强电子登记债权的信用,促进电子登记债权流通,往往对电子登记债务提供保证。该电子登记债权让与后,原电子登记债权人由可以请求电子登记债务人和电子登记保证人履行电子登记债务的债权人转化为应当履行电子登记保证债务的保证人。

## 5.2.2 电子登记保证的成立要件

电子登记保证不需要当事人之间签订保证合同,也不要求主债务人和保证人之间存在委托合同[269]。电子登记保证为要式法律行为,必须由当事人提出申请,并由电子债权登记机构在电子登记原簿上将保证的意思进行登记,电子登记保证才能成立。①

**1. 当事人向电子债权登记机构提出申请**

保证登记和其他登记一样,以当事人申请为必要。具体由谁申请,有以下两种方案:(1)由电子登记保证人单独申请;(2)由债权人和电子登记保证人共同申请[270]。本书认为,申请人因电子登记保证的申请时间不同而有所区别。如果电子登记保证人在电子登记债权发生时进行申请,此时应由电子登记保证人与电子登记债权发生登记的申请人共同申请。发生登记原则上由债权人和债务人共同申请,如果当事人依照生效判决进行申请,债权人或债务人一方申请即可。② 如果保证人在电子登记债权发生后进行保证,因电子登记保证系单方法律行为,电子登记保证人单独申请即可。

为降低电子债权登记系统的开发和运营成本,提高登记效率,电子债权登记机构可以通过业务规则禁止或限制保证登记申请的内容[271]。同时,除法律和电子债权登记机构的业务规则有特别规定外,发生登记的当事人可以禁止或限制保证登记申请的内容,如"禁止保证"或"禁止一部保证"等[272]。如果电子登记保证申请人违背上述限制进行申请,电子债权登记机构有权驳回,即使电子债权登记机构进行了登记,该登记事项本身亦无效。

**2. 电子债权登记机构进行登记**

登记既是电子登记保证的成立要件,又是电子登记保证的公示方式。电子债权

---

① 日本《电子记录债权法》第 31 条。
② 日本《电子记录债权法》第 5 条。

登记机构对当事人符合法定登记条件的申请,应及时进行登记[273]。对不符合登记条件的申请,电子债权登记机构应驳回当事人的申请,并告知当事人进行修改或补正。此外,电子债权登记机构不得进行与发生登记相冲突的保证登记,否则无效。①保证登记并不要求当事人公开有关交易的所有信息,仅就简单明确的必要事项进行登记即可,具体包括以下内容。

(1) 法定必要登记事项

法定必要登记事项是指法律规定保证登记必须登记的事项。保证登记必须记载以下事项:①进行保证的意思,②保证人的姓名或名称及住所,③主债务人的姓名或名称、住所以及与主债务相关的必要事项,④登记日期。② 其中,第①至第③项为绝对必要记载事项,欠缺其中任何一项,电子登记保证无效。③ 保证人的住所作为登记事项,便于电子登记债权人行使电子登记保证债务履行请求权。主债务人的姓名或名称作为登记事项,作用在于确定保证人为何人提供担保以及保证人所承担的电子登记保证债务,并明确保证人行使特别求偿权的对象。主债务人的住所作为登记事项,便于保证人行使特别求偿权。登记日期为电子登记保证的成立时间,作用在于确定保证人进行电子登记保证时是否具有行为能力。登记日期记载与否并不影响电子登记保证的效力,未记载登记日期者,以申请日期作为登记日期。电子登记保证申请由他人代理时,日本《电子记录债权法》并未将代理人的相关信息作为法定必要登记事项进行登记。本书认为,如果出现无权代理、越权代理以及其他情形应由代理人承担法律责任时,基于明确责任人的需要,代理人的姓名或名称及住所应作为法定必要登记事项进行登记。

有观点认为,电子债权登记机构可以在业务规则中规定法定必要登记事项,当事人申请后,电子债权登记机构应将其进行登记[274]。法定必要登记事项是由法律规定必须登记的事项。既然是法定必要登记事项,必须由法律规定,不允许电子债权登记机构自由设定,亦不允许当事人自由选择。如果该事项可由当事人决定是否登记,其性质为任意登记事项,而非法定必要登记事项。法定必要登记事项影响电子登记保证的效力,如果允许电子债权登记机构自由设定法定必要登记事项,有可能造成电子登记债权在甲电子债权登记机构有效而在乙电子债权登记机构无效,从而阻碍电子登记债权流通。为防止人为设置障碍阻碍电子登记债权流通,法定必要登记事项必须由法律规定,不允许电子债权登记机构在业务规则中自由规定。

(2) 法定任意登记事项

法定任意登记事项,是指该事项是由法律规定,当事人可自由决定是否登记的

---

① 日本《电子记录债权法》第 32 条第 5 款。
② 日本《电子记录债权法》第 32 条第 1 款。
③ 日本《电子记录债权法》第 32 条第 3 款。

事项。法定任意登记事项记载与否,不影响电子登记保证的效力。电子登记保证的法定任意登记事项不得与发生登记相冲突。电子债权登记机构可以在业务规则中自由决定是否对法定任意登记事项进行登记,如是否允许一部保证,是否允许保证人享有抗辩权等[275]。

具体而言,保证登记可以记载以下事项①:①当事人间就保证范围、迟延损害赔偿金或违约金、抵销、代物清偿以及清偿抵充的约定。(2)保证人为个人经营者。如果保证人为消费者,但被登记为个人经营者,则该登记本身无效。② ③保证人为法人或个人经营者时(以登记为限),自愿放弃《电子记录债权法》第 20 条第 1 款和第 38 条规定的抗辩权。该法第 20 条第 1 款规定,电子登记保证人可以基于电子登记债权让与人对受让人的抗辩事由,对抗明知取得电子登记债权会损害电子登记保证人利益的受让人。同法第 38 条规定,电子登记保证人可以基于电子登记质权设定人对电子登记质权人的抗辩事由,对抗明知取得电子登记质权会损害电子登记保证人利益的电子登记质权人。④保证人为法人或个人经营者时(以登记为限),如果保证人没有放弃《电子记录债权法》第 20 条第 1 款和第 38 条规定的抗辩权,约定保证人可以对抗电子登记债权人(包含电子登记债权的受让人)的抗辩事由。⑤电子登记债权人和电子登记保证人约定的通知方法和纠纷解决方式。⑥内阁命令规定的其他事项。

(3)法定登记事项以外的任意登记事项

法定登记事项以外的任意登记事项,是指除法定必要登记事项和法定任意登记事项外,当事人可自由决定是否登记的事项,如保证人只对特定的电子登记债权人承担保证责任而对受让人不承担保证责任[276]。法定登记事项以外的任意登记事项,以不影响电子登记债权流通为前提,不得与电子登记债权发生登记的内容以及保证登记的前述登记内容相冲突。民事保证在不违背保证本质的前提下,当事人可以自由约定保证的内容[277]。电子登记保证不同,当事人不得自由约定保证的内容,保证人应在电子债权登记机构的业务规则规定的范围内选择法定登记事项以外的任意登记事项[278]。

## 5.3 电子登记保证的效力

电子登记保证一经有效成立,即对电子登记保证人、电子登记债权人、其他共同保证人、被保证人及其前后手产生效力,不过,电子登记保证的效力可集中归结为保证人的权利和义务(即电子登记保证债务)两个方面。

---

① 日本《电子记录债权法》第 32 条第 2 款。
② 日本《电子记录债权法》第 32 条第 4 款。

## 5.3.1 电子登记保证债务

**1. 电子登记保证债务的内容**

电子登记保证债务因保证登记而产生效力,其内容依照电子登记原簿的登记内容确定。在电子债权登记机构业务规则规定的范围内,电子登记保证当事人在进行保证登记时可以对保证债务的内容作出限定[279]。当事人可以对保证债务的数额作出限定,如对 100 万元的电子登记债务只保证 50 万元,即一部保证[280]。此外,当事人可以对电子登记债权人作出限定,如只对保证登记时的电子登记债权人担保。当事人对电子登记保证债务内容的限定,必须在电子登记原簿上登记,如果仅依照当事人间的合意而未进行登记,该限定原则上不能对抗受让人。如果当事人未明确限定电子登记保证债务的范围,电子登记保证债务包括电子登记债务及利息、违约金、损害赔偿以及其他从属于主债务的内容。

**2. 电子登记保证债务的独立性**

(1) 电子登记保证债务独立性的含义

电子登记保证债务的独立性是指电子登记保证债务与电子登记债务(主债务)相互独立,电子登记保证债务有效与否,不影响电子登记债务的效力,电子登记保证不因电子登记债务实质不存在或实质无效而不成立或无效。具体而言,除欠缺法定必要记载事项而导致电子登记债务形式无效外,电子登记债务人(主债务人)因不具备相应的行为能力或因欺诈等而不负担主债务时,电子登记保证人也应负担电子登记保证债务[281]。电子登记保证人为个人(登记为个人经营者除外)时,电子登记保证不具有独立性。①

(2) 电子登记保证债务独立性的目的

电子登记保证的独立性和票据保证的独立性设置目的相同[282]。票据为文义证券,持票人无法基于票据文义认定票据保证是否实质有效。如果因票据实质无效而免除保证人的责任,不利于保护善意持票人的合法权益。为维护交易安全,票据保证责任的制度设计不同于民事保证,即保证人的责任具有独立性[283]。有观点认为,电子登记原簿可以记载电子登记债权的多种信息,因此原则上不认可电子登记保证的独立性,如果实务上有独立的需要,或者当事人将独立性的意思进行登记,则应予以认可[284]。电子登记债权受让人虽然可以通过查阅电子登记原簿了解电子登记债权的相关信息,但无法依照登记内容认定电子登记债务是否实质有效,因为电子登记原簿并不记载电子登记债务人是否具有相应的民事行为能力以及是否被欺诈、被胁迫等。创设电子债权市场的目的是增强债权的流动性,最大限度利用债权进行融

---

① 日本《电子记录债权法》第 33 条第 2 款。

资。具有独立性特征的电子登记保证能有效增强电子债权的信用,促进电子债权的流通,因此需要认可电子登记保证的独立性。

（3）电子登记保证债务独立性的内容

民事保证以主债务实质有效为前提,主债务无效,保证人即可免责。当主债务人因意思表示无效或被撤销等不负担主债务时,电子登记保证的效力不受影响,电子登记保证人仍应负担电子登记保证债务,此乃电子登记保证独立性的集中体现[285]。主债务人因意思表示无效或被撤销等不负担主债务的情形包括:①主债务人的意思表示因不具备相应的行为能力而无效或被撤销;②主债务人因意思表示错误或被欺诈等导致意思不存在或意思表示瑕疵,该意思表示无效或被撤销;③主债务人没有负担债务的意思,如无权代理或冒用债务人的名义进行登记时,主债务人不负担电子登记债务[286]。

电子登记保证债务独立性的另一个体现是主债务消灭时效中断不影响电子登记保证债务的消灭时效。民事保证的主债务出现诉讼时效中断事由,保证债务的诉讼时效亦中断,因为清偿期限延长并未加重保证人的责任[287]。与民事保证不同,主债务消灭时效中断,电子登记保证债务的消灭时效并不中断[288]。导致主债务时效中断的措施,对电子登记保证债务无效。同时,对电子登记保证人采取的消灭时效中断措施,其效力不及于主债务人,此与民事保证相同。电子登记保证债务的消灭时效独立于主债务的消灭时效,增强了电子登记保证的独立性,促进了电子登记债权流通。电子登记保证消灭具有附随性,如果主债务的消灭时效已完成,即使电子登记保证债务的消灭时效未完成,电子登记保证人也可以拒绝债权人履行电子登记保证债务的请求[289]。

## 5.3.2 电子登记保证人的权利

**1. 电子登记保证人的抗辩权**

（1）电子登记保证人抗辩权的种类

电子登记保证人对电子登记债权人提出履行电子登记保证债务的请求,提出某种合法事由而予以拒绝,称为电子登记保证抗辩。电子登记保证人拒绝履行电子登记保证债务的权利,称为抗辩权。电子登记保证抗辩所根据的事由,称为抗辩原因。根据抗辩权产生的原因以及效力不同,电子登记保证人的抗辩权可以分为绝对抗辩权和相对抗辩权两种。

绝对抗辩权是指基于电子登记保证本身发生的事由而产生的抗辩权。此种抗辩权来自电子登记保证本身,对任何电子登记债权人(包括受让人)都可以主张。绝对抗辩权的抗辩原因如下:①电子登记保证不成立或无效的抗辩。如仅有当事人之间进行保证的意思表示但未进行登记,电子登记保证不成立。或者是电子登记债权或电子登记保证欠缺绝对必要登记事项而导致电子登记保证无效[①]。②依登记内容不能提出请求的抗辩。如电子登记债务未届清偿期。③电子登记债权已消灭的抗辩。如电子登记债权因清偿、抵销、提存、混同、免除或消灭时效经过（消灭时效期间经过，电子登记债权消灭）。④否定电子登记保证有效成立的抗辩。如无民事行为能力的电子登记保证人被冒名的电子登记保证人以及无权代理或越权代理的被代理人提出的电子登记保证无效。⑤依电子登记保证的登记事项而提出的抗辩。如电子登记保证人在电子登记原簿上记载可以援用对抗电子登记债权人的抗辩事由对抗受让人。

相对抗辩权是指由于电子登记保证人与特定电子登记债权人之间的关系而发生，只能向特定电子登记债权人行使的抗辩权。相对抗辩权的抗辩原因如下：①基于抵销的抗辩。如果电子登记保证人和电子登记债权人之间存在抵销事由，电子登记保证人可以此进行抗辩。②电子登记保证人因意思表示不真实而提出的抗辩。如电子登记债权人和电子登记债务人恶意串通，骗取电子登记保证人提供保证。电子登记债权人采取欺诈、胁迫等手段，使电子登记保证人在违背真实意思的情况下提供保证。

（2）电子登记保证人抗辩权的限制

民事保证，主债务人可以主张的抗辩事由，保证人都可以援用[290]。电子登记保证，除电子登记债务形式无效外，主债务人可以主张的抗辩，保证人原则上不得援用。①电子登记保证人不得援用主债务人的抵销抗辩事由。民事保证的保证人，可以主债务人享有对债权人的抵销权为由对抗债权人。电子登记保证，保证人不得以主债务人享有对电子登记债权人的抵销权为由进行抗辩，电子登记保证人为个人（登记为个人经营者的除外）时，不在此限。②如果主债务人进行了抵销，和主债务履行具有同样的效力，电子登记保证人可以抵销导致主债务消灭为由，拒绝电子登记债权人的支付请求[291]。通过对电子登记保证人抵销抗辩的限制，增强了电子登记保证的独立性，促进了电子登记债权流通。②电子登记保证人不得援用主债务人的撤销抗辩事由。《德国民法典》第770条规定，只要主债务人对主债务享有撤销权，保证人即可以拒绝债权人履行保证债务的请求。我国也有学者认为，主债务人对主合同有撤销权时，保证人可以拒绝履行保证责任[292]。与民事保证不同，电子登记保证具有独立性，即使电子登记债务因被撤销而无效，电子登记保证的效力亦不受影响，电子登记保证人仍应依照登记履行电子登记保证债务，所以电子登记保证人不能以电子登记债务人享有撤销权为由进行抗辩。

---

① 日本《电子记录债权法》第33条第1款。
② 日本《电子记录债权法》第34条第2款。

## 2. 电子登记保证人的特别求偿权

电子登记保证债务与背书人的追索义务类似，电子登记保证人清偿后享有的求偿权与背书人的再追索权类似，称之为特别求偿权[293]。特别求偿权是指电子登记保证人履行电子登记保证债务后，可以向主债务人、自己的前手保证人以及其他共同保证人请求偿还的权利。与民事保证人的求偿权一样，电子登记保证人在可以求偿的范围内，可以行使电子登记债权人的一切权利，包括电子登记债权本身的效力及担保权[294]。民事保证的附属性、补充性以及保证人的求偿权是有效平衡保证人、主债务人和债权人之间利益的制度设计。为促进电子登记债权流通，电子登记保证人的权利受到诸多限制，如电子登记保证的独立性以及非补充性，结果造成电子登记保证人、电子登记债务人和电子登记债权人之间利益失衡。电子登记保证在彰显保障电子登记债权实现、促进电子登记债权流通功能的同时，也应对电子登记保证人给予特殊保护，从而实现当事人之间利益平衡。为有效保护电子登记保证人的利益，特别求偿权的效力强于民事保证的求偿权。具体而言，特别求偿权在成立要件、权利主体、权利内容等方面不同于求偿权。

（1）特别求偿权的成立要件

特别求偿权是基于电子登记原簿产生的债权，其性质为电子登记债权[295]。特别求偿权的成立，以电子登记保证人履行电子登记保证债务并进行支付登记为要件[296]。①电子登记保证人履行了电子登记保证债务并导致主债务消灭。具体而言，保证人以自己的财产进行支付或其他相应行为，如抵销、代物清偿等，导致发生登记的电子登记债务消灭①。②在电子登记原簿上进行支付登记。特别求偿权的成立有以下两种方案：第一，依照电子债权登记机构的登记成立；第二，依清偿行为自动成立，并依照电子债权登记机构或者其他机构出具的清偿证明，如银行出具的支付记录、提存机构出具的提存证明等行使。有观点认为应以支付登记为成立要件，如果电子登记保证人清偿了债务，但未进行支付登记，电子登记保证人不能取得特别求偿权[297]。日本《电子记录债权法》第35条第1款也规定特别求偿权的成立需进行支付登记。特别求偿权在保证人履行电子登记保证债务后依法自动产生，但支付登记是电子登记保证债务履行完毕的标志，因此特别求偿权应以支付登记为成立要件。特别求偿权以支付登记为要件，便利了特别求偿权的行使和转让。债务人可以通过查阅登记明确权利人，对登记的特别求偿权利人进行支付即可免责。特别求偿权让与时必须进行让与登记，不能采取指名债权转让的方式进行[298]。

（2）特别求偿权的权利主体

特别求偿权的权利主体为履行了电子登记保证债务的保证人，具体包括：①电

---

① 日本《电子记录债权法》第35条第1款。

子登记保证人。① ②电子登记求偿保证人,即对电子登记保证人行使特别求偿权的债务作为主债务进行保证的电子登记保证人。② 例如,甲为主债务人,乙以甲为被保证人进行电子登记保证,丙以甲对乙负担的偿还义务为主债务进行电子登记保证,乙履行电子登记保证债务后向丙行使电子登记保证债务履行请求权,丙履行电子登记保证债务后可以对甲行使特别求偿权。③电子登记再保证人,即对电子登记保证债务作为主债务进行保证的电子登记保证人。③ 例如,A 为主债务人,B 以 A 负担的债务作为主债务进行电子登记保证,C 以 B 负担的电子登记保证债务作为主债务进行电子登记保证。C 履行电子登记保证债务后既可以向 B 行使特别求偿权,也可以向 A 直接行使特别求偿权。法律允许 C 向主债务人 A 直接求偿,目的在于避免循环求偿而使当事人之间的关系复杂化。详言之,C 对主债务人 A 直接行使特别求偿权,无论对自己担保的主债务人 B 而言,还是对自己的共同保证人来说,既可以简化当事人之间的法律关系,也不会损害 B 和其他共同保证人的利益[299]。如果再保证的主债务无效而再保证有效时,基于电子登记保证的独立性,再保证人履行电子登记保证债务后,可以对主保证人的主债务人行使特别求偿权。

(3) 特别求偿权的内容

电子登记保证对以下求偿对象没有顺序和数额限制。履行了电子登记保证债务的保证人,可以自由决定对谁行使特别求偿权以及求偿的数额[300]。

① 主债务人

主债务人既包括实际负担债务的人,也包括以主债务人的名义进行登记但实际上不负担主债务的人,如被冒名者或无权代理的"被代理人"。如果以主债务人的名义进行登记但实际上并不负担主债务的人被追偿后,也可以行使特别求偿权。电子登记保证人和主债务人之间基于民法规定而存在的法律关系,如当事人之间签订的委托合同,并不因此而丧失,电子登记保证人仍可依民法的有关规定,向主债务人行使求偿权。民事保证人行使求偿权的请求数额,依是否接受主债务人委托而有所区别:a. 受主债务人委托的保证人的求偿额,包括消灭的债权额以及自清偿或其他免责行为发生之日后的法定利息、必要费用和其他损害(包括债权人请求、执行的费用)[301];b. 未受主债务人委托的保证人的求偿额,如提供保证未违反主债务人的意思,以主债务人当时所受利益为限(主债权范围内),不包括损害赔偿和清偿后的法定利息。如果提供保证违反了主债务人的意思,保证人只能在主债务人现在所受利益限度内求偿[302]。

电子登记保证与民事保证不同,电子登记保证人的求偿额不因是否接受主债务

---

① 日本《电子记录债权法》第 35 条第 1 款。
② 日本《电子记录债权法》第 35 条第 2 款。
③ 日本《电子记录债权法》第 35 条第 3 款。

人委托而存在差异[303]。具体而言,电子登记保证人对主债务人的求偿数额,与履行票据担保责任(追索义务)的背书人的再追索权一样,包括履行额、履行日以后的延迟损害赔偿金及其他必要费用[304]。保证人的求偿额不因是否接受主债务人委托而存在差异,有利于鼓励第三人对电子登记债权提供保证,增强电子债权的信用,促进电子登记债权流通。电子登记保证是否违反主债务人的意思,可以通过电子登记原簿确定,处理规则也不同于民事保证。如果主债务人未在电子登记原簿上记载"禁止保证"的内容,则推定主债务人允许第三人提供保证,履行保证债务的电子登记保证人有权向主债务人求偿;如果主债务人在电子登记原簿上记载"禁止保证"的内容,则第三人提供的电子登记保证无效,即使保证人履行了电子登记保证债务,电子登记保证人也无权向主债务人求偿。

② 特别求偿权利人的前手电子登记保证人

电子登记保证债务与主债务的内容相同,因此特别求偿权利人对自己的前手电子登记保证人,即在特别求偿权利人负担电子登记保证债务之前对同一主债务进行保证的其他电子登记保证人,可以行使特别求偿权,求偿额与对主债务人的求偿额相同[305]。例如,A为发生登记的债务人,B为发生登记的债权人,X以A的债务作为主债务进行电子登记保证,B对X享有电子登记保证债务请求权,之后B对A的债务进行电子登记保证并将电子登记债权让与C,如果B向C履行了电子登记保证债务,B可以对X行使特别求偿权。同样以上述情形为例,C对A的债务进行电子登记保证并将电子登记债权让与D,如果C向D履行了电子登记保证债务,因C已取得对前手B的电子登记保证债务履行请求权,C对B也能行使特别求偿权。特别求偿权利人履行电子登记保证债务后,主债务消灭,其后手保证人因主债务消灭而免责,特别求偿权利人不能向自己的后手保证人追偿。仍以前述举例进行说明,前例中X对B无权进行追偿,后例中X和B对C无权进行追偿[306]。

③ 其他共同保证人

这里的"其他共同保证人"是指与履行电子登记保证债务的保证人同时对电子登记债务提供保证的保证人,不包括履行电子登记保证债务的保证人的前手和后手电子登记保证人。规定共同保证人之间的特别求偿权,目的是防止不当得利发生。如果电子登记保证的共同保证人之间没有特别的意思表示,各保证人之间负担的份额相等[307]。如果共同保证人之间就各自负担的份额有明确约定,各保证人依照约定的份额负担电子登记保证债务。共同保证人之间关于保证份额的约定不以登记为要件,仅有当事人之间的合意即可[308]。履行了电子登记保证债务的保证人,可以对其他共同保证人,就超过自己应负担的数额且应由该保证人所负担的部分追偿。①

---

① 日本《电子记录债权法》第35条第1款。

# 第6章 电子登记债权消灭

## 6.1 电子登记债权消灭的原因

电子登记债权消灭,是指因一定事实的发生而使电子登记债权不复存在。指名债权的消灭原因主要有清偿、抵销、提存、混同和免除等。票据权利的消灭比较复杂,根据票据权利消灭的原因及消灭的法律后果,可以把票据分为相对消灭和绝对消灭。债务人依照民法的规定进行清偿、抵销、提存和混同等行为,其法律后果为票据权利的相对消灭,即票据关系人之间的实质权利消灭,而票据权利依然存在;票据债务人支付,持票人在票据上记载收讫字样并签名后,绝对必要记载事项被涂销,票据本身被毁灭,保全权利的手续欠缺,拒绝部分付款或拒绝参加付款,①消灭时效经过,其法律后果为票据权利绝对的消灭,任何人不得再依票据行使权利[309]。电子登记债权的消灭原因,同时借鉴了民法和票据法的规定,有支付、抵销、混同和消灭时效。②

### 6.1.1 支付

**1. 支付的概念**

支付是指电子登记债务人向电子登记债权人履行电子登记债务,以消灭电子登记债权的行为。支付类似票据法上的付款,二者都是支付金钱的行为。支付不同于民法上的清偿,后者不限于金钱的支付。根据支付的效力,支付可分为狭义的支付和广义的支付。前者是指发生登记的电子登记债务人履行电子登记债务的行为,发生登记的电子登记债务人完成支付后,电子登记债权绝对消灭;后者是指包括发生登记的电子登记债务人、电子登记保证人和承担担保责任的让与人等一切电子登记债务人所进行的支付,此种支付消灭的仅仅是名义电子登记债权人的权利,电子登记债权本身并不绝对消灭。例如,承担担保责任的让与人在履行电子登记债务后,可以对发生登记的电子登记债务人进行追偿。电子登记保证人履行电子登记保证

---

① 依我国台湾地区"票据法"第73条的规定,持票人拒绝部分付款的,丧失对前手的追索权。
② 见日本《电子记录债权法》第21~24条的规定。

债务后,可以对被保证人、自己的前手电子登记保证人以及其他共同保证人行使特别求偿权。本章中的支付,如未特别说明,是指狭义的支付。

### 2. 支付的方法

电子登记债权支付的方法具体包括支付地点和支付方式。基于灵活运用电子登记债权的设想,支付方式属于当事人和电子债权登记机构意思自治的范畴,因此日本《电子记录债权法》没有就支付方法作出限制性规定。电子登记债权支付的方法不是电子登记债权发生所必需的最低限度的事项,可以由当事人自由约定并作为法定任意登记事项。未来我国电子登记债权法应借鉴日本《电子记录债权法》的规定,对电子登记债权的支付方法不作出强制性规定。

(1) 支付地点的选择

关于支付地点的选择,有观点认为,应根据《日本民法典》第484条和《日本商法典》第516条的规定,在债权人的住所或营业地以送付支付的方式履行[310]。当事人可以自由约定电子登记债权的履行地点,既可以约定在债务人的住所或营业地履行,也可以约定在债权人的住所或营业地履行,当事人未约定时,在债权人的住所或营业地履行。

(2) 支付方式的选择

电子登记债权制度的目的是增强债权的可信赖性,因此电子登记债权支付应确保支付和支付登记尽可能同时进行,即结算的同期性,以防范双重支付风险的发生,实现创设电子登记债权市场的最终目标。出于活用电子登记债权的目的,除采用交付现金的方式进行支付外,电子登记债权可以采用多种结算方法,如电子票据业务、一揽子结算方式、银团贷款中全部采用转账进行汇款的方式。如果采用从发生登记债务人的存款账户向债权人的受款账户进行汇款的结算方式,作为金融机构的银行可以代理处理汇款手续,以确保结算的同期性[311]。此时,如果银行(金融机构)代理电子登记债权支付的汇款时,银行在入款(进款、入账)手续结束之后(具体而言,在确认债权人的受款账户已进账之后),不论当事人是否申请支付登记,应立即向电子债权登记机构申请登记,从而确保结算同期性[312]。

本书认为,为确保支付与支付登记的同期性,最优的解决方案是由电子债权登记机构受领债务人的支付并向电子登记债权人付款,此时最能确保结算与支付的同期性。具体而言,电子债权登记机构和债务人、银行等缔结账户汇款结算合同,即电子债权登记机构、债务人和银行等之间的约定,电子债权登记机构事前向银行等提供电子登记债权的支付日期、支付金额、债权人和债务人的账户信息,在支付日到来时,银行等从债务人账户划拨资金到债权人账户以完成支付;①此外,由银行作为中

---

① 日本《电子记录债权法》第62条。

介,债务人向银行支付,此时银行应立即申请电子债权登记机构进行支付登记,在接到电子债权登记机构的支付登记通知后再将资金转入债权人账户,以确保同期性,此即次优方案;第三种方案,当事人可以约定采用账户间汇款进行支付,即电子登记债务人向收款人登记的账户汇款以完成支付。① 采用该种方式进行支付时,应将债务人的账户和债权人的账户进行登记,②并由银行作为中介,在债务人将资金汇入债权人的账户后,银行立即申请支付登记,此时仍有双重支付的风险。

## 6.1.2 抵销

**1. 抵销的概念**

抵销是指电子登记债权人请求电子登记债务人支付时,电子登记债务人对该电子登记债权人享有债权时,可以对其主张抵销。作为电子登记债权消灭原因的抵销,不同于指名债权让与中债务人的法定抵销权。后者是指指名债权让与中的债务人在接到让与通知时,对让与人享有债权的,债务人可以向受让人主张抵销。电子登记债务人是否可以对发生登记的债权人享有债权为由,对电子登记债权的受让人主张抵销,应依照发生登记的债务人和债权人之间的约定(该约定以登记为必要)处理,③即当事人约定可以对受让人主张抵销,则电子登记债务人可以对受让人进行抵销抗辩,反之,电子登记债务人不得对受让人主张抵销;如果发生登记的债务人和债权人未进行约定或存在约定但未进行登记,从保护受让人的安全以促进电子登记债权流通的目的出发,电子登记债务人不得以对发生登记的债权人享有债权为由对受让人主张抵销。④

**2. 抵销的成立要件**

与民法上的抵销一样,电子登记债权抵销依其产生的根据不同,可以分为法定抵销和约定抵销。前者是由电子登记债权法规定其构成要件,当条件具备时,依电子登记债权人或电子登记债务人一方的意思表示以及登记即可发生抵销的效力;后者是指按照电子登记债权人和电子登记债务人之间的合意进行的抵销,其不受电子登记债权法规定条件的限制,当事人就抵销的条件可以自由约定,但必须将抵销的事实进行登记。因此,电子登记债权抵销的成立要件,通常是指法定抵销的成立

---

① 实务中多数采取此方式进行支付。见[日]電子債権研究会:《電子債権に関する私法上の論点整理——電子債権研究会報告書》,2005年12月,第48页。
② 日本《电子记录债权法》第16条。
③ 日本《电子记录债权法》第16条第2款规定发生登记的债务人和债权人可以将抵销作为法定任意登记事项进行登记。
④ 为促进电子登记债权流通,我国未来电子登记债权立法应对电子登记债务人的抵销权作出不同于指名债权让与的规定,即未经抵销登记,电子登记债务人不得以对发生登记的债权人享有抵销权为由对受让人主张抵销抗辩。

要件。

电子登记债权抵销,必须满足以下条件:(1)电子登记债务人对电子登记债权人享有债权。电子登记债务人对电子登记债权人的债权不以电子登记债权为限,指名债权亦可。(2)电子登记债务人对电子登记债权人的债权必须为金钱债权,且原则上货币的种类相同。① (3)主动债权已届清偿期。(4)法律并不禁止该债权进行抵销。电子登记债务人和电子登记债权人的债权满足以上条件时,并不当然发生抵销的效果,必须由当事人一方作出抵销的意思表示并进行支付登记,才能发生抵销的效力。有观点认为,电子登记债权作为主动债权或受动债权因抵销消灭时,被抵销的电子登记债权未在电子登记簿上进行注销登记不发生效力[313]。本书认为,抵销行为发生后,电子登记债权并非绝对消灭,因此,抵销行为发生后应进行支付登记,如果抵销导致电子登记债权绝对消灭,应将支付登记和注销登记合二为一,直接进行注销登记。主动债权人作出抵销的意思表示后,必须申请支付登记[314]。如果进行支付登记后抵销无效,被动债权人提起诉讼,电子债权登记应进行支付登记的回复登记。

电子登记债权因抵销消灭时,如果未进行支付登记,抵销的抗辩作为人的抗辩处理,即电子登记债务人只有在受让人明知抵销已发生时才能进行抵销抗辩。理由在于,该电子登记债权依然存在于电子登记簿上,为保护对登记信息信赖而取得该债权的人,电子登记债务人不得对善意受让人进行抵销抗辩;已登记的抵销抗辩作为物的抗辩处理,即无论受让人是否知道抵销行为的存在,电子登记债务人均可进行抵销抗辩[315]。

## 6.1.3 混同

**1. 混同是否导致电子登记债权消灭原则上依电子登记债务人的意思决定**

依民法的基本原理,混同发生时债务原则上消灭。为增强债权的流动性,法律可以设有例外规定,即在债权债务归于一人时,不发生混同的效力[316]。在电子登记债权让与的过程中,电子登记债务人取得电子登记债权时,将该电子登记债权再次让与他人(类似回头背书后的背书人再次背书的行为),如果电子登记债权法强制规定该电子登记债权因混同而消灭,不仅损害了受让人的利益,而且违背了电子登记债务人确保电子登记债权流通的目的。此时,电子登记债权法应作出不同于民法一般原则的规定,是否使电子登记债权消灭应由电子登记债务人的意思决定,即电子登记债务人进行了注销登记,该电子登记债权消灭;电子登记债务人未进行注销登记,该电子登记债权并不消灭,电子登记债务人可以将其再次让与第三人。

---

① 这里的货币种类是指不同国家或地区的法币,而非同一国家或地区的法币中的纸币、硬币等。

### 2. 作为质权标的的电子登记债权发生混同后并不消灭

电子登记债务人在电子登记债权设定质权后取得该电子登记债权,为保证质权人实现其债权,未经质权人同意,电子登记债务人不能进行注销登记而使该电子登记债权消灭。电子登记债务人履行电子登记债务后,可以对被担保债权的债务人行使特别求偿权。

### 3. 附有保证的电子登记债权发生混同时的特殊规定

发生登记的电子登记债务人在取得附有保证的电子登记债权时,为避免循环求偿的结果,电子登记债务人(同时又是电子登记债权人)原则上不得向电子登记保证人行使电子登记保证债务履行请求权。电子登记保证人如果取得了自我保证的电子登记债权,除在自己负担电子登记保证债务之前取得该电子登记债权外,不能行使电子登记保证债务履行请求权。例如,发生登记的债务人 A 和债权人 B,B 将该电子登记债权让与 C 的同时并对 A 的债务进行电子登记保证,C 将该电子登记债权让与 D 的同时并对 A 的债务进行了电子登记保证,事后 B 取得了该电子登记债权。如果 B 可以请求 C 履行电子登记保证债务,会产生无谓的循环清偿。另一方面,如果 C 取得该电子登记债权,认可 C 对 B 的电子登记保证债务履行请求权,不产生无谓的循环清偿[317]。

## 6.1.4 消灭时效

### 1. 消灭时效设置的理由

民法上规定时效制度,其目的是谋求现行法律关系的稳定。为了维持当事人现实的生活关系,防止第三人遭受意外损害,同时基于怠于行使权利的人不值得保护的理由,民法设置了消灭时效制度,即权利不行使的状态持续一定期间后,权利消灭[318]。电子登记债权法设置消灭时效制度,目的是通过平衡电子登记债权人和电子登记债务人之间的利益,促进电子登记债权流通。电子登记债权流通有赖于电子登记债权人和电子登记债务人的积极参与。电子登记债权法通过无因性原则、抗辩切断制度、抵销禁止以及电子登记保证的独立性等制度给予电子登记债权人和受让人特殊保护,以鼓励电子登记债权人进行发生登记和受让人接受电子登记债权。对电子登记债权人和受让人特殊保护意味着对电子登记债务人的权利进行限制,因此与指名债权的债务人相比,电子登记债务人的负担更沉重。设置消灭时效制度,可以消灭复杂的电子登记债权债务关系,使电子登记债务人尽早地解除电子登记债务。同时,可以促使电子登记债权人尽早行使权利,提高电子登记债权流通的速度。此外,设置电子登记债权的存续期间,不仅便利当事人利用电子登记债权,而且可以减轻电子债权登记机构管理电子登记簿的成本。

### 2. 消灭时效期间

(1) 消灭时效期间的模式

关于消灭时效期间,有观点认为,应根据不同类型的电子登记债权确定不同的消灭时效期间:①发生登记的电子登记债务人的消灭时效期间,有 3 年、5 年和 10 年可供选择。如果电子登记债权作为与票据具有同样功能的结算手段时,与票据权利具有同样的消灭时效期间,即 3 年。对原因债权为贷款债权的电子登记债权而言,3 年的消灭时效比较短,但金融机构可以加强时效管理,在时效期间内积极采取中断措施,3 年的时效期间足可以维护其权利[319]。②让与人承担担保责任时,电子登记债权人对其行使请求权的消灭时效期间有以下三种模式可供选择:一是短期间,即 1 年或其他。因为追究担保责任的请求落空后,电子登记债权人通常会在时效届满之前处理;二是与发生登记的电子登记债务人的时效期间相同;三是长期间,对发生登记的电子登记债务人的支付能力提供担保应采用长期间,即 3 年以上。当电子登记债权与票据并存时,为避免和票据的消灭时效期间发生混乱,应设定与票据同样的期间,即 1 年[320]。③承担了担保责任的人对自己的前手行使特别求偿权的消灭时效期间,自承担担保责任之日起,可以选择 6 个月,1 年及其他,或者是基于与票据权利消灭时效期间同样的理由,为 6 个月[321]。另有观点认为,电子登记债权的消灭时效期间应统一设置,即电子登记债权(包括电子登记保证债务履行请求权以及特别求偿权)自支付日起 3 年间不行使,因时效经过而消灭。如果电子登记债权与票据并存时,从完成票据结算手段的功能方面看,应适用票据的时效期间(日本《票据法》第 70 条第 1 款、第 77 条第 1 款第 8 项)[322]。

(2) 日本《电子记录债权法》的规定

日本民法典规定普通债权的消灭时效期间为 10 年,对其他特别债权分别规定了 20 年的长期消灭时效期间以及 5 年、3 年、2 年和 1 年的短期消灭时效。① 日本票据法规定票据权利(追索权和再追索权除外)的消灭时效为 3 年,② 日本《电子记录债权法》采用民法上的短期消灭时效期间,并参照了日本《票据法》的规定,最终将电子登记债权的消灭时效期间统一规定为 3 年。③

(3) 我国未来电子登记债权消灭时效期间设想

确定电子登记债权的消灭时效期间,必须厘清以下几个问题:一是电子登记债权作为票据使用时,是适用电子登记债权法上的消灭时效期间,还是适用票据法上的消灭时效期间;二是不同类型的电子登记债权是否设置统一的消灭时效期间;三是电子登记债权消灭时效的具体期限。本书认为,电子登记债权作为票据使用时,其性质是电子登记债权,同时,就实现票据结算功能的电子登记债权而言,电子登记债权法是票据法的特别法,因此,应适用电子登记债权法上的消灭时效期间;让与人

---

① 见日本《民法典》第 167 条至 174 条的规定。
② 日本《票据法》第 70 条。
③ 日本《电子记录债权法》第 23 条。

承担担保责任时与票据背书人的担保责任不同,电子登记债权法没有让与人承担担保责任的强制性规定,如果让与人积极地负担担保责任,此时,让与人所负担的债务为电子登记保证债务,对让与人行使权利的期限适用电子登记保证债务履行请求权的消灭时效期间,而不应适用票据再追索权的消灭时效。狭义的电子登记债权、电子登记保证债务履行请求权和特别求偿权,其性质均为电子登记债权,依照同样的权利同等保护的原则,各类电子登记债权应设置相同的消灭时效期间,而没有区别设置的理由。综上所述,我国未来电子登记债权法也应参照我国《票据法》的规定,[①]将电子登记债权的消灭时效期间规定为 2 年。

**3. 消灭时效的起算点**

日本《票据法》规定将起诉书送达日作为消灭时效的起算日。[②] 关于普通债权消灭时效的起算点,《日本民法典》规定自权利可以行使时起算。[③] 对"权利可以行使"的解释,判例、通说认为是指"法律上的可能性",即行使权利的法律障碍消失之时,实际上是指权利发生之时,理由在于:(1)权利发生之时,权利人就应当知道,如果不知道说明其存在疏忽(过失);(2)如果以现实能够行使权利(权利人知悉权利)为起算点,那么具体情况不同,起算点就不同,法律关系因此变得不稳定[323]。另有观点认为,"权利可以行使"是指能够现实期待权利行使的时刻,因为权利是否发生,多数情形下只能通过法院确认,因此由权利人承担判断权利是否存在的风险不妥[324]。日本《电子记录债权法》没有明确规定电子登记债权消灭时效的起算日。电子登记债权消灭时效的起算日是参照日本《票据法》的规定,还是参照指名债权消灭时效的起算日,有观点认为,日本《票据法》规定将起诉书送达之日作为票据权利消灭时效的起算日的目的是阻止不正当的延迟支付,但实际上没有达到预期效果,理论界和实务界对该规定评价很低,因此电子登记债权法没有必要将起诉书送达日作为电子登记债权消灭时效的起算日[325]。

本书认为,电子登记债权法设置消灭时效的目的在于促使电子登记债权人及时行使电子登记债权,以尽早使电子登记债务人摆脱沉重的债务负担,因此消灭时效的起算点应在电子登记债权人可以行使权利之日起算。具体而言,电子登记债权人请求电子登记债务人、承担担保责任的让与人或电子登记保证人履行电子登记债务的消灭时效,应自电子登记债权的到期日,即支付日起算,特别求偿权利人行使特别求偿权的消灭时效,应自权利成立之日,即支付登记日起算。

---

① 我国《票据法》第 17 条规定票据权利(追索权和再追索权除外)的消灭时效期间为 2 年。
② 日本《票据法》第 70 条第 3 款。
③ 《日本民法典》第 166 条。

## 6.2 电子登记债权消灭原因发生后的效力

### 6.2.1 支付的效力

电子登记债务人对名义电子登记债权人进行支付(指广义的支付)后,电子登记债务人的责任解除。如果支付导致电子登记债权绝对消灭,电子债权登记机构应及时进行注销登记;如果支付未导致电子登记债权绝对消灭,电子债权登记机构应进行支付登记,以便利支付人行使特别求偿权。值得探讨的问题是,对无受领权的名义电子登记债权人支付、期前或期后支付以及部分支付的法律效力。

**1. 对无受领权的名义电子登记债权人进行支付的效力**

(1) 可供选择的方案及理由

电子登记债务人对在电子登记簿上登记的电子登记债权人进行支付,而该登记的电子登记债权人并非真实的债权人或该电子登记质权人不享有优先受偿权时,支付的效力如何,有以下两种方案:第一种方案认为,除非支付人存在恶意或重大过失,否则支付有效。这里的"恶意或重大过失"的含义与通常的含义不同,而是与日本《票据法》第40条第3款有关的判例、通说一样,即"恶意"是指支付人知道登记的债权人没有权利,且有证据能够确实证明支付人的支付系出于故意;"重大的过失"是指支付人只要稍加注意即可知道登记债权人没有权利,且可以获得确实的证据证明登记债权人没有权利,但支付人怠于调查而没有注意到该事实(未尽普通人最起码的注意义务)[326]。第二种方案认为,不论支付人的主观方面有无过错,支付均有效[327]。

第一种方案的理由在于,支付人应否受到保护与人的抗辩切断一样,应从支付人的主观方面考虑,第二种方案无论电子登记债务人支付时是否存在恶意或重大过失均给予保护会不正当地损害真实电子登记债权人的利益。虽然电子登记债务人不负担调查登记的名义电子登记债权人是否真实享有债权的义务,但电子登记债务人可以从登记是否具有连续性推断名义电子登记债权人是否为真实的电子登记债权人。如果电子登记债务人知道且能够举证证明名义电子登记债权人并非真实的电子登记债权人,而仍然向名义电子登记债权人支付,若此行为能够免责,显属不公。此外,由电子登记债务人负担审查登记连续性的义务,并不会产生调查困难的可能[328]。第二种方案的理由在于,如果采用第一种方案,电子登记债务人对登记的名义电子登记债权人进行支付也可能发生支付无效,会消减登记的可信赖性,基于保护登记信息可信赖性的需要,不论支付人主观是否存在故意或重大过失,支付均有效。

(2) 日本《电子记录债权法》规定

日本《电子记录债权法》采纳了第一种方案,即电子登记债务人对名义电子登记债权人进行了支付,除电子登记债务人在支付时有恶意或重大过失外,即使名义电子登记债权人无权受领,支付仍有效。

(3) 本书的观点

支付人的主观方面和登记信息的可信赖性并不冲突,而支付人的主观方面恰恰反映对登记信息的信赖程度,即支付人在进行支付时主观方面为善意,说明其信赖登记,如果支付人在支付时非善意,此时不是应否保护登记信息可信赖性的问题,因为支付人支付的法律后果已超出对登记信赖的范畴,而应依照法律不保护恶意的原则处理。同时,电子债权登记机构负有保证登记债权人为真实权利人的义务。如果当事人约定债务人向电子登记债权机构支付,则债务人向电子债权登记机构支付后即可免责;如果电子债权登记机构向非真实权利人进行支付,风险由电子债权登记机构承担。如果当事人约定债务人直接向债权人支付,债务人不负有票据债务人审查背书连续的义务,因为导致电子登记债权移转的行为有多种,让与、继承、企业合并、分立或强制执行等,同时债务人亦没有审查登记债权人是否为真实权利人的义务,只要债务人不知道登记的名义电子登记债权人为非真实权利人,债务人进行支付后即可免责。此时,仅在债务人存在恶意(不包括重大过失)时,债务人不可以主张支付免责。

**2. 期外支付的效力**

(1) 期外支付的概念

期外支付,是指电子登记债务人不在电子登记簿登记的支付期限内进行的支付。根据期外支付的具体时间不同,期外支付又分为期前支付和期后支付,前者是指电子登记债务人在电子登记簿登记的支付日期到来之前所进行的支付,后者是指电子登记债务人在电子登记簿登记的支付期限经过后进行的支付。

(2) 指名债权和票据债权期外履行的效力

依民法的基本原理,履行期限原则上为债务人的利益设置,因此债权人无权在履行期限之前要求债务人履行,但债务人可以抛弃期限利益。在债务人提前清偿债务而债权人接受时,其效力与到期履行相同。票据为流通证券,重在到期日前充分利用,因此票据的期限利益并非专为付款人所设,所以在票据到期日之前,持票人无权请求付款人付款,付款人也无权要求持票人必须接受付款。如果付款人期前付款时,付款人应自负期前付款的风险,即如果持票人并非真实票据权利人时,无论付款人有无过失,均不得对真正的票据权利人主张免责;如果出票人撤销支付委托、停止支付时,付款人应自行承担期前付款导致的损失。此外,期前付款人还应自行承担自实际付款日起至票据到期日止的利息。关于票据期后付款的效力,因票据种类的不同而存在差异。具体而言,汇票期后付款的效力因付款人是否承兑而不同:承兑人的期后付款与到期付款具有同等效力。未承兑的付款人的期后付款,如果持票人未丧失追索权,期后付款与到期付款具有同一效力。如果持票人丧失追索权,期后付款对持票人而言则属不当得利。本票出票人的责任与汇票承兑人的责任相同,因此,本票期后付款与到期付款的效力相同。支票的提示付款期间经过后,付款银行有权拒绝支付票据金额,如果付款人在期后所为的付款行为为善意,除出票人在付款人为期后付款之前撤销委托的,期后付款与到期付款具有同等的效力[329]。

(3) 电子登记债权期外支付的效力

日本《电子记录债权法》没有规定期外支付的法律效力。电子登记债权期外支付的法律效力是参照民法的规定还是票据法的规定,有观点认为,期前支付和期后支付,在方式、效力等方面没有与支付日支付区别的必要。在财团贷款中,如果借款人承诺条款规定了期限前清偿的条件,①当事人应严格遵守该约定的条件(主要是限制贷款人提前要求清偿的权利)。该承诺条款作为任意登记事项在电子登记簿上进行了登记,电子登记债权法应认可该约定的效力[330]。

本书认为,电子登记债权的支付期限属于当事人意思自治的范畴,因此,当事人可以自由约定是否可以期前支付,并应将其约定在电子登记簿上登记。如果当事人未约定是否可以期前支付,因支付期限是为电子登记债务人的利益所设,除电子登记债权人明确反对外,电子登记债务人可以放弃期限利益进行期前支付,因为这并不违背电子登记债权人通过促进电子登记债权流通而进行融资的目的。需要指出的是,如果该电子登记债权已经设定质权,如果电子登记债务人进行期前清偿时质权尚未届期,电子登记债务人可以将支付金额提存。对于期后支付,因电子登记债权支付时无须权利人提示以及请求承兑,电子登记债务人应在支付期限内对登记的名义电子登记债权人进行支付,而不发生追索权丧失的问题,因此,电子登记债务人未在支付期限内履行电子登记债务,电子登记债务人的行为已构成违约,电子登记债权人可以请求电子登记债务人承担违约责任。所以,对于期后支付,电子登记债权人既可以拒绝受领而请求电子登记债务人承担违约责任,也可以接受电子登记债务人的履行。电子登记债权人接受电子登记债务人的期后支付时,期后支付与到期支付具有同等的效力。

**3. 部分支付的效力**

电子登记债务人仅支付电子登记债权金额的一部分,为部分支付。部分支付不

---

① 借款人承诺条款是指在贷款合同中,借款人向贷款人承诺为或不为一定的行为的条款。借款人应将自己的财产状况及时向贷款人报告,并应维持一定数额的财产和现在的业务,并且不得向其他债权人提供担保、重要资产的转让以及合并。如果借款人违反了此项承诺,贷款人有权要求借款人在清偿期之前返还借款。如今广泛使用的保证、抵押和质押制度并不能代替该承诺条款。

同于电子登记债权的分期支付,后者是指当事人约定将同一电子登记债权在不同的时期支付完毕,并将具体的支付日期和支付金额在电子登记簿上登记。由此可见,二者的区别在于电子登记债务人是否严格按照电子登记簿上登记的内容进行了支付。此外,部分支付也与电子登记债权的分割让与不同,后者是指电子登记债权人将电子登记债权的一部分让与他人。由于部分支付可能增加电子登记债权人的负担,因此,是否允许部分支付,实有探讨的必要。

(1) 是否允许部分支付

① 票据的部分付款

依票据法的基本原理,票据付款人部分付款时,持票人不得拒绝,因为部分付款并未增加持票人的损害,同时还可以减轻追索义务人的负担。但在实践中很少适用部分付款,因为绝大多数票据付款都是通过银行经票据交换进行,一般不允许进行部分付款。正是基于此,我国票据法明确规定,持票人按期提示付款的,付款人必须当日足额付款[331]。票据法规定票据债权人无权拒绝部分支付,其目的是保护负担法定被追索义务的背书人的利益。背书人承担担保责任是票据法的强制性规定,背书人是被动的承担担保责任,有可能违背背书人的本意,为了有效减轻背书人的责任,平衡票据当事人之间的利益,票据法规定票据权利人无权拒绝票据债务人的一部支付,以减轻背书人的责任。

② 电子登记债权法是否允许部分支付

是否允许电子登记债务人部分支付,日本《电子记录债权法》并未明确作出规定。电子登记债权的支付以支付登记为生效要件,因此,关于电子登记债权是否允许部分支付,因部分支付涉及电子登记债权人和电子债权登记机构两个法律主体,所以部分支付的效力必须考虑以下两个问题:一是电子登记债权人是否允许部分支付;二是电子债权登记机构是否允许部分支付。

就第一个问题而言,有观点认为,电子登记债权法应借鉴民法关于部分履行的基本原理,即债权人对不符合债权主旨的部分清偿,有权拒绝,对电子登记债权人而言,其可以拒绝电子登记债务人的部分支付。理由在于,电子登记债权法并未规定让与人承担强制性的担保责任,让与人对电子登记债务人的清偿能力负担保责任时,其行为性质为电子登记保证,负担电子登记保证债务并未违背让与人的意思,而是让与人基于自己的意思、积极主动负担电子登记保证债务,因此没有必要减轻其担保责任[332]。

本书认为,设定部分履行的法律后果,既要尊重当事人意思自治,又要充分保护电子登记保证人以及电子登记质权人的利益。具体而言,当事人可以约定是否允许部分支付并应在电子登记簿上进行登记。如果当事人未约定,电子登记债权人原则上可以拒绝电子登记证债务人的部分支付。但电子登记债权人拒绝受领部分支付时，电子登记保证人可以在电子登记债权人拒绝的范围内进行抗辩，电子登记质权人有权要求电子登记债权人在拒绝受领支付的范围内提供其他担保。

对于第二个问题，电子债权登记机构是否允许部分支付，有以下两种方案可供选择：第一种方案认为，电子债权登记机构无权拒绝部分支付登记申请；第二种方案认为，电子债权登记机构可以通过约定与当事人约定或在业务规则中规定禁止部分支付登记申请。第一种方案的理由在于，电子登记债务人进行部分支付后，为避免双重支付的风险，必须请求电子债权登记机构将部分支付的事实在电子债权登记原簿上登记，因此，电子债权登记机构无权拒绝部分支付登记。第二种方案的理由在于，如果允许部分支付登记，电子债权登记机构需开发特殊的登记系统，这不可避免地增加电子债权登记机构的运营成本，因此，法律允许电子债权登记机构基于降低业务成本的需要而禁止部分履行登记。此种情形下，如果电子登记债务人进行了部分支付，电子登记债务人的利益同样可以受到保护，电子债权登记机构可以将全部电子登记债权进行涂销登记后，将债权余额进行新的发生登记，同样可以实现部分支付登记的效果[333]。

本书认为，电子债权登记机构进行部分支付登记会增加电子债权登记机构的运营成本。如果电子债权登记机构可以禁止当事人的部分登记申请，在电子登记债务人进行部分支付后，未进行支付登记电子登记债务人无权以此对受让人进行抗辩，因而无法有效地保障电子登记债务人的利益。虽然可以通过注销登记再进行发生登记的方式实现部分支付登记的效果，但注销登记、发生登记与部分支付登记相比，前者涉及的利害关系人远比后者多。进行注销登记和发生登记的难度远比支付登记大，因此，通过注销登记和发生登记实现部分支付登记的效果，在理论上可行，但在实务操作中难度很大，所以第二种方案并不可行。在电子债权登记机构增加交易成本和交易安全冲突时，电子登记债权法应将天平倾向于后者。此外，电子债权登记机构是否允许部分支付登记，应与当事人是否允许部分支付结合起来设定处理规则，即在当事人未禁止部分支付时，在电子登记债务人进行部分支付后，电子债权登记机构无权拒绝电子登记债务人的部分支付登记申请；如果当事人禁止部分支付并将该内容在电子登记簿上进行了登记，电子债权登记机构不得接受电子登记债务人的部分支付登记申请。需要指出的是，电子登记债权支付以支付登记为生效要件，因此，电子登记债务人进行了部分支付，必须在电子登记簿上进行部分支付登记，否则不发生部分支付的效力。

（2）部分支付的法律效力

部分支付的法律效力，依支付人的不同而有所不同。如果发生登记的电子登记债务人进行了部分支付，在电子登记债务人支付的范围内该部分电子登记债权绝对的消灭。但该部分电子登记债权消灭并不影响各当事人之间的其他部分的电子登记债权之间的法律关系,各当事人之间的电子登记债权债务关系依然存在,只不过是在数量上有所减少,电子登记债权人只能就未支付部分行使电子登记债权、电子登记保证债务履行请求权以及请求承担担保责任的让与人履行电子登记债务。发生登记的电子登记债务人以外的当事人进行了部分支付,消灭的只是部分当事人的部分电子登记债权债务关系,并不导致电子登记债权在数量上的减少,更不可能导致电子登记债权绝对的全部消灭。电子登记保证人或承担担保责任的让与人进行部分支付后,电子登记债权人的电子登记债权在支付范围内部分消灭,其后手亦免除部分电子登记债务,进行部分支付的电子登记保证人或承担担保责任的让与人在支付范围内代位取得部分电子登记债权,并对发生登记的电子登记债务人、自己的前手保证人以及其他共同保证人行使特别求偿权。[①]

## 6.2.2 抵销的效力

**1. 双方的债权按照抵销数额消灭**

民法上的抵销由抵销权人向被动债权人作出抵销的意思表示,抵销自抵销通知到达被动债权人处发生效力。与民法上的抵销不同,电子登记债权抵销自抵销权人向被动债权人作出抵销的意思表示并进行支付登记后才发生抵销的效力。如果双方的电子登记债务数额相同,其互负的电子登记债务均归消灭。双方的电子登记债务数额不等时,数额较小的一方的电子登记债务消灭,对方的电子登记债务仅消灭一部分,效果与部分支付相同,对未被抵销的电子登记债务,电子登记债务人仍应负支付义务。

**2. 抵销的溯及力**

(1) 民法上抵销的溯及力

民法上的抵销是否具有溯及力,有以下两种立法例:①抵销的效力在抵销权人主张之时生效,而非溯及至抵销适状之时,主要以英美法成文法上的抵销为代表;②抵销效力的发生并非在主张之时,而是溯及至抵销适状之时,即双方债权溯及最初得为抵销时消灭,主要以德国为代表。抵销行为溯及既往的理论可谓是矛盾双方妥协的产物:德国的主流观点一方面认为抵销需要进行主张,另一方面又不得不对法国法奠定的"抵销于抵销适状之时生效"的原则表示顺服,因抵销主张时间与抵销适状的时间之间必然存在一个时间差,所以矛盾的产生在所难免。同时为了防止享有较大数额的债权人通过拖延时间而获得更多的利息,德国民法学界遂认可了抵销溯及既往的理论[334]。

我国有学者认为,应确立抵销使双方债权溯及得为抵销时消灭的规则[335]。原

---

① 对其他共同保证人行使特别求偿权仅以电子登记保证人为限。

因在于,当事人以为随时可以抵销,因而往往怠于抵销的情形,也在所难免,若其抵销的意思表示仅向将来发生效力,容易发生不公平的结果。此种不公平,在两债权的迟延损害赔偿金的比率不同的场合,尤为突出。另外,一旦产生了抵销权,即使没有作出抵销的意思表示,由于当事人对于抵销已经发生了期待,对于这种期待则是应当予以保护的[336]。

(2) 电子登记债权抵销的溯及力

日本《电子记录债权法》未就抵销的溯及力问题作出明确规定。本书认为,电子登记债权的抵销适状与抵销效力的发生亦存在一定的时间差。关于是否采用抵销溯及既往的规则,本书认为,抵销是否溯及既往属当事人意思自治的范畴,因此,应依照当事人的合意确定。当事人未有明确约定时,法律应推定电子登记债权的当事人的意思是消灭现行债权债务关系,即电子登记债权抵销不具有溯及力。

## 6.2.3 消灭时效完成的效力

### 1. 电子登记债权本身消灭

(1) 日本《电子记录债权法》的规定及其评述

关于消灭时效的效力,①有以下几种立法例可供选择:①实体权利本身消灭,《日本民法典》采用此说;②胜诉权消灭,我国民法通则采用此理论;③抗辩权发生,《德国民法典》采用此说;④诉权消灭,《法国民法典》采用此说。《日本电子记录债权法》在电子登记债权消灭时效的效力问题上沿用了《日本民法典》的规定,即采用了权利消灭说。②

权利本身消灭说是否存在自身相互矛盾的缺陷,有学者认为,消灭时效届满,实体权利消灭,如果债务人不知时效完成而为履行,债权人受领则构成不当得利,从而直接否认了义务人于时效完成后自愿履行的合法性,同时也与《日本民法典》第146条规定的时效利益的放弃相冲突,③因为既然时效届满后权利人的实体权利消灭,则义务人当然取得时效利益,不应存在所谓的时效利益放弃[337]。本书认为,《日本民法典》第146条规定时效利益不得预先放弃,对债务人而言,其目的是防止债权人对债务人施加不当影响而迫使债务人放弃时效利益,从而有效地保护债务人的利益,但并未禁止债务人事后放弃时效利益,因此,《日本民法典》的规定本身并不存在矛盾。相反,消灭时效期间经过后,债权消灭,债务人当然取得时效利益,但法律并未禁止债务人事后放弃时效利益,因而债权人受领债务人的清偿并非不当得利。因此,《日本民法典》第146条是对实体权利消灭说的有效补救,起到了逻辑自洽的效果。

---

① 在我国,多数学者将消灭时效和诉讼时效作为内涵相同的两个概念使用。
② 日本《电子记录债权法》第23条。
③ 《日本民法典》第146条:时效的利益,不能预先放弃。

（2）我国未来电子登记债权消灭时效的效力宜采用权利消灭说

我国未来电子登记债权立法是采用消灭时效还是采用诉讼时效，是采用实体权利消灭说还是采用抗辩权发生说，本书认为，从消灭时效的词义本身来看，应为权利人和义务人之间的关系，而诉讼时效是权利人、义务人与国家之间的关系（国家是否保护权利人的权利，国家通过强制义务人履行义务以保护权利人的权利）。基于此，消灭时效的效力应为实体权利消灭或抗辩权发生，诉讼时效的效力是胜诉权消灭或诉权消灭。就时效设置的目的而言，①其根本目的在于平衡当事人之间的利益，因此，采用消灭时效一词以及权利消灭说更符合时效立法的本意。

**2. 消灭时效是否具有溯及力**

电子登记债权的消灭时效是否具有溯及力，日本《电子记录债权法》并未明确作出规定。依照《日本民法典》第144条的规定，时效效力溯及于其起算日，即权利自起算日起消灭。原因在于时效是照原样保护一直持续的事实状态，或者将其作为与符合真实的状态来对待的制度。具体到消灭时效，自权利人明知或应当知道自己的权利受到侵害之日起权利消灭[338]。本书认为，消灭时效具有溯及力的理论是以静态的债权为出发点的，但如果将其运用至动态的债权，即电子登记债权让与中，不可避免地遇到一些障碍。如果电子登记债权的消灭时效经过后，其效力溯及既往，则在消灭时效起算日至届满日期间发生的让与、保证和质押将会归于无效。为避免出现以上损害交易安全的结果，电子登记债权消灭时效的效力不应具有溯及力，即电子登记债权自消灭时效届满之日起消灭。

**3. 是否设置消灭时效停止制度**

《日本民法典》第161条规定："于时效期间届满之际，因天灾或其他不能避免的事变，致不能中断时效时，自其妨碍消灭之时二周内，时效不完成。"有学者认为，依照中国的诉讼时效中止的规定，在时效最后一日发生中止事由，那么在该事由消除后，权利人就只有一天的时间行使权利，对权利人的保护明显不利。相比较而言，日本民法的规定对权利人的保护更加有力，因此有必要借鉴日本民法的经验，将此种情形单独予以规范，以便给权利人以更有力之保护[339]。笔者认为，日本的规定实际上是将时效期限延长两周，有利于保护权利人的利益，但没有延长的理由，因此我国未来电子登记债权立法不应借鉴。

**4. 是否设置利益偿还请求权**

（1）可供选择的方案

电子登记债权因消灭时效期间经过而消灭后，电子登记债权当事人的利益如何调整，是否设置类似票据法上的利益偿还请求权，日本《电子记录债权法》没有规定

---

① 这里的时效是指针对债权设置的时效，不包括对所有权设置的时效。

利益偿还请求权。对此问题,有以下两种方案可供选择:第一种方案,电子债权因时效消灭后,利益受损人是否享有利益偿还请求权,电子登记债权人、发生登记的电子登记债务人和承担担保责任的让与人,是否在自己获益的范围内负有返还义务,应与如何处理电子登记债权发生的原因债权结合起来讨论[340]。第二种方案,不设置利益偿还请求权。电子登记债权因时效经过消灭后,不设置类似票据利益偿还请求权的规定,即电子登记债权消灭后,电子登记债权人无权请求发生登记的债务人或电子登记保证人在其所受利益的限度内返还该利益[341]。

第一种方案的理由在于,如果电子登记债权作为原因债权替代支付的手段发生而导致原因债权消灭时,应设置利益偿还请求权以防止债务人因利用电子登记债权而获得不当利益。此外,消灭时效期间过分地保护了承担担保责任人的利益[342]。第二种方案的理由在于:①债权人可以行使电子登记债权以外的原因债权,因此电子登记债权没有必要设置特别的利益偿还请求权,即使电子登记债权是作为原因债权的代物清偿而发生时,因原因债权消灭债权人不能行使原因债权的情形,债权人既然是有意识地使原因债权消灭,债权人就应承受该不利后果,所以没有采用特别权利进行保护的必要[343]。②电子登记债权的消灭时效比作为原因债权的赊销债权的消灭时效还要长,如果再对电子登记债权进行特殊的保护,则无法有效地平衡当事人之间的利益。③票据上的利益偿还请求权自身,国际统一法,如《日内瓦统一票据法》没有规定其为必要条款,而且其构成要件和效力存在诸多学说,利益偿还请求权的内容难以合理设定。④票据法规定利益偿还请求权,原因在于票据权利的保全手续繁杂,手续不齐全极有可能丧失票据权利。同时票据权利的时效期间很短,而电子登记债权,对电子登记保证人的电子登记保证债务履行请求权以及电子登记保证人的特别求偿权的行使,不需要特别的手续,且电子登记保证债务的消灭时效期间为3年,因此没有必要设置类似票据法上的利益偿还请求权的制度[344]。

(2) 本书的观点

电子登记债权的消灭时效经过后,是否设置利益偿还请求权,应与电子登记债权发生后原因债权是否消灭以及电子登记债权是否发生让与这两个问题结合起来探讨。

第一,电子登记债权发生后,原因债权并不消灭。如果电子登记债权并未发生让与,在电子登记债权因消灭时效经过而消灭后,权利人仍可以依照原因债权请求债务人履行债务,此时,电子登记债权法没有设置利益偿还请求权的必要;如果电子登记债权让与他人,电子登记债权的消灭时效经过后导致电子登记债权消灭,若不设置利益偿还请求权,因受让人和发生登记的电子登记债务人之间不存在原因关系,所以不能依照原因关系请求发生登记的电子登记债务人履行债务。同时受让人亦无权请求发生登记的电子登记债务人返还不当得利,因为民法上的不当得利以返还义务人无合法原因受有利益且义务人受益和权利人受损存在因果关系,而发生登记的电子登记债务人获得利益是基于合法的原因,即电子登记债权法上的消灭时效,且受让人遭受损失不是基于发生登记的电子登记债务人的原因,而是基于消灭时效制度。此外,受让人无权请求其前手返还支付的价款,因为电子登记债权让与行为并不因消灭时效届满而无效。如果不设置利益偿还请求权,受让人将处于极其不利的地位。

第二,电子登记债权发生后,原因债权消灭。此时,消灭时效期间经过后,电子登记债权人既无权请求发生登记的债务人履行电子登记债务,亦无权请求发生登记的债务人履行原因债权的债务。消灭时效采用的是短期时效,对债权人而言未免过于严苛,为有效地保护电子登记债权人的利益,电子登记债务人应将其获得的利益向电子登记债权人返还。

综上所述,电子登记债权法是否设置利益偿还请求权,应根据以上不同情形分别作出规定,抑或是统一规定利益偿还请求权,但利益偿还请求权与原因债权竞合时,权利人应择一行使。

## 6.3 电子登记债权消灭的程序

### 6.3.1 电子登记债权消灭的程序要件

**1. 电子登记债权消灭以登记为生效要件**

电子登记债权消灭是否以登记为生效要件,有以下两种观点:一种观点认为,在电子登记债务人支付电子登记债权之际应进行登记,①未经登记,电子登记债权不消灭[345]。另有观点认为,如果把登记作为电子登记债权消灭的必要条件,即使未登记,支付导致电子登记债权实质性消灭的事由仍可以成为当事人间人的抗辩事由(支付日期前的支付,在进行登记之前,如果不知道会明显损害电子登记债权受让人的利益,不能解释为物的抗辩),当某消灭事由发生但未进行登记,电子登记债权让与第三人,原则上该抗辩(人的抗辩)被切断。登记作为电子登记债权消灭的生效要件,债务人清偿后但未进行登记而不发生清偿的效力会在当事人之间产生不公平(合理)的结果,因此电子登记债权的消灭不以登记为要件[346]。

日本《电子记录债权法》第24条规定电子登记债权消灭以登记为生效要件。本书认为,支付作为电子登记债权行为的一种,应以登记为生效要件;此外,为了保障交易安全,电子登记债权消灭应以登记为生效要件。除以上支付、抵销、混同、消灭

---

① 本节中的支付,如未特别说明,是指广义的支付。

时效等导致电子登记债权消灭外,电子登记债务人将电子登记债权的价款提存、生效的法律判决判令电子登记债权消灭等亦导致电子登记债权消灭。这些导致电子登记债权消灭的理由事实必须经过登记后,才能产生电子登记债权消灭的效力。

**2. 电子登记债权消灭的登记程序为支付登记**

(1) 发生登记的债务人支付后应进行注销登记

有观点认为,发生登记的债务人进行支付而不发生法定代位的情形时,同样采用支付登记方式[347]。本书认为,电子登记债权因消灭原因的不同而导致登记的方式不同。如果电子登记债权绝对消灭,应进行注销登记(又称之为涂销登记);如果电子登记债权并不绝对消灭,应进行支付登记。发生登记的电子登记债务人进行支付后,电子登记债权绝对消灭,因此应进行注销登记。发生登记的债务人支付并在电子登记簿上注明电子登记债权消灭的事实,债务人双重支付的风险不再发生。

(2) 非发生登记的电子登记债务人支付后应进行支付登记

发生登记的债务人以外的人(电子登记保证人、民事保证人或担保物权人等)进行支付后,受领支付的电子登记债权人丧失了债权人地位,支付人在取得求偿权的同时,根据法定代位取得了电子登记债权,该事实必须在电子登记簿上注明[348]。对此问题,有观点认为,应仿效不动产登记,在发生登记的债务人支付后的登记应进行涂销登记[349]。本书认为,与清偿有利害关系的第三人进行支付后,该电子登记债权并不绝对消灭,而是根据法定代位移转,此时不符合涂销登记的条件,因此法定代位不能进行涂销登记。

此时,是否可以进行让与登记,有观点认为应采用让与登记处理,但如果电子登记簿上有让与次数的限制而该让与登记与其抵触时,不能进行让与登记,因为不能在电子登记簿上明示法定代位的事实。另一方面,法定代位的情形,即使是与让与次数的限制相冲突时也必须进行让与登记的话,结果导致电子债权登记机构必须置备功能强大的计算机系统,以满足多次进行让与登记(包含一部清偿时的一部让与登记的情形)的需要,并忽视为确保电子债权登记机构登记业务的成本收益比而允许其对让与进行限制的宗旨[350]。本书认为,因法定代位而发生的电子登记债权,是依照法律的规定当然产生电子登记债权移转的效力,而非根据让与登记的效果产生,因此无须进行让与登记,并且不适用与让与登记有关的权利移转效力、善意取得、人的抗辩切断等规定。综上所述,法定代位不需进行让与登记,将单纯支付的事实进行登记足矣。

由于注销登记和支付登记的程序基本相同,因此,在没有特别指明的情形下,本书用支付登记这一概念涵盖电子登记债权绝对消灭时的注销登记和电子登记债权相对消灭时的支付登记。所谓支付登记,是指将电子登记债权进行的支付、抵销、混同等事实在电子登记簿上记载而导致电子登记债权消灭的法律事实[351]。与发生登记程序和让与登记程序一样,支付登记程序同样需要当事人的申请以及电子债权登记机构的登记两个阶段。

## 6.3.2 当事人申请

**1. 申请权人**

(1) 因支付引发的支付登记,由电子登记债务人申请

有观点认为,因支付引发的支付登记,由电子登记债权人申请。具体而言,由受领支付的电子登记债权人(狭义上的电子登记债权人)和电子登记质权人及其他们的继承人或一般继任者申请。例如,A 为电子登记债权发生登记的债务人,B 为电子登记债权发生登记的债权人,B 为担保自己对 C 的债务而将该电子登记债权设定质权(C 为质权人),质权设定人 B 对 C 支付了被担保债权时,有必要在电子登记簿上明示被担保债权以及质权消灭的事实,但 B 的保证人 D 代替 B 履行了被担保债权时,有必要登记 D 因法定代位而取得该质权的事实,C 应该将履行被担保债权的事实(支付的特定事项)申请在作为质押标的(即电子登记债权)的电子登记簿上进行登记。质权人行使直接收取索取权(包含通过拍卖手续实行担保权而受偿时),即以自己的名义行使电子登记债权而受领债务人的支付时,不仅履行了被担保债权,而且履行了电子登记债权,质权人应将履行被担保债权和电子登记债权的事实(支付的特定事项)一并申请在电子登记簿上进行登记[352]。而日本《电子记录债权法》作出了与上述观点不同的规定,即由进行支付的电子登记债务人及其继承人或其他的一般继任者申请支付登记。①

本书认为,支付登记是电子登记债务人在履行电子登记债务后为消灭自己的债务而对支付事实进行登记的手段,电子登记债务人在进行支付后当然享有支付登记请求权。但对债务人而言,登记对其有利,而对相对方的债权人来说,登记会导致其丧失债权人的地位。因此,为确保登记申请的真实性和有效地保护电子登记债权人的利益,电子登记债务人在申请支付登记时应获得电子登记债权人的同意。需要指出的是,通常情况下是先进行支付,然后产生支付人的请求权。毕竟支付无法与债权人的同意同时进行,因此支付和支付登记总会存在时间差,在这期间电子登记债权发生让与,债务人无法对抗受让人(不属于人的抗辩切断的例外),债务人被迫进行双重支付,为有效地避免损害债务人的利益(保护债务人),支付与支付登记申请的同意应同时进行(并行关系)[353]。但义务的履行原则上都有一定的先后顺序,同时履行很少见,也难以进行。最有效的方式是债务人直接向电子债权登记机构履行,债务人履行后电子债权登记机构应及时进行支付登记,进行支付登记后再向债

---

① 日本《电子记录债权法》第 25 条。

权人支付。如果电子登记债务人直接向电子债权登记机构支付,再由电子债权登记机构将支付的金额转交电子登记债权人,①则电子登记债务人在支付后可直接请求电子债权登记机构进行支付登记,而无须征得电子登记债权人的同意。

（2）支付以外的其他法定事由致使电子登记债权消灭时,由电子登记债务人单独申请

电子登记债务人持确定电子债权消灭的生效判决,可以单独请求电子债权登记机构进行支付登记。电子登记债务人可以凭提存机构出具的提存证明请求支付登记。除此之外,采用通常方式支付时,其支付证书能否作为债务人单独申请注销登记的依据,本书认为,通常支付方式的证书,如债权人的收据,容易伪造,不宜作为债务人单独申请支付登记的依据。其他证书能否作为电子登记债务人单独申请支付登记的依据,关键是根据该证书的真实程度,即是否易于伪造而确定。

此外,如果采用电子登记债务人对电子债权登记机构的收款人账户进行汇款的支付方式,电子债权登记机构应在对收款人账户进行支付终结的时间进行支付登记。采用此种方法,前提是电子债权登记机构能够确认向收款人账户进行支付的终结时间。实际上,电子债权登记机构对就个别电子债权向债权人的收款账户汇款的确认存在困难。作为债务人,就个别电子登记债权,对不认识的受让人的账户进行汇款并请求受让人进行申请支付登记,手续比较烦琐,因此电子登记债务人不愿意采用此种方式。电子登记债务人可以向电子债权登记机构交付全部资金（可能是几笔电子债务）从而完成有效的支付,电子债权登记机构在收到电子登记债务人交付的资金后应立即进行支付登记[354]。

### 2. 支付登记申请的同意请求权

支付登记申请的同意请求权简称为同意请求权,是指支付人请求电子登记债权人同意其进行支付登记申请的权利。同意请求权不同于第三人因代为清偿产生的登记同意请求权,后者是指电子登记债务人以外的第三人进行支付后,有权以支付作为交换条件请求电子登记债务人同意其进行支付登记。支付人（包括发生登记的电子登记债务人、电子登记保证人、民事保证人或担保物权人等支付人）对电子登记债权人、电子登记质权人或扣押债权人（以下称"债权人等"）及在电子登记簿上登记的不享有正当利益的债权人②支付（指支付、抵销等导致债权消灭的原因事实）后,将该支付事实进行登记能够防止双重支付的风险。同时,清偿人为电子登记保证人时,属于因清偿享有正当利益的人而取得行使求偿权的资格。电子登记债权的支付人进行支付后,作为对债权人支付的交换（对价）,对该电子登记债权的登记债权人等,有权请求其同意该电子登记债权的支付登记申请[355]。

---

① 电子登记债务人向电子债权登记机构支付可以有效地防范双重支付的风险,并提高交易效率。
② 非真实电子登记债权人。

全体登记的债权人均有权同意支付人的支付登记申请,但受领支付的债权人不同意支付登记申请时,支付人可以通过取得生效的法律判决代替债权人同意的意思表示申请支付登记。综上所述,经全体债权人同意,电子登记债务人可以单独申请支付登记。同时,电子登记债务人因电子登记债权人拒绝同意而取得生效判决及与判决有同样效力的法律文书时,可以单独申请支付登记[356]。

## 6.3.3 电子债权登记机构登记

**1. 支付登记的登记事项**

支付人享有支付登记申请权,与之对应,在权利人申请时,电子债权登记机构应及时进行支付登记。与发生登记、让与登记和保证登记一样,支付登记的登记事项包括法定必要登记事项和法定任意登记事项。

(1) 法定必要登记事项

支付登记是在电子登记债权的消灭原因事实发生后进行的登记,支付登记的法定必要登记事项是特定该消灭原因事实的必要、最低限度的事项。以支付登记的法定必要登记事项是特定电子登记债权的消灭原因事实的必要事项为中心,其具体内容如下:

① 确定对电子登记债权人进行支付、抵销以及混同(下称"支付等")等消灭全部或部分债务的行为的必要事项。① 支付登记是登记支付电子登记债权的事实,支付的具体内容(是支付,还是抵销、混同等)作为登记不可欠缺的事项,因此支付内容应作为法定必要登记事项。

② 支付的金额以及其他的支付信息(包含消灭主债务数额在内的利息、迟延损害赔偿金、违约金以及其他费用)。② 支付登记是登记支付电子登记债权的事实,被登记的消灭原因事实不以全部消灭该电子登记债权的原因事实为限,债务人进行一部支付时,应该将支付的金额进行登记。因此,作为支付登记对象的支付金额应作为法定必要登记事项。

③ 支付日期。③ 支付登记是登记支付电子登记债权的事实,支付日期作为消灭原因事实的内容具有重要意义,因此支付日期应作为法定必要登记事项。

④ 支付人的基本信息。④ 支付人是指广义的支付人,采用抵销消灭电子登记债务的情形,是指与电子登记债权人的债务进行抵销的债权人。支付登记是登记支付电子登记债权的事实,支付人未必是发生登记的债务人。例如,该债务的电子登记

---

① 日本《电子记录债权法》第24条。
② 日本《电子记录债权法》第24条。
③ 日本《电子记录债权法》第24条。
④ 日本《电子记录债权法》第24条。

保证人或民事保证人进行支付后,需要通过进行支付登记取得求偿权,或根据法定代位取得该电子登记债权,有必要将其姓名或名称进行登记。此外,支付人是否对支付享有正当利益,是否可以法定代位取得电子登记债权因支付人是否为发生登记的债务人而有所不同。因此,支付人的姓名或名称及住所以及支付人对支付有无正当利益应作为必要申请事项[357]。

⑤登记日期。① 支付登记与发生登记和让与登记不同,支付登记日是在电子登记簿上登记电子登记债务消灭或法定代位的发生日期,由此可见登记日是明确该登记过程(履历)的重要事项,应作为法定必要登记事项[358]。

(2) 法定任意登记事项

电子登记债权法认可发生登记和让与登记的各种法定任意登记事项,因此在支付登记没有理由禁止当事人记载任意登记事项,但日本《电子记录债权法》并没有规定法定任意登记事项。有观点认为,电子债权登记机构的业务规则可以规定当事人的任意登记事项。例如,电子登记保证人履行电子登记保证债务后进行支付登记时,可以将迟延损害赔偿金以及支付的必要费用构成特别求偿权的内容作为任意登记事项[359]。本书认为,法定任意登记事项应由电子登记债权法作出明确规定,或者是授权电子债权登记机构在业务规则中作出详细规定,未经电子登记债权法授权,电子债权登记机构不得在业务规则中规定法定任意登记事项。

**2. 未经当事人申请而进行的支付登记**

当事人申请进行登记,只是在银行等金融机构没有代行汇款手续而处理电子登记债权的情形。如前所述,如果电子债权登记机构提供汇款服务,电子债权登记机构在确认债权人的受款账户入款之后,不论当事人是否申请支付登记,必须立即进行支付登记。如果电子债权登记机构虽然能够确认债权人的受款账户入账的事实,但无法准确判断是对哪一特定的电子登记债权进行支付(债权人有多个电子登记债权时),此时,电子债权登记机构不负担进行支付登记的义务[360]。

## 6.3.4 支付登记的效力

**1. 支付与受领支付的债权人之间的关系**

电子登记债务人对电子登记债权人支付后,经支付登记后该电子登记债权消灭。受领支付的债权人不能再次请求支付,如果电子登记债务人为数人时,只要其中1人进行支付,则该电子登记债务消灭,此时电子登记债权人无权请求其他电子登记债务人进行支付。如果支付后未进行支付登记,电子登记债务不消灭,此时,电子登记债务人可以对受领支付的债权人的再次支付请求以及第三人(受让人)主张人

---

① 日本《电子记录债权法》第24条。

的抗辩,即可以支付事实对抗受领支付的电子登记债权人以及知道支付事实的受让人。

**2. 支付与受领支付的债权人以外的人的关系**

如果电子登记债务人支付后未进行支付登记,电子登记债权人将该电子登记债权让与第三人,此时,受让的电子登记债权已实质消灭,但有必要保护基于对登记信息的信赖而与之进行交易的受让人,此时,支付人只能主张人的抗辩而不能主张物的抗辩[361]。详言之,依照电子登记债权法的基本原理,人的抗辩原则上被切断,因此支付完毕但未进行支付登记的电子登记债务人只能在受让人知道支付事实时对受让人进行抗辩。

# 第7章 中国债权融资法律制度的完善
## ——以借鉴日本《电子记录债权法》为中心

## 7.1 中国现行债权让与和债权质押法律制度的缺陷

### 7.1.1 我国现行债权让与法律制度的缺陷

我国《合同法》第79条至第83条规定了可让与债权的范围、债权让与的效力、债务人的抗辩权和抵销权等,这些制度构成了我国债权让与制度的基本框架,但因其存在以下不足之处,阻碍了债权让与的顺利进行,无法满足现代社会,特别是网络社会来临后债权高速流通的需要。

**1. 债权缺乏可识别性影响了债权让与的安全**

在债权让与中,保障受让人能够安全地取得债权是债权让与制度的首要问题。受让债权本身是否存在以及是否具有如受让人所预期的法律内容是影响受让人安全地位的关键因素。民法上的普通债权,原则上只须当事人合意即可产生,法律不要求必须采用特定的形式。当事人的合意采用口头形式时,债权是否存在和债权的内容是"很难看到"的。即使当事人采用书面形式,合同书仅仅表明债权的发生和记载债权的内容,而不能说明债权是否消灭。对受让人而言,存在受让"已经消灭的债权"的风险[362]。

除债权是否存在难以确认外,对债权的限制也是影响受让人安全的重要因素。基于债务人不因债权让与处于较不利地位的原则[363],我国《合同法》第83条规定了债务人可以行使抵销权。债务人享有的抵销权为法定抵销权,既不需要在合同中约定,也不需要公示,作为合同之外的受让人无法知道抵销权的存在,受让人面临着不能或不能全部取得受让债权的风险。虽然我国《合同法》对债务人的抵销权的成立要件进行了严格限制,①但受让人的利益仍有可能因债务人行使抵销权而遭受损害。有学者认为,善意受让人在债务人向其主张抵销权之前,得知受让债权负有抵销权

---

① 抵销权的成立必须满足以下两个条件:(1)债务人必须在接到让与通知时享有主动债权;(2)债务人的主动债权必须先于被让与的债权到期或者同时到期。

的,有权行使撤销权;在债务人向其主张抵销权之后,对其所受损失可以向让与人行使求偿权[364]。本书认为,撤销权和求偿权毕竟是事后救济措施,在受让人支付债权让与合同的价金后,如果让与人丧失了清偿能力,受让人不得不承担求偿权无法实现的风险。

**2. 债务人行使抗辩权阻碍了债权流通**

我国《合同法》第82条规定了债务人的抗辩权,具体而言:凡是以阻止或排斥债权的成立、存续或行使的事由,只要是在债务人接到债权让与通知前业已存在的,不论其在实体法或诉讼法上的抗辩,都可以对抗受让人;不论债权让与之时受让人是否知道它们的存在,也不论让与之时它们是否存在,债务人可以对让与人主张的抗辩均可以对受让人主张[365]。债务人行使抗辩权,使受让人面临着债权无法实现的风险。特别是每当债权让与一次,债务人对前债权人(让与人)所能行使的抗辩都能向新债权人(受让人)行使,债权让与次数愈多,新债权人就愈加处于不利的地位,或者说新债权人承担的风险也就愈大。虽然立法对债务人的抗辩权进行了限制,即债务人仅能以接到让与通知时可以对抗让与人的事由对抗受让人,但这种限制不足以保障债权让与的安全性[366]。在受让人的安全无法获得保障的前提下,任何一个理性的经济人都不可能愿意受让债权,债权流通将无从谈起。①

**3. 欠缺有效的公示方式导致债权双重让与的难题无法破解**

现行的债权让与并不像物权变动那样进行公示,在实践中经常发生让与人将同一债权分别让与两个不同的权利主体。此时,法律需要规定确立各受让人之间先后顺序的标准,以确定哪一受让人能确定地取得所受让的债权。我国《合同法》没有规定债权双重让与的法律后果,②因此债权双重让与发生后,是依照债权让与合同签订的先后,还是依照通知债务人的先后确定债权归属,学界认识不一:有学者认为,债权发生双重让与后,原则上应当依让与时间先后确定优先权的归属,如果受让人均进行了通知,应依通知到达债务人的顺序确定债权的归属[367]。有学者认为,债权发生双重让与后,应遵循"通知在先、权利在先"的原则,如果两个通知同时到达债务人,应当按照债权让与合同有效成立的时间顺序确定受让人的优先地位[368]。有学者主张,应严格依照债权让与合同成立的先后确定优先权规则,即使债务人已对后受让人清偿,先受让人可以请求后受让人返还不当得利[369]。

在现行债权让与模式下,因欠缺有效的公示方式,无论采取时间优先的原则,还是采用通知优先的原则,抑或是通知和时间相结合的原则,都有可能发生让与人、某

---

① 债权流通是指某一特定债权经两次以上的让与而形成的交易链。在现行交易规则的约束下,虽然债权让与行为大量的发生,但与股票、票据的高速流动性相比,债权流通的情形确属少见。

② 据参与立法的有关人士口头介绍,道理在于权利让与不发生类似"一物数卖"的情形。见韩世远著:《合同法总论》,法律出版社2004年版,第569页。

一受让人和债务人恶意串通损害其他受让人利益的情形,这导致人们在受让他人债权时都会心存顾虑,因为受让人无法准确地知道他是否是第一次债权受让人或最先进行通知的受让人,也就不能确定或者根本无法确定他能否取得债权。如果第三人尽了必要的注意义务仍无法查知债权已被让与的事实,最终却无法取得债权,债权让与将毫无交易安全可言。在面临债权本身不获清偿和无法取得受让债权的双重风险时,第三人很难乐意接受债权,债权人通过债权让与实现融资的目的也就无法实现。

### 4. 禁止让与条款无法有效地平衡债务人和受让人之间的利益

我国《合同法》第79条承认了禁止让与约定在当事人之间的效力,但对受让人的效力,《合同法》并没有明确规定。无论采取绝对无效说,①还是采用绝对有效说,②抑或是采用相对有效说,③都不能有效地平衡债务人和受让人之间的利益。绝对无效说最大限度保障了债权让与的交易安全,促进了债权的自由流通,但戕害了意思自治,使债务人丧失了保护自己利益的有效手段。绝对有效说虽然有效地保护了债务人的利益,但过分注重意思自治而牺牲了交易安全。相对有效说试图协调意思自治和交易安全之间的冲突,但在现行债权让与模式下,这一目的无法实现:首先,禁止让与约定因未进行公示,第三人难以查知,因此就此问题容易产生纠纷,徒增当事人的交易成本。其次,债务人应承担禁止让与约定及受让人存在恶意的举证责任[370]。在实践中,除了债权证书上明确记载禁止让与的意思时,债务人很难证明受让人存在恶意。受让人是否善意,纯为第三人的主观心理状态,外人无从知晓,更难以判断。诚如史尚宽先生所言:"盖意之善恶为心理事实,其证明甚为困难也[371]。"再次,相对有效说以债务人以外的原因作为剥夺债务人权利的理由,对债务人显属不公。保护交易安全的结果是破坏甚至剥夺了债务人的权利,因此对交易安全的保护应有节制,必须存在可归责于债务人的事由。现行债权让与缺乏有效的公示方式,债务人无法寻求恰当的方式将禁止让与约定公之于众,因此对善意的受让人而言,债务人对其不知道禁止让与约定的事实并无可归责性,在二者的利益发生冲突时,现行法律无法寻找二者利益的最佳平衡点。

### 5. 现行交易模式阻碍了债权的流通速度

社会财富的增长是以财产的高速运动和资源的优化配置与合理使用为条件的。在现行交易模式下,因未形成全国统一的、采用电子方式进行交易的市场,导致债权流转范围仅限于相对熟悉的当事人之间,不仅造成债权转让的价格低,而且流通速度慢。再加上受让人的安全无法保障,让与人和受让人的积极性均不高。债权只有在高速流通中才能实现和增加经济价值。在现行交易模式下,债权本身的经济价值

---

① 禁止让与约定绝对无效,不仅不能约束当事人,而且不影响债权让与的效力。
② 禁止让与约定绝对有效,不仅约束当事人,债权让与亦无效。
③ 禁止让与约定原则上有效,但不得对抗善意第三人。

并未有效实现。

## 7.1.2 现行债权质押法律制度的缺陷

我国《物权法》第223条规定，应收账款债权可以出质。同法第228条第1款规定，以应收账款出质的，质权自信贷征信机构办理出质登记时设立。根据《中华人民共和国物权法》等法律规定，中国人民银行制定了《应收账款质押登记办法》（以下简称《登记办法》），自2007年10月1日起施行。中国人民银行征信中心根据《物权法》授权建设了应收账款质押登记公示系统。① 虽然应收账款质押登记公示系统是我国第一个基于现代动产担保登记理念建设的登记系统，但其运行规则确实存在诸多不足之处。

**1. 可质押债权的范围过窄**

《物权法》第223条规定应收账款债权可以质押。《登记办法》将应收账款债权界定为"权利人因提供一定的货物、服务或设施而获得的要求义务人付款的权利，包括现有的和未来的金钱债权及其产生的收益，具体包括：销售产生的债权，包括销售货物，供应水、电、气、暖，知识产权的许可使用等；出租产生的债权，包括出租动产或不动产；提供服务产生的债权；公路、桥梁、隧道、渡口等不动产收费权；提供贷款或其他信用产生的债权。但不包括因票据或其他有价证券而产生的付款请求权。"② 由此可见，我国现行立法将可以质押的指名债权限定为应收账款债权，即因合同产生的金钱债权。依照物权法定原则，因无因管理、不当得利以及因侵犯财产权而产生的损害赔偿请求权等金钱债权不得进行质押。但依照权利质权的一般理论，前述债权也可以作为质押的标的[372]。可质押债权的范围过窄，势必会影响企业的融资能力。③

---

① 该系统于2007年10月1日上线。截至2009年9月30日，登记系统累计登记量接近10万笔，累计查询量14万笔有余。全国共有2400多个机构注册为登记用户，包括全国性商业银行、城市商业银行、农村信用社、村镇银行、外资银行，以及担保公司、财务公司、典当公司、小额担保公司和信托公司等机构。《应收账款质押登记公示系统运行两年来成效显著》，资料来源：中国人民银行，http://www.pbc.gov.cn/detail.asp?col=100&id=3433，2009年12月10日访问。

② 见《应收账款质押登记办法》第4条。

③ 欲扩大可质押债权的范围，能否将"因无因管理、不当得利以及因侵犯财产权而产生的损害赔偿请求权等金钱债权"归入《物权法》第223条规定的"法律、行政法规规定可以出质的其他财产权利"？本书认为，"因无因管理、不当得利以及因侵犯财产权而产生的损害赔偿请求权"与应收账款债权同属指名债权的范畴，将其归入"法律、行政法规规定可以出质的其他财产权利"会造成立法规定的逻辑混乱，因此不宜将其归入"法律、行政法规规定可以出质的其他财产权利"。有学者认为，应将依法可以转让的金钱债权，如因合同、商事侵权损害赔偿请求权、不当得利和无因管理产生的金钱债权都包括在应收账款内。见刘萍：《完善应收账款质押登记拓展中小企业融资渠道》，载《甘肃金融》2009年第3期。本书认为，应收账款有其特定的含义，如果将其做扩大解释，可能会引起不同学科学者之间的误解，应通过修订《物权法》而非扩大应收账款的解释解决此问题，即《物权法》第223条的"应收账款"应修改为"金钱债权，但依其性质不可质押或法律规定不得质押的除外"。

**2. 质权人单方申请登记无法有效保障利害关系人的利益**

《登记办法》第 7 条规定应收账款质押登记由质权人办理,这一规定将出质人、入质债权的债务人等利害关系人排斥在登记行为之外。为防止因登记错误而损害利害关系人的利益,《登记办法》规定质权人有进行变更登记的义务。① 同时,为了有效地救济因登记错误而遭受损害的利害关系人的利益,《登记办法》规定利害关系人有要求质权人进行变更登记或注销登记的权利以及自行申请异议登记的权利。② 上述规定虽然为因不正当登记而受到损害的利害关系人提供了救济途径,但只有在注册为登记公示系统的普通用户之后才能查询登记信息,③这意味着任何人都要承担注册为系统用户并随时查询登记系统以明确自己是否被不当登记为出质人或债务人的义务。此外,依照《中国人民银行征信中心应收账款质押登记操作规则》(以下简称《登记操作规则》)第 4 条和第 21 条的规定,只有注册成为登记公示系统的常用户之后,才能申请异议登记。而申请成为常用户,需要由征信分中心对申请人的身份资料的真实性进行形式审查。④

在比较法上,凡承认登记单方申请主义的国家或地区,一般均设计一个确认程序,即由登记机构在受理登记申请之后,向担保人或相关利害关系人送达一份确认通知书,由其核对登记书中的记载是否与真实的交易关系相一致,然后再进一步地采取相应的救济方法。我国采纳了登记单方申请主义,却忽略了单方申请主义之下的救济途径[373]。

综上所述,我国现行立法将出质人和入质债权的债务人排除在登记申请程序之外,且异议登记并不能有效救济被不正当登记的出质人或入质债权的债务人,从而无法有效防止质权人借单方申请登记之机侵害出质人或入质债权的债务人的合法权益,而且额外增加了其登录登记系统查询登记的负担以及行使救济权的成本。

**3. 登记完全由当事人自由进行,登记机构未履行任何审查义务**

依照现行登记规则,登记机构对登记资料不进行任何审查。⑤这样做虽然有利于提高登记效率,但无法有效保障交易安全。在登记生效主义模式下,登记具有设权而非仅仅是证权的功能,为最大限度保障权利的真实性,登记机构应对登记资料履行审查义务。同时,登记作为债权质押的公示方式,如果登记机构不对登记资料进行必要的审查,其真实性就无法获得保障,登记的公信力也就无从谈起。因此,缺乏登记机构的必要审查,登记就难以实现其维护交易安全的目的。

---

① 《应收账款质押登记办法》第 14 条。
② 《应收账款质押登记办法》第 19 条。
③ 《应收账款质押登记办法》第 25 条;《中国人民银行征信中心应收账款质押登记操作规则》第 4 条。
④ 《中国人民银行征信中心应收账款质押登记操作规则》第 7 条。
⑤ 《应收账款质押登记办法》第二章的规定和《中国人民银行征信中心应收账款质押登记操作规则》第三章的规定。

**4. 法定必要登记事项不明确**

法定必要登记事项是由法律规定在进行质权设定登记时必须进行登记的事项，欠缺其中任何一项，质权无效。《登记操作规则》第13条规定进行初始登记的法定必要登记事项包括：(1)当事人的信息，即出质人和质权人的信息；(2)质押财产的信息；(3)登记期限；(4)质权人和出质人签订的《应收账款质押登记协议》。《登记协议》至少应载明以下内容：质权人与出质人已签订质押合同；由质权人办理质押登记；出质人已经告知质权人自质押登记起过去4个月之内所有有效的出质人名称，或出质人已经告知质权人所有有效及曾经有效的身份证件号码。法定必要登记事项作为影响质权效力的登记事项，其必须符合明确和具体的要求，而"出质人、质权人以及质押财产的信息"这些描述过于模糊，不符合法定必要登记事项具体明确的特征，容易导致当事人之间就质权效力问题产生纠纷。此外，《登记办法》和《登记操作规则》没有规定禁止登记事项，有可能造成当事人随意登记，从而影响交易安全。

## 7.1.3 现行债权质押和债权让与规则之间存在冲突

依照我国《合同法》和《登记操作规则》的规定，现行债权让与并不以登记为生效要件，[①]而《物权法》第228条规定应收账款债权质押自当事人办理出质登记后生效，应收账款债权出质后，除出质人与质权人协商同意外，出质人不得将应收账款转让。由于现行立法未规定债权让与以登记为生效要件，因此出质人将应收账款债权质押后仍有可能将其让与第三人。此时，如果保护质权人的利益，意味着应收账款受让人在交易前需尽了解应收账款是否设质的审慎义务，虽然保护了应收账款质权人的利益，却破坏了应收账款转让融资的基础；如果保护善意第三人的利益，则置质权人于质权设立后还面临出质人恶意转让债权从而影响质权行使的风险[374]。

依照现行物权法的基本理论，受让人在受让债权时不知道债权已质押的事实，因债权质押的事实已进行登记，法律则推定受让人应当知道债权质押的事实，受让人受让的债权存在"物上负担"，受让人可以行使涤除权，或者是撤销债权转让合同。但是，在债权让与不需要登记而质押需要登记的规则内，受让人须履行查阅登记的义务是否合理？同时，受让人履行查阅登记的义务还隐含着"登记公示方式优于其他公示方式"的规则，但"登记公示方式优于其他公示方式"这一规则的合理性确实值得怀疑，因为不同法定公示方式之间的地位应该是平等的，并无谁优先的问题。登记的公信力强于其他法定公示方式，但不能因此认为登记的效力优先于其他法定公示方式。因此，债权让与和债权质押采取不同的公示方式时，受让人并无查阅登记的义务，在受让人和质权人的权利发生冲突时，应依照"先公示的权利优先"的原

---

① 具体参见《合同法》第80条和《中国人民银行征信中心应收账款质押登记操作规则》第26条的规定。

则,由最先进行公示的权利人取得权利。①

## 7.2 中国创设电子债权市场的积极意义

　　对企业而言,资金及其运动的重要性犹如血液及其循环对于人体的重要性。现行债权让与和债权质押制度,推动了金融创新,不仅有利于缓解企业特别是中小企业融资难的问题,而且有利于改善信贷结构、增强银行的竞争能力,有利于整个金融市场的繁荣。但现行债权让与和债权质押法律制度无法满足债权高速流动化的要求,不仅提高了企业利用债权进行融资的成本,而且在一定程度上抑制了金融创新的深入发展。市场经济需要一种从总体上最大限度地减少总成本、促进交换发生和发展、促进财富配置最优化的规则和制度。现行合同法的规定之所以影响债权流通,其深层原因在于制度设计理念的落后:侧重保护债务人的利益而忽视了受让人的安全;过分强调债权的相对性而未采用有效的公示方式。为增强债权的流动性,必须在保障受让人安全的前提下实现债务人和受让人之间利益的平衡,重新审视债权的相对性特征,在债权让与中引入公示制度。创设电子债权市场,以电子登记作为债权让与的公示方式,避免了传统债权双重让与的风险,既有效地保障了交易安全,又平衡了受让人和债务人之间的利益。不仅提高了债权流通的速度,而且降低了企业融资的成本。具体而言,中国创设电子登记债权市场有以下积极意义。

### 7.2.1 缓解企业特别是中小企业融资难的困境②

　　资金的有限性和中小企业对资金的无止境需求是一道永远无法破解的难题,因此法律应尽可能地创设中小企业融资途径。电子登记债权市场的创设为中小企业开辟了新的直接融资途径,企业通过运用应收账款债权进行直接融资,减少了对银行借贷融资的依赖[375]。银行通过电子登记债权市场让与贷款债权有效地化解了贷款风险,势必提高对中小企业放款的积极性。电子登记债权法中的电子登记保证是保障电子登记债权顺利流通的重要制度设计。电子登记保证增强了债务人的支付能力,降低了受让人不获清偿的风险,因此,附有保证的电子登记债权,特别是金融机构或专业担保机构提供的保证,第三人更乐于接受[376]。电子登记保证扩大了电子登记债权的利用幅度,增强了电子登记债权的融资能力。

　　创设电子登记债权市场,不仅对改善我国企业融资环境、促进中小企业健康发展具有重要意义,而且是我国金融制度进入以市场为基础进行资源配置的制度性变

---

① 当然,为解决受让人和质权人之间的冲突,债权让与和债权质押均应采用登记生效主义的公示方式。
② 解决中小企业融资难这一问题的积极意义不仅仅在于中小企业本身,对大型企业亦是一个"利好"消息。因为大企业同样面临着融资难的问题,只不过是中小企业相对于大企业而言,融资难的问题更加突出。

迁,是本质意义上的金融改革。电子登记债权市场为企业提供了平等的融资机会,企业融资不再受规模、身份、产业、地域的影响,实现了融资机会的真正平等。这种变革,将极大地改变现今的金融结构,向真正意义上的金融现代化和金融国际化迈出最有本质意义的一大步。

## 7.2.2 破解指名债权双重让与的难题

指名债权让与,债权让与合同生效和债权移转于受让人可能存在一定的时间差,①在债权让与合同生效后债权移转给受让人之前,让与人有可能将该债权让与他人,因此指名债权让与会发生双重让与的可能。如前所述,指名债权让与欠缺有效的公示方式,因此在双重让与发生后依照现行规则无法有效地平衡各受让人之间的利益。创设电子登记债权市场,可以破解债权双重让与的难题。

如果电子登记债权让与采用类似电子证券市场的集中竞价交易方式,电子登记债权不会发生双重让与,因为同一电子登记债权不可能同时登记两个以上的受让人。如果采用日本现行的让与模式,即电子登记债权人与受让人签订让与合同,②由当事人双方或受让人一方申请让与登记,未经电子债权登记机构登记,电子登记债权不发生移转。③ 采用此种让与模式时,有观点认为,电子登记债权不可能发生双重让与[377]。本书认为,如同"一物数卖"一样,电子登记债权仍有发生双重让与的可能。但电子登记债权发生双重让与后,已最先进行让与登记的受让人优先取得债权。因此,电子登记债权让与虽不能完全避免债权双重让与的发生,但电子登记债权制度在债权双重让与发生后明确了债权归属的优先规则,该规则有效地克服了现行处理规则不统一、不公平的弊端,有效地平衡了各受让人之间的利益,保障了债权让与的交易安全。④

## 7.2.3 解决传统债权在流通层面上的缺陷

指名债权的无形性导致其受让人的安全无法获得有效保障。安全是债权高速流通的前提,而债权是否存在以及债务人是否明确是影响债权交易安全的重要因

---

① 我国《合同法》第80条第1款规定,债权人转让权利的,未经通知债务人,该转让对债务人不发生效力。
② 让与合同可以采用书面形式,也可以采用口头形式。
③ 日本《电子记录债权法》第5条、第17条。
④ 如果电子登记债权发生后原因债权不消灭,无论是采取集中竞价的交易方式,还是采取日本现行的让与模式,债权人都有可能将电子登记债权和原因债权分别让与不同的主体,例如在进行发生登记之前让与人将债权让与第三人,第三人未及时通知债务人,债务人不知债权让与的事实并与让与人进行了电子登记债权发生登记,或者是第三人虽然通知了债务人,但债务人和让与人恶意串通进行了发生登记,在发生登记后,电子登记债权人将电子登记债权让与不知情的第三人并进行了让与登记。但这并不是严格意义上的债权双重让与,因为电子登记债权与原因债权分别是相互独立的债权,但此种情形发生后,为保护交易安全,债务人应分别向电子登记债权和原因债权的受让人履行,其履行后可以请求债权人返还不当得利。

素。电子登记债权的发生、移转和消灭必须以电子登记为生效要件(原则上清偿、抵销、支付等导致电子记录债权消灭,但电子记录债权消灭以支付登记为消灭要件)。因此,电子登记债权通过登记机构的信息公开,可以使第三人通过查询电子登记,来明确电子登记债权本身是否存在、电子登记债权的内容以及让与人和债务人之间是否存在禁止让与约定。指名债权的"不可视性"和双重让与的风险阻碍了其流通性。电子登记簿的登记内容和实体权利义务关系的一致性可以避免指名债权的以上缺陷:电子登记债权的内容和限制以电子登记簿的登记为依据。债务人享有的抵销权和当事人之间的禁止让与约定未经登记,债务人不得对受让人主张抵销或以禁止让与约定对受让人进行抗辩。这样既有效地保护了债务人的利益,又使受让人不因债务人行使抵销权或主张债权存在禁止让与约定而遭受不测损害。

票据经过多次背书后,票据被背书人难以查明前面的背书人的真实身份及信用,因面临被追索的风险,受让人往往不愿接受票据。电子登记债权与票据不同,电子债权登记机构在交易时认真审查受让人的身份,同时,采用银行账户结算时,银行也会认真审查当事人的身份,因此存在欺诈(当事人身份虚假)的可能性较小。权利内容记载在证券上的票据,便利了让与和流通。但正是权利和证券一体化的缘故,票据被盗、遗失以及被第三人善意取得可能性增大,存在管理成本较高的缺点[378]。电子登记簿由专业的电子债权登记机关管理,可以消除票据的遗失和被盗的风险。

综上所述,电子登记债权比现行的票据债权和指名债权的可视性强,解决了指名债权和票据债权在流通层面的缺陷[379]。

## 7.2.4 增强电子登记债权的流动性

现代商品经济要求债权能够迅速移转,形成流通[380]。依照民法规定进行的债权让与,程序烦琐,使当事人感到不便,阻碍了债权流通。债权让与制度的生效规则(未经通知对债务人不发生效力)、抵销、抗辩等规定,其制度设计的初衷是为了保护债务人的利益,但对债权让与人和受让人限制较多,导致受让人不愿意接受,影响了债权的流动性。欲提高债权的流动性,必须激发受让人接受债权的积极性,首要任务是对受让人的利益给予特殊保护。就广义的法的安定性而言,①电子登记债权法的整体安定性较高[381]。电子登记债权法的制度设计对权利人(受让人和质权人)给予相当高的保护,克服了现行债权让与规则因缺乏安定性而导致受让人的安全地位

---

① 广义的法的安定性包含两层含义:一是法律本身的安定性,即其认知可能性、操作可能性与实践可能性的安定性;二是透过法律达成的安定性,即通过法律达到防止抢夺、谋杀、盗窃、违约的安定性,是法律作用于社会的一种效果。只有法律本身是安定的,才能透过法律达成一定安定性。见[德]阿图尔·考夫曼著:《法律哲学》,刘幸义等译,法律出版社 2004 年版,第 274 页。本书认为,法的安定性的核心是法律本身必须给行为人提供明确的预期以减少行为人的不确定性并能够减少纠纷的发生,在纠纷发生后,法律能否为公正地解决纠纷提供明确的依据。

无法获得有效保障的缺陷。具体而言：

第一，电子登记债权依照发生登记而产生，原因债权无效不影响电子登记债权的效力。采用无因性原理，可以有效地保护交易安全。但为了保护债务人，电子登记债权和原因债权有一定的牵连性，并非采用绝对无因性。此外，原因债权的存续和消灭依照当事人的意思决定，当事人的意思不明确时，对电子登记债权的原因债权进行支付，推定原因债权不消灭[382]。

第二，除无因性设计外，电子登记的权利推定效力①、善意取得制度②、人的抗辩的切断制度③、电子记录保证原则上具有独立性④以及对民法相关制度的变更规定，如对电子登记进行请求的相对人的意思表示无效或被撤销后，强化对第三人保护的特殊规定，⑤无权代理人免责条件更加严格的特殊规定，⑥均强化了对交易安全的保护。

第三，通过规定电子债权记录机构的赔偿责任，即无权限之人（冒充之人）申请电子记录或无代理权之人申请电子记录时，除非电子记录债权记录机构证明其法人代表、雇员以及其他工作人员在进行电子记录时尽了必要的注意义务，否则电子记录债权记录机构对因此遭受损害的第三人承担损害赔偿责任，提高了登记机构的注意义务，保障了登记信息的真实性，进一步强化了对交易安全的保障。

## 7.2.5 缓解执行难的问题

"执行难"⑦是多年来一直困扰我国法院工作的难题，也是影响司法公正的重要因素。为解决多年来存在的执行难问题，最高人民法院与中纪委、监察部联合下发了《关于在办理党员和行政机关公务员非法干预人民法院执行工作的案件中沟通情况及建立典型案例通报制度的通知》，积极加强与纪检监察机关的协调沟通，建立抗拒执行、干预执行典型案例通报制度，严肃查处干扰执行工作的违法违纪行为。最高人民法院与中央社会治安综合治理委员会办公室联合下发了《关于将法院执行工作纳入社会治安综合治理目标考核范围的意见》，将执行工作纳入了县（市、区）和乡镇（街道）社会治安综合治理目标责任考核范围。最高人民法院与最高人民检察院、

---

① 日本《电子记录债权法》第 9 条第 2 款。
② 日本《电子记录债权法》第 19 条。
③ 日本《电子记录债权法》第 20 条。
④ 日本《电子记录债权法》第 33 条。
⑤ 日本《电子记录债权法》第 12 条。
⑥ 日本《电子记录债权法》第 13 条。
⑦ 这里的执行仅限于民事执行。"执行难"所指的案件是指依法应当执行、被执行人有偿付能力而因种种原因没有执行的案件。被执行的案件应具备以下要件：(1)判决、调解、裁定等已生效且已过自动履行期，进入执行程序；(2)被执行人有相应的偿付能力；(3)该案未予执行。见景汉朝、卢子娟：《"执行难"及其对策》，载《法学研究》2000 年第 5 期，第 125 页。

公安部联合下发了《关于依法严肃查处拒不执行判决、裁定和暴力抗拒法院执行犯罪行为有关问题的通知》,加大对拒不执行判决、裁定和暴力抗拒法院执行犯罪行为的打击力度。与此同时,全国各级法院积极与各有关职能部门相互配合,紧密协作,普遍建立了以法院为主,工商、公安、金融、国土、劳动等部门参与的执行联动机制。此外,还建立全国法院执行案件信息管理系统,将全国法院执行案件信息予以公开,接受上级法院和社会公众对执行工作的监督,并通过与有关部门实现信息共享,从各个方面对被执行人进行制约,促使其自动履行义务[383]。从以上措施可以看出,执行难问题不仅仅是一个司法问题,而且是一个事关社会稳定的问题。

从根本上解决执行难问题,必须在制度上创新和突破[385]。要想在制度上取得创新和突破,必须从执行难的原因入手。有学者认为,"执行难"的原因主要有:人们执行法律的意识不强,地方或部门保护主义严重、执行人员素质不高、重审判轻执行、义务协助单位不积极协助、不重视委托执行、对抗法行为查处不力等[386]。有学者指出,多年来形成的"地缘"、"人缘"关系对执行工作的影响,是造成"执行难"最主要的原因[387]。汤维建先生认为,"执行难"最深刻的原因在于执行体制本身。对民事执行而言,行使审判权的法院兼顾行使执行权不仅具有理论上的障碍,在实践中已被雄辩地证明是行不通的。因此,将执行权从法院权力结构中分离出去交由统一的执行机构行使,是化解"执行难"的最佳选择[388]。以上分析均有一定的合理性,但忽视了被执行人本身的原因。不从被执行人本身分析原因并提出解决对策,无法从根本上破解执行难的问题。本书认为,从被执行人的角度分析,引发执行难的原因主要有两个:一是被执行人和他人之间的"三角债"、"连环债"问题非常突出,从而引发了"执行难"的"多米诺骨牌效应";二是被执行人隐匿财产。电子登记债权市场的创设,债权人可以将生效法律文书确定的债权进行转让,与被执行人有债权债务关系的人可以受让电子登记债权,并和被执行人进行抵销。被执行人的开户行也可以受让电子债权,以抵销被执行人的存款。这样,执行难的问题就可以得到有效缓解。

## 7.3 借鉴日本《电子记录债权法》的必要性和可能性

### 7.3.1 规范电子登记债权市场的途径

#### 1. 立法规范电子登记债权市场的原因

电子登记债权市场的健康运行和发展离不开相应规范的规制。规范电子登记债权市场,可以采取行业自律的手段,也可以采用他律如法律规制的手段。自人类产生以来,社会秩序至少存在过四种形态,即习俗秩序、道德秩序、制度秩序和法律秩序。这四种秩序形态之间并不存在互相排斥的特性,或者说,一种新的秩序形态的产生,并不代替和取消已有的秩序形态,它们往往共同存在于同一个社会之中,相互配合发挥作用[389]。与其他社会规则相比,法律规则有其他社会规则不可比拟的优越性,因此由法律对人们行为的规制而形成的法律秩序是迄今为止人类社会秩序最理想的选择,是社会秩序最为发达和最为完善的形态。

法律秩序是最完善的秩序,这是由法律规则的特征决定的。法律规则是具体规定权利和义务以及法律后果的准则,法律规则与一般社会规则的一个重要区别在于它高度的抽象性、严密的逻辑性和最大限度的明确性。这种特点是其他社会规则不具备或不完全具备的。① 比如,道德规范往往是原则多于规范,它也不具有法律规则那种准确、确定的性质和具体的表现形式,通常它只是指出希望人们做出某种行为的一般倾向,而并不设定具体的权利义务。而法律规则不同,它通常明确具体地规定人们可以做什么、应该做什么、不得做什么,从而具体明确人们行为合法与不合法的标准。法律规则的这一特点,使得根据法律规则建立起来的法律秩序,与其他形态的秩序相比更加规范、更加稳定[390]。

**2. 立法规范电子登记债权市场的意义**

法律规则的价值意义更明显地表现为它能促使人们有安全感。法律制度通过订立人类行为的准则或设定人类行为的界限为当事者提供信息,使所有的行为主体收集、处理这些信息并以此指导自己的行为[391]。因此,在一个高度复杂的现代社会里,尽管存在着不确定性,但法律制度通过创造并传播其负载的信息,使人们的行为结果仍然具有可预测性。行为结果的可预测性是行为安全的前提,从个体的角度来说,明确的法律规则使人们对自我和他人的行为可以做出预测,从而满足了人们行为安全的需要。通过立法对电子债权市场进行规范,交易当事人将会明确自己享有哪些权利和承担哪些义务,从而对自己行为的后果有一个明确的预期,并能够对自己的行为进行理性控制,知道自己在什么情况下可以积极作为,在什么情况下又必须保持不作为的状态。这样有利于增强人们的安全感,从而调动人们进行电子登记债权交易的积极性。

**3. 电子登记债权立法的途径**

由于法律内生的迟缓性,借鉴域外先进的法律制度已成为某一国家充分利用其他国家文明成果以实现法律制度自我完善的一种有效手段。它缩短了摸索、徘徊或者是由于经验不足而走弯路的历程。客观事实表明,法律进化史或者说是法律文明史,在很大程度上是一部法律创制与法律借鉴的交融史。虽然对实现中国法制现代化途径存在借鉴他国法律和依靠本土资源的争论,但借鉴他国先进法律已成为建立与完善中国法律制度体系的常态,构成有中国特色的社会主义法律体系的二百多部

---

① 其他社会规则往往难以消除人们之间的利益冲突和防止当事人之间的权利、义务失衡,无法遏制一方利用自己的优势滥用权利。

法律,或多或少都存在借鉴的影子。因此,在批判的基础上借鉴日本《电子记录债权法》,不仅能有效降低我国电子登记债权的立法成本,而且能够在最短的时间内实现债权融资法律的现代化。

## 7.3.2 中国借鉴日本《电子记录债权法》的必要性

庞德曾经这样写道:"一部法律制度的历史在很大程度上是从其他的法律制度中借取材料和从法律之外吸收材料的历史。"世界法律的发展史已经表明,借鉴先进国家和地区的法律是落后国家加速发展的必由之路,是被人类的实践所证明了的法律发展的基本规律和重要的立法技术[392]。在"借鉴西方发达国家的法律可以推进中国现代化的进程"这样一个命题之下,虽然存在着不同的声音,但在实践中,至少在借鉴西方民事和商事法律规则方面,中国一直是积极的[393]。可以说,一百年来对西方法律的借鉴构成了中国近现代法的基干[394]。具体而言,借鉴日本《电子记录债权法》的原因如下。

**1. 制度需求——规范或创设电子登记债权市场的需要**

20世纪70年代末期至今,中国法制建设因对现代法治国家的诉求而始终处在一个大规模的"立法阶段"。到2009年年底,中国特色的社会主义法律体系基本建成。① 在短短30年的时间通过了近300部法律,这种以年均通过近10部法律的速度在世界立法史上不能说是绝无仅有的,但至少是比较罕见的。有中国特色的法律体系已经形成,基本实现了"有法可依",但可依之法仍存在诸多不足之处。借鉴日本《电子记录债权法》,目的是寻求规范中国未来电子登记债权市场的法律依据,进而突破企业利用债权进行融资的法律障碍。

**2. 法律效益最大化需求——降低立法成本的需要**

一种完善的法律制度的建立,仅仅依靠某个国家或地区自身的力量是难以达到的,只有借鉴、吸收其他国家或地区法律制度的合理成分,才能促进本国、本地区法律制度的发展,才能促进世界法律文明的进步。此外,立法作为一项复杂的工作,难免花费巨额成本,借鉴他国法律是降低立法成本的有效途径[395]。电子登记债权立法是推动企业融资手段变革的前提和必备条件。鉴于一部原创性的电子登记债权法典将耗费过高的时间和经济成本,为提高金融市场改革的效率,降低立法成本,利用"外援"进行电子登记债权立法是迅速构建我国电子商务立法体系的有效途径。②

---

① 2009年年末全国人大常委会通过了《中华人民共和国侵权责任法》,可以说中国民法典的基本框架已经完成,中国特色的社会主义法律体系已基本建成。

② 从法律地位来看,电子登记债权法是电子商务法、民商法和金融法的重要子部门法。

### 3. 法制现代化需求——民法现代化的需要

对于中国实现法制现代化的途径,向来存在"借鉴他国法律论"和"本土资源论"两种主张。作为"本土资源论"的代表,苏力先生主张通过借鉴经济发达的国家和地区的法律制度实现中国的现代法治。① 正如苏力先生所言,在今日之世界,不可能有任何国家可能或有必要完全依靠本国的法治,因此法律借鉴不可避免[396]。民法现代化不仅表现为民法理念的创新,还应该体现其时代特征并反映新型的社会关系。在西方已将立法的重点转移至电子商务立法和知识产权立法时,我国立法仍然以传统法为中心进行"补课"。② 补课虽然是必要的,但应把传统和现代结合起来。如果民法典不体现债权电子化交易以及网络侵权等电子商务法的规定,民法典就不能称之为现代民法典。因此,借鉴日本《电子记录债权法》是我国法制现代化,特别是民法现代化的需要。

### 4. 构建公平的国际民商事秩序需求——中国在国际社会寻求平等的立法话语权的需要

在始于西方并被西方所主导的全球性现代化进程中,中国在进行现代化、法治化进而实现社会、文化和法律转型的过程中,自身的市场经济立法不仅要与国际上有关法律和国际惯例相衔接,更重要的是要积极参与并主导国际立法,即在法律国际化的进程中居于主导地位(至少不应被动接受或被边缘化)。因此中国当下借鉴他国法律具有如下背景及特征:在打破西方文明一统世界的梦魇的同时,争取各个文明之间平等的对话权。因而,中国当下借鉴他国法律已然不同于现代化过程的早期,而是通过借鉴、吸收从而争取与西方国家在规则制定上的平等对话权。

肇始于美国并席卷全球的金融危机给世界经济造成了巨大损失。为有效地防范国际金融危机的再次发生,改革国际货币金融体系势在必行。此次国际金融危机爆发于美国却席卷整个世界,一个重要的原因在于国际支付体系过度依赖美元。③ "毫无价值"的美元充当着世界货币的作用,同时美元发行没有国际制约机制,造成

---

① 苏力先生并不反对法律移植,而是主张"我们首先要问我们应当在什么基础上才能成功移植西方法律"。对此问题,苏力认为中国成功移植西方法律的基础是"本土资源",因为"本土资源"还是人们接受和认可法律制度的有效基础,即"本土资源"是使"法律制度在变迁的同时获得人们的接受和认可、进而能有效运作的一条便利的途径,是获得合法性——即人们下意识的认同——的一条有效途径"。参见苏力著:《法治及其本土资源》,中国政法大学出版社1996年版,第15页和第34页。

② 虽然我国颁布了《电子签名法》,但该法实在是太"简陋"。法律条文较少、立法比较原则,秉承了"宜粗不宜细"的"优良"立法传统。借鉴域外先进立法的结果应该是超越其规定而在其基础上取得进步,虽然不一定要最先进,但起码不能退步。这仍是改革之初的立法活动中"疏而不漏"指导思想的延续。

③ 国际货币金融体系改革的核心问题是撼动美元的霸主地位,其前提是减少对美元的依赖。对美元的依赖源于美元的信用高,经过长时间的使用,人们逐渐形成了对美元的依赖。货币的信用和货币本身有关,也和人们的信心、交易习惯有关。目前撼动美元最有效的办法就是减少对美元的使用,采用电子登记债权。

美国政府滥发美元、依靠发行美元谋取不正当利益。改革国际支付体系除建立多元化的货币支付体系外,最有效的办法就是在国际贸易中以货币作为计价依据但不以交付实际的货币进行结算,通过电子登记债权让与,将国际结算转变为国内企业之间的结算,从而减少对国际上某一货币的依赖程度,以防范国际金融危机的再度发生。① 因此创设国际电子登记债权市场并进行国际电子登记债权立法势在必行。在国际电子登记债权立法的过程中,中国欲寻求与西方诸国在国际民商事立法中的平等话语权,前提是中国国内的电子登记债权立法和理论研究保持世界领先地位。在批判的基础上借鉴日本《电子记录债权法》是我国电子登记债权理论研究和立法在国际上处于领先地位的捷径,这既是对人类法治文明的贡献,又是争取平等对话权并主导未来国际电子登记债权立法的前提。

### 7.3.3 中国借鉴日本《电子记录债权法》的可能性

**1. 中国已进入网络社会是借鉴日本《电子记录债权法》的社会基础**

反对或否定借鉴他国法律的观点多以国家之间的社会背景或法律赖以存在的基础不同为论据,正所谓是"橘生淮南则为橘,生于淮北则为枳,叶徒相似,其实味不同,所以然者何?水土异也"。这句话蕴含着这样一个深刻的道理:任何生物都有其赖以生存和发展的环境,当生物赖以生存的环境发生变化时,该生物的成长亦受到影响。但论者似乎忽视了这样一个事实:"橘"属于生物学的范畴,而法律属于社会科学的范畴。将生物学的基本原理不加分析和批判地直接套用并解释借鉴他国法律问题,显然违背了形式逻辑的基本原理。因此并不能以"淮南为橘、淮北为枳"的生物学规律否定法律移植。

中国已经基本完成了经济的、政治的和文化的结构经由传统文明向现代文明的转型[397]。特别是随着国际经济交往、信息交往的日益频繁,中国与传统中国社会的区别越来越大而与发达国家的相似之处已越来越多,这一点已经是一个事实[398]。中国和日本一样,已经进入了网络社会。网络改变了社会生活事实,打乱、解构甚至颠覆了现有的常规秩序。这种变化了的社会生活事实必然需要规则和制度的同步

---

① 电子登记债权要想发挥预想的作用,必须重新认识货币的功能和地位。货币(这里指的是纸币)仅仅是交换的媒介和支付手段、价值符号。实物货币,如金银以及贝壳等,因具有价值而具有价值储藏的功能,而纸币不应具有实物货币的价值储藏功能,因为其本身并无价值可言。由此可见,在贸易,特别是国际贸易中,纸币的作用仅在于是价值符号和支付手段。交换的实质是商品和劳务的交换,是人类劳动的交换,而非纸币的交换。纸币只是交换的媒介和计价单位,因此美元的最终地位是计价单位,而非储备货币。国际货币支付体系最理想的方案是发行国际货币(只起计价单位的作用)作为交换媒介,而以电子登记债权让与进而进行债权债务抵销。这样,国际货币仅仅作为纯粹的交换媒介而不再是上至国家下至普通百姓进行储藏财富的手段,贸易,特别是国际贸易也不因此而受影响。

变化才可能重新保持一个有序的状态,达致事实与规则之间的均衡[399]。这种规则和制度的变革就是"变法",通过立法将变化的社会生活事实纳入新的规则和制度的框架内,从而构建起新的秩序状态。为应对网络对传统民商事法律制度提出的挑战,日本制定了《电子记录债权法》,以满足债权高速流通的需求。中国社会中已然存在债权电子质押的事实,同时也存在大量债权让与的事实以及电子登记债权让与的萌芽。[①] 尽管中、日两国处于不同的发展阶段,其文化和制度亦存在差异,并且日本立法者在立法时总是从本国实际出发,制定出尽量符合本国国情的法律规则,但中、日两国所面临的问题具有相同性,即满足企业利用债权进行高效率和低成本融资的需要,同时共同的人性和理性决定了他们对秩序和正义有着同样的理解和追求。法律本身蕴含的超越时空和超越种族、宗教信仰和文化背景差异的共同价值是法律可以借鉴的哲学基础。日本《电子记录债权法》并不是专门为日本社会设计的,其背后必然蕴含着人类社会共同的文明规则,即保障债权交易安全、促进债权流通的理念。从社会学角度来看,法律中某些促进人类社会文明发展的内容是没有国界的,某个国家所创造的法律成果是整个人类社会的共同财富,当然可以为各个国家共同享用[400]。因此,中国可以借鉴日本的《电子记录债权法》。

### 2. 中国具备了借鉴日本《电子记录债权法》的经济基础

在全球化时代,除人类的共同价值外,经济需要是决定和影响借鉴他国法律制度的一个重要因素。如前文所述,中国已建立了电子登记债权质押市场,但严格意义上的电子登记债权让与市场尚未形成,此时中国是否具备移植日本《电子记录债权法》的经济土壤或经济环境?此问题可以归结为法律变革先于经济变革还是经济变革先于法律变革。苏力先生认为,法律本身并不能创造秩序,而是秩序创造法律[401]。具体而言,许多法律往往只是对社会生活中通行的习惯惯例的确认、总结、概括或升华,法律的主要功能也许并不在于变革,而在于建立和保持一种可以大致确定的预期以便利人们的相互交往和行为[402];法律制度的形成和法治的确立必定是后续于一个社会的政治、经济和文化变革的,它们既不可能与该社会的政治、经济和文化变革相兼容,也不可能完成共时性的变革,更不可能先于该社会的政治、经济和文化变革而发生并成为后者的基础[403]。根据历史唯物主义的基本原理,法律是一定社会生产力发展基础之上的社会经济关系的提炼和抽象,因此法律的发展应当以本国的经济发展内在要求为基础。但历史唯物主义同时也告诉我们,法律一旦形

---

① 中国四大金融资产管理公司剥离国有商业银行不良资产的行为实际上就是债权让与;《中国人民银行征信中心应收账款质押登记操作规则》第 26 条规定:"登记公示系统为应收账款的转让交易提供信息平台服务。应收账款转让的,受让方可以将应收账款转让的信息记载于登记公示系统。"虽然中国电子登记债权让与仅有这样一条原则性的规定(并未明确电子登记债权让与当事人之间的权利和义务以及登记程序等),但无疑预示着中国电子登记债权让与系统立法的开始。

成就具有相对的独立性,它对经济基础的巩固乃至生产力发展具有反作用。因此法律不仅是反映性的,而且是建构性的。① 伯尔曼认为,如没有从12世纪到15世纪发展起来的宪法性法律、公司法、契约法、财产法和其他法律部门,当代理论家们认为与资本主义画等号的从17世纪到18世纪的经济和政治变革则是不可能发生的[404]。有关法律或法律制度先于资本主义经济和政治之形成并成为其基础的事实足以证明以下结论:法律不应该是社会中比较保守的力量,而应是一种变革的力量。法律变革可以先于经济变革或社会变革。因此,中国电子登记债权立法可以先于电子登记债权市场的建立。②

市场经济运行过程中客观规律的共同性决定了借鉴他国法律的可能性[405]。尽管中、日两国因社会制度不同而导致市场经济的具体运作规则存在差异,但就市场经济应最大限度地进行优化资源配置这一市场运行的基本规律而言,二者是相同的。这就决定了中国在建构自己的市场经济法律体系时可以吸收和采纳日本的立法经验。从经济分析的视角审视电子登记债权法,电子登记债权法的最终目标是优化配置金融资源。因此,中国具备了借鉴日本《电子记录债权法》的经济基础。

### 3.《电子记录债权法》的技术性特征便利了他国进行借鉴

加拿大法学家克雷波认为,在人、婚姻、家庭等法律领域,法律规则是基于根本不同的道德宗教价值观念构造的。因此在这一领域,将具有某种社会价值的法律引入不存在这种价值的其他法律管辖区中,必然是相当困难的。但是,在商务活动领域,并不具有如此根本区别[406]。特别是为规制新兴技术而进行的立法,其法律规则往往是由技术规则直接转化而来,具有鲜明的技术性特征,这些规则很容易被他国借鉴,如电子商务法。电子登记债权让与是计算机网络技术在债权让与活动中的应用和具体表现,是网络技术和债权让与相互作用、相互渗透的结果,这决定了规范电子登记债权让与的法律规则具有较强的技术性特征。具体而言:电子登记债权法一方面体现了传统金融法的技术性,即金融活动的专门性;另一方面表现为电子登记债权法中的许多法律规则都是直接或间接地由技术规范"翻译"而成的,如电子签名和认证制度。因此,属于电子商务法、金融法的范畴的电子登记债权法,其法律规范多为技术性规范而非伦理性规范,因此不存在借鉴障碍的问题。

---

① "微软黑屏事件"是对"法律仅仅是社会生活的反映"这一理论的莫大讽刺。微软公司之所以敢对中国使用盗版Windows操作系统用户下"黑手",原因在于中国原《刑法》第286条规定的非法侵入计算机信息系统罪的犯罪对象仅限于国家事务、国防建设、尖端科学技术领域的计算机信息系统。在此意义上,微软黑屏黑的不仅仅是盗版软件用户的"屏",而且是中国法律的"屏",是中国立法机关的"屏",更是"法律制度只能是反映性而不能是建构性的"这一理论的"屏"。

② 电子登记债权法先于电子登记债权市场,既符合先有金融立法后有金融交易的基本原则(金融市场的市场准入规则),也符合电子登记债权法的立法先驱日本的经验。日本国会现行颁布了《电子记录债权法》,金融监管机构依照该法的规定指定设立了电子债权登记机构,日本的电子登记债权市场因此形成。

**4. 中日在债权融资法律上的差距决定了中国借鉴日本《电子记录债权法》的可能性**

借鉴他国法律如同引进技术和设备，必须采用"优选法"。世界上有许多国家的法律可资借鉴，这就有一个选择的问题，只有优中选优，借鉴、吸收过来的法律才可能是最成熟、最先进、最实用的法律[407]。如果日本2004年11月25日颁布的《关于动产和债权让渡的对抗要件的民法特例法》和世界上债权让与立法同步的话，那么《电子记录债权法》无疑是迄今为止世界上最先进的债权让与立法[408]。日本《电子记录债权法》的先进性主要体现为：首先，采用电子化交易手段，降低了当事人的融资成本，提高了融资效率。其次，在当今世界，法律制度之间的差异，不只是方法和技术上的差异，也是法的时代精神和价值理念的差异。正是根据时代精神和价值理念的差异，各种法律制度中间有传统与现代、先进与落后的区分[409]。中国、德国、法国等多数国家现行债权让与法律的指导思想是保护债务人的利益，而日本《电子记录债权法》的价值理念是通过对受让人的特殊保护以促进债权流通。财产只有通过流转才能体现和增加其本身的价值，因此，日本《电子记录债权法》促进债权流通的立法理念无疑是先进的。最后，在先进的立法理念的指导下，日本《电子记录债权法》将票据行为的无因性和物权变动的公示公信原则等制度引入债权让与，在保障债权交易安全的基础上促进了债权流通。因此，借鉴、吸收世界上先进的《电子记录债权法》以完善我国债权融资法律制度，不仅可行，而且必要。

**5. 法律受文化因素的影响逐渐减小为中国借鉴日本《电子记录债权法》提供了有利条件**

文化是人类特有的属性和人类社会特有的现象。就借鉴他国法律而言，文化主要涉及的是特定社会中人们的思想、精神、价值和观念[410]，是法律现象的价值和观念之维，以区别于法律现象的制度（法律器物、组织机构、人员以及规则等）之维[411]。关于法律文化对借鉴他国法律的影响，主要有以下三种观点：沃森认为，在私法领域文化，特别是法律文化并不构成借鉴他国法律的障碍。而法国学者罗格朗与沃森的观点针锋相对，认为法律文化以及一般文化对借鉴他国法律而言，是不可逾越的障碍。具体而言，任何文化都是一个独特的整体，法律是文化不可分割的组成部分，因而法律不能与文化剥离而单独被借鉴和吸收[412]。哈丁认为，文化或法律文化虽然可以作为解释借鉴他国法律成败的因素，但最重要的因素毕竟是政治和经济制度[413]。本书认为，通过民族性或民族精神来解释不同法系法律制度之间的区别进而否定借鉴他国法律，实际上是否定了人类所具有的在不同地方或文化之间进行"文化进化"的能力。国家产生之后，文化对借鉴他国法律的影响力日渐式微，特别是现代社会的文化多元化，大大减弱了文化对法律的影响力[414]。在全球化时代，文化对借鉴他国法律的决定作用或影响力进一步减弱。特别是民族性或民族精神乃是一个虚无缥缈的东西，其既不能证实也不能证伪，每个人都有每个人的感受，用其来说明法律制度的变迁则显得有气无力[415]。因此,文化因素可能对借鉴他国法律的过程产生影响,但其并不构成障碍,亦非解释借鉴他国法律成功与否的因素。电子登记债权法作为电子商务法的子部门法,其法律规范多为技术性规范而非伦理性规范。同时作为合同法的一个分支,主要体现当事人之间的经济利益关系,虽然存在道德因素,如诚实信用、恶意与善意等,但这些道德因素在世界各国均具有普适性价值。因此,中国移植日本《电子记录债权法》并不存在文化障碍。

## 7.4 中国在借鉴日本《电子记录债权法》过程中应注意的问题

### 7.4.1 在科学评价的基础上借鉴

**1. 改造的必要性**

借鉴、吸收他国法律不可避免地面临改造被借鉴法律的问题。所谓改造,实际上是在科学评价的基础上继承或借鉴。对域外法律进行评价,其评价或批判标准甚为重要,即评价要遵循客观、公正的标准。苏力先生认为,由于法律本身的世俗性和实践性,法律真正要考虑的并且首先要考虑的是它是否可行(是否为人们的实际行动所接受),而不在于它是否本土(是否同别人一样)。无论本土化还是国际化,如果不解决问题,那就不是好的法律或法治[416]。这种秩序大致满足了人们的需要,受到了人们的尊重,就这个意义上讲,这种秩序具有合法性,甚至可以说是正义的[417]。由此可见,苏力先生采用"有效"和"可行"取代了"公正"作为评价法律正当与否的标准。中国以往在借鉴他国法律的过程中多遵循实用主义原则,以被移植的法律是否"有效"和"可行"为最终评价标准,而忽视了对域外法律本身正当与否的评价,甚至是不加质疑地把域外法律的既有制度性安排视作自己逻辑分析工作的前提,因而出现了邓正来先生所谓的中国法律理想图景的缺失,"中国的法律在很大程度上依旧是一个主要经由某些'技术'或'工具'而连接起来的存在着诸多冲突或矛盾的法律规则集合体——亦即一个更多关注特定功效而不关注法律制度本身之性质赖以为凭作为其正当性之先决条件的中国法律理想图景、更多关注法律规则之面面俱到和数量而较少关注中国法律基本原则、更多关注法律概念和逻辑而缺失法律整体发展方向、在具体适用过程中又常常缺乏效用的法律规则集合体[418]"。因此,在借鉴、吸收他国法律的过程中,必须在科学评价的基础上进行改造。

**2. 确立评价域外法律首要标准是法律本身是否公正**

中国在借鉴、吸收域外法律时,首先应考虑该制度本身是否具有正义性,借鉴的制度能否促进中国社会的公正以及能否满足中国社会的需要,而非中国个别人、个别群体是否需要。要实现以上目的，前提是对域外法律进行价值学和社会学性质的研究，即对其精神实质、价值取向和社会目的有充分了解和深刻理解，对它们的实际运行情况和效果进行必不可少的调查研究，在此基础上做出科学的鉴别和真实的评价，并由此做出能动设定和理性选择[419]。由此可见，对域外法律的改造不是对所有不适合本国现有法律、民族传统或民族习惯的外国法律规范一律进行改造，而是有选择地进行改造，即改造域外法律中有违公平正义的法律规范。① 对作为私法的《电子记录债权法》而言，不再是意识形态的批判，而是对该法中有悖公平正义的法律规则进行批判和改进后再行借鉴和吸收。此外，借鉴他国法律不应仅仅是对域外法律的消费，法学家也不应成为西方二手法学文献的拙劣贩卖者，而应在借鉴他国先进法律理念和法律制度的基础上进行再次创新。

## 7.4.2 进行体系性借鉴

法律不单单是法律文本或制度文本，还包括其背后的原则、价值和理念。换言之，每一部法律都是由其立法理念和指导思想指导下依照特定的立法技术确立的规则系统（体系）。法律变革是一个整体性概念，它指的是与社会经济、政治和文化发展相适应、相协调，包括制度变迁、精神转换、体系重构等在内的法律进步或变革。在借鉴他国法律的过程中如果不能系统地借鉴而是模仿这一体系中的某一组成部分（如仅借鉴法律规则本身或立法技术），很有可能导致画虎不成反类犬的结果。因此借鉴他国法律时切忌断章取义，而应体系性借鉴，不仅是制度的借鉴，也包括法律理念的借鉴[420]。此外，借鉴他国法律的本质是一个法律实践的过程，重要的是将"书本之法"变成生活之法。当法律规定和根深蒂固的态度和信念之间展开鸿沟时，法律就不能改变人们的行为[421]。因此，借鉴他国法律不仅仅是法律文本，即法律规则和法律制度的继受，重要的是法律秩序和法律文本背后的理念和价值体系的借鉴与建构。只有经证实该法律融入继受国的社会环境，才能达到人们所期望的效果，借鉴、吸收他国法律才会被认为是成功的。

## 7.4.3 用域外法律的先进精神涤荡固有法律传统中的落后理念

**1. 将域外法律的价值理念内化为国民思维和行为的必要性**

真正的法律不是制定在法典中，而是隐藏在法律规范后面的理念。法律改革者在审视国外制度时，应该寻求一种"观念"，即这些外国的东西能够被转化为本国法律的组成部分[422]。因此借鉴他国法律不是简单地将域外法律文本译成本国语言，更为重要的是将域外法律文本所蕴含的法律文化和价值理念植入本地民众的思维

---

① 因为人的有限理性决定了任何整体先进的立法都存在"瑕疵"。

和行为方式中。由此,在参照他国法律规则制定出内国的法律后,如何在现代化的愿望与国家消化前卫的外来法律文化产品的有限能力之间保持一种有效的均衡,是内国所必须面对的问题。有学者认为,在借鉴他国法律这一特定语境中,应将精神因素的重要性提升在物质因素之上,面对是否借鉴他国法律时,我们的真正任务首先是着重建设社会共识,其次才是探讨物质化、制度化的条件[423]。日本在19世纪末通过借鉴他国法律成功地制定了《刑法典》、《刑事诉讼法典》①和《民法典》②,之所以能够取得成功,并非日本拥有法国和德国法律规则所依赖的政治方面的知识,或者那种政治方面的任何相似存在于日本,而是日本人意欲寻求的价值所在[424],即对先进的法律精神和理念的渴求使引入的法律精神、法律规则可以自然内化为内国国民思维和行为的模式。

**2. 用域外法律的先进精神涤荡国内落后的法律理念**

中国在借鉴日本《电子记录债权法》时,不可避免地面临本土资源的挑战,固有法律中的保障债务人利益的落后理念与促进债权流通的先进的法律精神之间难免发生抵牾。对此问题,现行多数学者的基本思路是:在借鉴他国法律的过程中对不适合中国国情和不符合民众需要的法律制度和法律理念进行改造,使之契合于我国的传统或习惯。以上立论的前提是西方原汁原味的法律无法与中国人的生活契合,因此在借鉴他国法律的过程中要进行改造以防止"水土不服"。本书认为,一味地强调我国文化传统或国民习惯,实际上是"中体西用"的陈腐信条,其结果是导致参照他国法律制定的法律出现"四不像"的结果。③ 因此借鉴他国法律在面对本土资源时,首先要分析和探讨本土资源的合理性问题,当域外法律制度所蕴含的理念和价值明显优于中国现有的法律和习惯时,如果为了尊重现有的法律和习惯而将其排斥在外,这显然不合理,相反,应通过借鉴他国法律来变革本土资源中不合理的结构和成分[425]。为避免水土不服,不是要改造域外那些经事实证明是先进的法律制度,而是要改造民众的思维方式和行为模式。④ 通过研究、传播与普及现代法的精神,使之

---

① 这两部法典均是借鉴法国法。
② 借鉴德国法。
③ 必须突破"中体西用"的陈腐信条。"中体西用"这种信条不是以科学、理性和发展为标准去评价和取舍外来文化,而是以自己的传统为参照系、以维护传统为宗旨来对待外来文化,是狭隘的民族优越感滋生出来的盲目排外心态的理论表现,是自己经济上和政治上脆弱无能的表现。见张文显:《论立法中的法律移植》,载《法学》1996年第1期,第9页。
④ 即不仅要借鉴他国法律制度制定内国的法律,更要向民众灌输域外法律制度背后的先进理念,改造中国社会及其民众的落后观念,从而实现法学研究"佑启乡邦,振导社会"的目的。借鉴域外先进法律的目的是使中国走向现代化,如果不改变现有的思维方式和行为模式,中国的现代化进程可能要比预想的长。在中国实现现代化的过程中,首先要比较中国和域外的法律哪些是先进和正义的,无论是本土的,还是国外的,只要是先进和正义的,都应该为我所用。因此,学者的作用是通过比较和鉴别,寻找那些最符合人类正义和先进的法律制度,在借鉴、吸收的基础上构建我们的法律制度。

成为民众信仰与社会理念,使之转化为立法政策和法律规则、原则,从而为当代中国法制的变革与创新提供富有时代性与世界性的精神动力。中国在借鉴日本《电子记录债权法》时,应明确电子登记债权法的理念比传统中国债权让与的理念要先进,并有效地规制立法过程中不同利益集团之间的博弈和协调不同法律理念之间的冲突,防止因规则博弈而导致的制度断裂,从而"原汁原味"地引入电子登记债权法,并用电子登记债权法中先进的时代精神荡涤中国传统债权让与制度中的不合时宜的法律理念。

## 7.4.4 确立成功与否的科学标准

### 1. 现行学界的两种标准:实效论和符号论

学界对借鉴他国法律成功与否的评价标准存在两种不同立场:一种是法律实效论,另一种是法律符号论。根据法律实效论,借鉴他国法律的目的在于通过引进国外的法律解决本国的同样问题,成功的借鉴需符合以下特征:第一,域外法律被本土所接受;第二,参照域外法律制定的内国法发挥了实际的效能,成为了作为行动之法的"活法",而非作为书本之法的"死法";第三,参照域外法律制定的内国法能够发挥它们在母国那样的作用。这不仅意味着参照域外法律制定的内国法能够整合社会,而且能够成功地引导人们的行为[426]。法律符号论认为,法律的存在除了发挥稳定人们的行为期待、调控社会关系以及其他实际的功能之外,还有某种符号或象征的作用。即使参照域外法律制定的内国法没有起到实际作用,但只要起到了"法治社会"、"文明社会"的符号作用和树立了"现代化"的形象时,即意味着成功[427]。

实效论过分看重法律借鉴的实效,而忽略了法律所具有的符号作用;实效论过分关注母国法是否会在新环境中收到同样的效果,并认为参照域外法律制定的内国法只要不能收到在母国那样的效果,就意味着失败。一种法律在它的母国也会由于不同的时空而呈现出不同的效果。对于参照域外法律制定的内国法没有取得在被移植国那样的效果,我们不应由此就简单断言失败。最后,实效论者急于看到参照域外法律制定的内国法的效果,而没有顾及接受参照域外法律制定的内国法的复杂性和渐进性。从短期的角度看,参照域外法律制定的内国法可能并不成功,但是从长期的角度看,许多暂时没有取得成功的法律可能在未来会取得成功,这需要时间的检验[428]。

### 2. 本书的观点

法律未起到其应有的作用,有可能是因为所欲解决的问题在法律生效后已经不存在,此时原因在于社会生活的变迁,而非借鉴他国法律的失败。符号论过分放大了法律的符号功能,毕竟法律不是艺术品,而是解决纠纷、实现社会公正的工具,法律的工具价值远远高于其符号价值。借鉴他国法律成功与否的标准主要是是否起到了其应该具有的功效,是否解决了借鉴时所要解决的问题。此外,真正建立起一种新的社会关系,改变相应的价值观念,则远非一日之功。因此借鉴他国法律成功与否是一个长期反复博弈和不断适应的过程,不能因一时的失败或成功而否定借鉴域外法律或盲目乐观,这是一个极富语境性且十分复杂的过程。

## 7.4.5 "借鉴他国法律会引致自生秩序和立法秩序之间产生张力"论之批判

**1. 借鉴他国法律会引致自生秩序和立法秩序之间产生张力理论**

有学者认为,借鉴他国法律所引致的自生秩序和立法秩序之间所构成的悖论或张力尤为突出。自生秩序要求社会生活事实经由自然演化而提炼包括法律在内的社会规范,法律的变革和转型要符合社会生活事实的变化,而立法秩序是立法者通过深思熟虑、反复论证之后形成的一种理想蓝本和强行加诸社会生活事实之上用以规制、构建新的社会生活事实、创制某种所欲的秩序形态的模型,这样就构成了自生秩序和立法秩序之间不可调和的紧张关系[429]。同时,立法者强力推行立法,试图"无中生有"来创建新的社会生活事实,导致人们在频繁的由立法主导的法律转型过程中困惑于社会生活事实连续性的打断,无法以过去预知未来,因此出现了大量的"有法不依"的现象,从而出现了费孝通先生的"法治秩序的好处未得,而破坏礼治秩序的弊病却已先发生了"的非正常现象[430]。

**2. 上述论点之批判**

自生秩序并非是绝对的、"纯天然"的社会秩序,亦存在价值评判,因此与同样经过价值判断而构建的立法秩序之间不必然产生张力。上述论者之所以认为自生秩序与立法秩序之间存在不可调和的紧张关系,原因就在于论者简单地借用了自生秩序的概念和命题,而没有深刻把握自生秩序所包含的个人通过国家进行自我治理而形成自生秩序的精神实质。在个人通过国家进行自我治理而形成自生秩序的过程中,制定法的作用不可也不容忽视。① 同时,立法秩序并不一定违背自生秩序的本身要求,即社会生活事实经由自然演化而提炼包括法律在内的社会规范、法律的变革和转型要符合社会生活事实的变化。再有,上述费孝通先生所言困境的出现不在于借鉴他国法律这一事实本身,而在于未能科学地借鉴和吸收,同时也与我们对借鉴他国法律成功与否的评价标准有关:

首先,借鉴他国法律必须以中国的实际需要为前提,而不在于域外法律先进与否。

其次,社会变迁是一个长期的过程,因此以社会变迁为基础的秩序重构不可能

---

① 现代国家的复杂程度已然不可能只凭自发秩序就能够治理,立法秩序已成为引导社会生活事实良性发展的重要手段。

一蹴而就。正如"罗马不是一天建成的",法律规则和制度文本的实际功能发挥、书本上的法转化成生活中的法需要一定的时间,借鉴他国法律所设想的社会秩序并非一朝一夕就可以建构成功。借鉴他国法律的效果并不是"立竿见影"的,而需要经过一定的运行时期才能对其效果进行评价。因此,不能因一时遇到障碍而否认借鉴他国法律的积极意义。

再次,成功与否的标准不是能否适应旧的社会事实,而是能否适应或建构新的社会生活事实。如果以前者为评价标准,则没有借鉴、吸收域外先进法律的必要或者是社会永远停滞在现有的发展水平上。①

最后,大量"有法不依"现象的出现有其深刻的历史、社会背景,并不能以此否认借鉴他国法律本身的积极意义。这一问题的解决有赖于立法者与民众之间的相互认同,更重要的是民众对法律规则及其规则背后的价值理念的认同。民众认同的前提是民众要有公平、公正意识,而不能为了追求自身的利益而无视公平、正义。立法首要考量的因素是公平,而不是满足所有人的利益诉求。法律的功能之一就是定纷止争,当事人之间产生纠纷意味着一方以上的当事人的利益诉求是非正当的,因此立法和法律适用的结果不是使所有的人都满意或者是满足所有人的正当诉求。

综上所述,自生秩序与因借鉴、吸收他国法律而建立的立法秩序二者之间并不矛盾。相反,二者可以有效地结合起来共同构筑人类社会理想的社会秩序。

---

① 在旧有的社会生活事实中总有一套符合其运作的规则系统,如果仅仅是适应旧有的社会生活事实,完全没有移植的必要,因此法律移植难免会破坏原有的秩序。

# 参 考 文 献

[1] [爱尔兰]理查德·坎蒂隆. 商业性质概论[M]. 余永定,徐寿冠,译. 北京:商务印书馆,1986:3.
[2] 齐爱民. 土地法、动产法到信息法的社会历史变迁[J]. 河北法学,2005(2):9.
[3] 林诚二. 民法债编总论——体系化解说[M]. 北京:中国人民大学出版社,2003:220-221.
[4] [日]我妻榮. 新訂債權總論[M]. 東京:岩波書店,1964:1.
[5] [日]経済産業省. 電子債権構想——IT社会における経済·金融インフラの構築を目指して[R]. 2005:57. [EB/OL].[2014-02-09]. http://www.meti.go.jp/policy/economic_industrial/report/downloadfiles/g50413a01j.pdf.
[6] [日]経済産業省. 電子債権構想——IT社会における経済·金融インフラの構築を目指して[R]. 2005:53.
[7] [日]経済産業省. 電子債権構想——IT社会における経済·金融インフラの構築を目指して[R]. 2005:8.
[8] 周江洪. 日本民法的历史发展及其最新动向简介. 见:徐国栋编,罗马法与现代民法(第5卷)[A]. 北京:中国人民大学出版社,2006:178.
[9] [日]麻生裕介. 新しい電子記録債権法のしくみ[M]. 東京:経済法令研究会,2007:4.
[10] 邓正来. 中国法学向何处去(上)——建构"中国法律理想图景"时代的论纲[J]. 政法论坛,2005(1):5-7.
[11] 邓正来. 中国法学向何处去(上)——建构"中国法律理想图景"时代的论纲[J]. 政法论坛,2005(1):9.
[12] 邓正来. 中国法学向何处去(续)——建构"中国法律理想图景"时代的论纲[J]. 政法论坛,2005(1):68.
[13] 邓正来. 中国法学向何处去(续)——建构"中国法律理想图景"时代的论纲[J]. 政法论坛,2005(1):69.
[14] 邓正来. 中国法学向何处去(上)——建构"中国法律理想图景"时代的论纲[J]. 政法论坛,2005(1):11.

[15] 邓正来. 中国法学向何处去(续)——建构"中国法律理想图景"时代的论纲[J]. 政法论坛,2005(1):71.
[16] 邓正来. 中国法学向何处去(续)——建构"中国法律理想图景"时代的论纲[J]. 政法论坛,2005(1):68.
[17] 魏敦友. 音调未谐的变奏——读八位博士对《中国法学向何处去》一文的评论[J]. 政法论坛,2006(2):172.
[18] 苏力. 法治及其本土资源[M]. 北京:中国政法大学出版社,1996:18.
[19] 郑玉波. 法谚(一)[M]. 北京:法律出版社,2007:16.
[20] 金岳霖. 形式逻辑[M]. 北京:人民出版社,1979:20.
[21] 金岳霖. 形式逻辑[M]. 北京:人民出版社,1979:22.
[22] [日]始関正光,高橋康文. 電子記録債権法の概要[J]. ジュリスト,2007(11):3.
[23] [日]始関正光,高橋康文. 電子記録債権法の概要[J]. ジュリスト,2007(11):3.
[24] [日]池田真朗. 電子記録債権法の展望と課題. 見:[日]池田真朗,小野傑,中村廉平,電子記録債権法の理論と実務[A]. 東京:経済法令研究会,2008:7.
[25] [日]始関正光,高橋康文. 電子記録債権法の概要[J]. ジュリスト,2007(11):3.
[26] [日]安永正昭. 電子記録債権法をめぐる議論——法制審議会部会審議を中心に[J]. ジュリスト,2007(11):10.
[27] 张文显. 论立法中的法律移植[J]. 法学,1996(1):8.
[28] [日]法務省民事局参事官室. 電子登録債権法制に関する中間試案の補足説明[R]. 2006:5. [EB/OL]. [2014-01-07]. http://search.e-gov.go.jp/servlet/PcmFileDownload? seqNo=0000014513.
[29] [日]佐藤良治. 電子記録債權制度をどう活用していくか——IT関連法といての見方[J]. ジュリスト,2007(11):29.
[30] [日]我妻荣. 新订债权总论[M]. 王燚,译. 北京:中国法制出版社,2008:1
[31] [日]池田真朗. 電子記録債権法の展望と課題. 見:[日]池田真朗,小野傑、中村廉平,電子記録債権法の理論と実務[A]. 東京:経済法令研究会,2008:6.
[32] [日]法務省民事局参事官室. 電子登録債権法制に関する中間試案[R]. 2006:1. [EB/OL]. [2014-02-17]. http://search.e-gov.go.jp/servlet/PcmFileDownload? seqNo=0000014512.

[33]　[日]始関正光,高橋康文. 電子記録債権法の概要[J]. ジユリスト,2007(11):5.

[34]　[日]法務省民事局参事官室. 電子登録債権法制に関する中間試案の補足説明[R]. 2006:3.

[35]　[日]法務省民事局参事官室. 電子登録債権法制に関する中間試案[R]. 2006:1.

[36]　[日]法務省民事局参事官室. 電子登録債権法制に関する中間試案の補足説明[R]. 2006:3-4.

[37]　[日]法務省民事局参事官室. 電子登録債権法制に関する中間試案の補足説明[R]. 2006:4.

[38]　[日]経済産業省. 電子債権構想——IT社会における経済・金融インフラの構築を目指して[R]. 2005:125.

[39]　郑玉波. 民法债编总论[M]. 陈荣隆,修订版. 北京:中国政法大学出版社,2004:2.

[40]　于莹. 论票据质押的设立与效力[J]. 法学评论,2009(1):131.

[41]　[日]法務省民事局参事官室. 電子登録債権法制に関する中間試案の補足説明[R]. 2006:5.

[42]　叶林. 证券法[M]. 北京:中国人民大学出版社,2006:9.

[43]　[日]麻生裕介. 新しい電子記録債権法のしくみ[M]. 东京:経済法令研究会,2007:7.

[44]　[日]法務省民事局参事官室. 電子登録債権法制に関する中間試案の補足説明[R]. 2006:6.

[45]　汪世虎. 票据法律制度比较研究[M]. 北京:法律出版社,2003:70-72.

[46]　汪世虎. 票据法律制度比较研究[M]. 北京:法律出版社,2003:88.

[47]　郑洋一. 票据行为之法理论[M]. 台北:三民书局股份有限公司,1988:126-127.

[48]　[日]法務省民事局参事官室. 電子登録債権法制に関する中間試案の補足説明[R]. 2006:19.

[49]　[日]法務省民事局参事官室. 電子登録債権法制に関する中間試案の補足説明[R]. 2006:19.

[50]　[日]法務省民事局参事官室. 電子登録債権法制に関する中間試案の補足説明[R]. 2006:19.

[51]　[日]法務省民事局参事官室. 電子登録債権法制に関する中間試案の補足説明[R]. 2006:19.

[52]　[日]経済産業省. 電子債権構想——IT 社会における経済・金融インフラの構築を目指して[R]. 2005:94-95.
[53]　[日]経済産業省. 電子債権構想——IT 社会における経済・金融インフラの構築を目指して[R]. 2005:94.
[54]　[日]経済産業省. 電子債権構想——IT 社会における経済・金融インフラの構築を目指して[R]. 2005:95.
[55]　[日]電子債権研究会. 電子債権に関する私法上の論点整理——電子債権研究会報告書[R]. 2005:20. [EB/OL]. [2014-02-17]. www.moj.go.jp/content/000009171.pdf.
[56]　[日]経済産業省. 電子債権構想——IT 社会における経済・金融インフラの構築を目指して[R]. 2005:87.
[57]　[日]経済産業省. 電子債権構想——IT 社会における経済・金融インフラの構築を目指して[R]. 2005:85.
[58]　[日]電子債権研究会. 電子債権に関する私法上の論点整理——電子債権研究会報告書[R]. 2005:20-21.
[59]　[日]電子債権研究会. 電子債権に関する私法上の論点整理——電子債権研究会報告書[R]. 2005:21.
[60]　[日]電子債権研究会. 電子債権に関する私法上の論点整理——電子債権研究会報告書[R]. 2005:21.
[61]　[日]電子債権研究会. 電子債権に関する私法上の論点整理——電子債権研究会報告書[R]. 2005:21.
[62]　[日]法務省民事局参事官室. 電子登録債権法制に関する中間試案の補足説明[R]. 2006:13.
[63]　[日]山本敬三. 民法讲义 I,总则[M]. 解亘,译. 北京:北京大学出版社,2004:108.
[64]　[日]法務省民事局参事官室. 電子登録債権法制に関する中間試案の補足説明[R]. 2006:12-13.
[65]　[日]山本敬三. 民法讲义 I,总则[M]. 解亘,译,北京:北京大学出版社,2004:165.
[66]　[日]法務省民事局参事官室. 電子登録債権法制に関する中間試案の補足説明[R]. 2006:13.
[67]　[日]法務省民事局参事官室. 電子登録債権法制に関する中間試案の補足説明[R]. 2006:30.
[68]　[日]法務省民事局参事官室. 電子登録債権法制に関する中間試案の補足説

明[R]. 2006:14.
[69] [日]法務省民事局参事官室. 電子登録債権法制に関する中間試案の補足説明[R]. 2006:13.
[70] [日]法務省民事局参事官室. 電子登録債権法制に関する中間試案の補足説明[R]. 2006:14.
[71] [日]法務省民事局参事官室. 電子登録債権法制に関する中間試案の補足説明[R]. 2006:21-22.
[72] [日]始関正光,高橋康文. 電子記録債権法の概要[J]. ジュリスト,2007(11):6.
[73] 肖厚国. 物权变动的公示主义[J]. 现代法学,2005(3):19.
[74] [日]法務省民事局参事官室. 電子登録債権法制に関する中間試案の補足説明[R]. 2006:6.
[75] [日]法務省民事局参事官室. 電子登録債権法制に関する中間試案の補足説明[R]. 2006:6.
[76] [日]法務省民事局参事官室. 電子登録債権法制に関する中間試案の補足説明[R]. 2006:6.
[77] [日]電子債権研究会. 電子債権に関する私法上の論点整理——電子債権研究会報告書[R]. 2005:4.
[78] [日]法務省民事局参事官室. 電子登録債権法制に関する中間試案の補足説明[R]. 2006:7.
[79] [日]電子債権研究会. 電子債権に関する私法上の論点整理——電子債権研究会報告書[R]. 2005:8.
[80] [日]法務省民事局参事官室. 電子登録債権法制に関する中間試案の補足説明[R]. 2006:8.
[81] [日]電子債権研究会. 電子債権に関する私法上の論点整理——電子債権研究会報告書[R]. 2005:5-6.
[82] [日]電子債権研究会. 電子債権に関する私法上の論点整理——電子債権研究会報告書[R]. 2005:6.
[83] [日]法務省民事局参事官室. 電子登録債権法制に関する中間試案の補足説明[R]. 2006:8-9.
[84] [日]電子債権研究会. 電子債権に関する私法上の論点整理——電子債権研究会報告書[R]. 2005:7-8.
[85] [日]経済産業省. 電子債権構想——IT社会における経済・金融インフラの構築を目指して[R]. 2005:78.

[86]　［日］経済産業省. 電子債権構想——IT 社会における経済・金融インフラの構築を目指して［R］. 2005:78.

[87]　［日］法務省民事局参事官室. 電子登録債権法制に関する中間試案の補足説明［R］. 2006:10.

[88]　［日］法務省民事局参事官室. 電子登録債権法制に関する中間試案の補足説明［R］. 2006:10-11.

[89]　［日］経済産業省. 電子債権構想——IT 社会における経済・金融インフラの構築を目指して［R］. 2005:84.

[90]　［日］経済産業省. 電子債権構想——IT 社会における経済・金融インフラの構築を目指して［R］. 2005:84.

[91]　［日］経済産業省. 電子債権構想——IT 社会における経済・金融インフラの構築を目指して［R］. 2005:87-88.

[92]　［日］電子債権研究会. 電子債権に関する私法上の論点整理——電子債権研究会報告書［R］. 2005:10.

[93]　［日］電子債権研究会. 電子債権に関する私法上の論点整理——電子債権研究会報告書［R］. 2005:10.

[94]　［日］法務省民事局参事官室. 電子登録債権法制に関する中間試案の補足説明［R］. 2006:25.

[95]　［日］法務省民事局参事官室. 電子登録債権法制に関する中間試案の補足説明［R］. 2006:40.

[96]　［日］法務省民事局参事官室. 電子登録債権法制に関する中間試案の補足説明［R］. 2006:40.

[97]　［日］法務省民事局参事官室. 電子登録債権法制に関する中間試案の補足説明［R］. 2006:41.

[98]　［日］電子債権研究会. 電子債権に関する私法上の論点整理——電子債権研究会報告書［R］. 2005:26.

[99]　［日］法務省民事局参事官室. 電子登録債権法制に関する中間試案の補足説明［R］. 2006:29.

[100]　［日］電子債権研究会. 電子債権に関する私法上の論点整理——電子債権研究会報告書［R］. 2005:26.

[101]　［日］法務省民事局参事官室. 電子登録債権法制に関する中間試案の補足説明［R］. 2006:29.

[102]　［日］電子債権研究会. 電子債権に関する私法上の論点整理——電子債権研究会報告書［R］. 2005:27.

[103]　[日]法務省民事局参事官室. 電子登録債権法制に関する中間試案の補足説明[R]. 2006:30.
[104]　[日]法務省民事局参事官室. 電子登録債権法制に関する中間試案の補足説明[R]. 2006:29.
[105]　[日]法務省民事局参事官室. 電子登録債権法制に関する中間試案の補足説明[R]. 2006:29.
[106]　[日]法務省民事局参事官室. 電子登録債権法制に関する中間試案の補足説明[R]. 2006:30.
[107]　[日]電子債権研究会. 電子債権に関する私法上の論点整理——電子債権研究会報告書[R]. 2005:27.
[108]　[日]法務省民事局参事官室. 電子登録債権法制に関する中間試案の補足説明[R]. 2006:30.
[109]　[日]電子債権研究会. 電子債権に関する私法上の論点整理——電子債権研究会報告書[R]. 2005:27.
[110]　[日]法務省民事局参事官室. 電子登録債権法制に関する中間試案の補足説明[R]. 2006:14.
[111]　郑孟状. 票据代理中的若干法律问题探讨[J]. 中外法学, 1999(3):57.
[112]　[日]電子債権研究会. 電子債権に関する私法上の論点整理——電子債権研究会報告書[R]. 2005:22.
[113]　[日]法務省民事局参事官室. 電子登録債権法制に関する中間試案の補足説明[R]. 2006:14-15.
[114]　[日]電子債権研究会. 電子債権に関する私法上の論点整理——電子債権研究会報告書[R]. 2005:22.
[115]　马俊驹, 余延满. 民法原论[M]. 北京:法律出版社, 2005:236-237.
[116]　马俊驹, 余延满. 民法原论[M]. 北京:法律出版社, 2005:236.
[117]　[日]法務省民事局参事官室. 電子登録債権法制に関する中間試案の補足説明[R]. 2006:15-16.
[118]　[日]法務省民事局参事官室. 電子登録債権法制に関する中間試案の補足説明[R]. 2006:16.
[119]　[日]法務省民事局参事官室. 電子登録債権法制に関する中間試案の補足説明[R]. 2006:15.
[120]　[日]電子債権研究会. 電子債権に関する私法上の論点整理——電子債権研究会報告書[R]. 2005:23.
[121]　[日]法務省民事局参事官室. 電子登録債権法制に関する中間試案の補足

説明[R]. 2006:17-18.

[122] [日]法務省民事局参事官室. 電子登録債権法制に関する中間試案の補足説明[R]. 2006:18.

[123] [德]迪特尔·梅迪库斯. 德国民法总论[M]. 邵建东,译. 北京:法律出版社,2001:743-745.

[124] [日]電子債権研究会. 電子債権に関する私法上の論点整理——電子債権研究会報告書[R]. 2005:23.

[125] [日]法務省民事局参事官室. 電子登録債権法制に関する中間試案の補足説明[R]. 2006:17.

[126] 马俊驹,余延满. 民法原论[M]. 北京:法律出版社,2005:237.

[127] [日]電子債権研究会. 電子債権に関する私法上の論点整理——電子債権研究会報告書[R]. 2005:23.

[128] [日]電子債権研究会. 電子債権に関する私法上の論点整理——電子債権研究会報告書[R]. 2005:23.

[129] 汪世虎. 票据法律制度比较研究[M]. 北京:法律出版社,2003:108.

[130] 汪世虎. 票据法律制度比较研究[M]. 北京:法律出版社,2003:110.

[131] 郭晓霞. 连带责任制度探微[J]. 法学杂志,2008(5):104-105.

[132] 郭晓霞. 连带责任制度探微[J]. 法学杂志,2008(5):104.

[133] 胡海容. 美国侵权法上连带责任的新发展及其启示[J]. 法商研究,2008(3):119.

[134] [日]電子債権研究会. 電子債権に関する私法上の論点整理——電子債権研究会報告書[R]. 2005:2.

[135] [日]法務省民事局参事官室. 電子登録債権法制に関する中間試案の補足説明[R]. 2006:30.

[136] [日]電子債権研究会. 電子債権に関する私法上の論点整理——電子債権研究会報告書[R]. 2005:3.

[137] [日]法務省民事局参事官室. 電子登録債権法制に関する中間試案の補足説明[R]. 2006:19.

[138] [日]電子債権研究会. 電子債権に関する私法上の論点整理——電子債権研究会報告書[R]. 2005:61.

[139] [日]法務省民事局参事官室. 電子登録債権法制に関する中間試案の補足説明[R]. 2006:20.

[140] [日]電子債権研究会. 電子債権に関する私法上の論点整理——電子債権研究会報告書[R]. 2005:60.

[141] [日]電子債権研究会. 電子債権に関する私法上の論点整理——電子債権研究会報告書[R]. 2005:60.
[142] [日]電子債権研究会. 電子債権に関する私法上の論点整理——電子債権研究会報告書[R]. 2005:60-61.
[143] [日]法務省民事局参事官室. 電子登録債権法制に関する中間試案の補足説明[R]. 2006:31.
[144] [日]電子債権研究会. 電子債権に関する私法上の論点整理——電子債権研究会報告書[R]. 2005:11.
[145] [日]経済産業省. 電子債権構想——IT社会における経済・金融インフラの構築を目指して[R]. 2005:89.
[146] [日]電子債権研究会. 電子債権に関する私法上の論点整理——電子債権研究会報告書[R]. 2005:11.
[147] [日]法務省民事局参事官室. 電子登録債権法制に関する中間試案の補足説明[R]. 2006:32.
[148] [日]電子債権研究会. 電子債権に関する私法上の論点整理——電子債権研究会報告書[R]. 2005:11.
[149] [日]法務省民事局参事官室. 電子登録債権法制に関する中間試案の補足説明[R]. 2006:32.
[150] [日]電子債権研究会. 電子債権に関する私法上の論点整理——電子債権研究会報告書[R]. 2005:11.
[151] [日]法務省民事局参事官室. 電子登録債権法制に関する中間試案の補足説明[R]. 2006:32.
[152] [日]法務省民事局参事官室. 電子登録債権法制に関する中間試案の補足説明[R]. 2006:32.
[153] [日]電子債権研究会. 電子債権に関する私法上の論点整理——電子債権研究会報告書[R]. 2005:14.
[154] [日]法務省民事局参事官室. 電子登録債権法制に関する中間試案の補足説明[R]. 2006:35.
[155] [日]法務省民事局参事官室. 電子登録債権法制に関する中間試案の補足説明[R]. 2006:32.
[156] [日]法務省民事局参事官室. 電子登録債権法制に関する中間試案の補足説明[R]. 2006:33.
[157] [日]法務省民事局参事官室. 電子登録債権法制に関する中間試案の補足説明[R]. 2006:33.

[158] [日]電子債権研究会. 電子債権に関する私法上の論点整理——電子債権研究会報告書[R]. 2005:11.
[159] [日]電子債権研究会. 電子債権に関する私法上の論点整理——電子債権研究会報告書[R]. 2005:19.
[160] [日]法務省民事局参事官室. 電子登録債権法制に関する中間試案の補足説明[R]. 2006:36.
[161] [日]法務省民事局参事官室. 電子登録債権法制に関する中間試案の補足説明[R]. 2006:35.
[162] [日]電子債権研究会. 電子債権に関する私法上の論点整理——電子債権研究会報告書[R]. 2005:11.
[163] [日]法務省民事局参事官室. 電子登録債権法制に関する中間試案の補足説明[R]. 2006:37.
[164] [日]法務省民事局参事官室. 電子登録債権法制に関する中間試案の補足説明[R]. 2006:35.
[165] [日]電子債権研究会. 電子債権に関する私法上の論点整理——電子債権研究会報告書[R]. 2005:13.
[166] [日]法務省民事局参事官室. 電子登録債権法制に関する中間試案の補足説明[R]. 2006:37.
[167] [日]電子債権研究会. 電子債権に関する私法上の論点整理——電子債権研究会報告書[R]. 2005:15.
[168] [日]電子債権研究会. 電子債権に関する私法上の論点整理——電子債権研究会報告書[R]. 2005:15-16.
[169] 林诚二. 民法债编总论——体系化解说[M]. 北京:中国人民大学出版社, 2003:243.
[170] [日]法務省民事局参事官室. 電子登録債権法制に関する中間試案の補足説明[R]. 2006:38.
[171] [日]電子債権研究会. 電子債権に関する私法上の論点整理——電子債権研究会報告書[R]. 2005:40.
[172] [日]法務省民事局参事官室. 電子登録債権法制に関する中間試案の補足説明[R]. 2006:38.
[173] [日]電子債権研究会. 電子債権に関する私法上の論点整理——電子債権研究会報告書[R]. 2005:40.
[174] [日]電子債権研究会. 電子債権に関する私法上の論点整理——電子債権研究会報告書[R]. 2005:40-41.

[175] [日]法務省民事局参事官室. 電子登録債権法制に関する中間試案の補足説明[R]. 2006:43.
[176] [日]電子債権研究会. 電子債権に関する私法上の論点整理——電子債権研究会報告書[R]. 2005:48.
[177] [日]法務省民事局参事官室. 電子登録債権法制に関する中間試案の補足説明[R]. 2006:39.
[178] [日]法務省民事局参事官室. 電子登録債権法制に関する中間試案の補足説明[R]. 2006:39.
[179] [日]電子債権研究会. 電子債権に関する私法上の論点整理——電子債権研究会報告書[R]. 2005:17.
[180] [日]電子債権研究会. 電子債権に関する私法上の論点整理——電子債権研究会報告書[R]. 2005:2.
[181] [日]法務省民事局参事官室. 電子登録債権法制に関する中間試案の補足説明[R]. 2006:19.
[182] 韩世远. 合同法总论[M]. 北京:法律出版社,2004:545.
[183] [日]電子債権研究会. 電子債権に関する私法上の論点整理——電子債権研究会報告書[R]. 2005:32.
[184] [日]電子債権研究会. 電子債権に関する私法上の論点整理——電子債権研究会報告書[R]. 2005:32.
[185] [日]電子債権研究会. 電子債権に関する私法上の論点整理——電子債権研究会報告書[R]. 2005:33.
[186] [日]法務省民事局参事官室. 電子登録債権法制に関する中間試案の補足説明[R]. 2006:42.
[187] 黄斌. 国际保理业务中应收账款债权让与的法律分析[J]. 清华大学学报,2006(2):
[188] [日]法務省民事局参事官室. 電子登録債権法制に関する中間試案の補足説明[R]. 2006:42.
[189] [日]法務省民事局参事官室. 電子登録債権法制に関する中間試案の補足説明[R]. 2006:42.
[190] [日]法務省民事局参事官室. 電子登録債権法制に関する中間試案の補足説明[R]. 2006:45.
[191] [日]電子債権研究会. 電子債権に関する私法上の論点整理——電子債権研究会報告書[R]. 2005:34.
[192] [日]電子債権研究会. 電子債権に関する私法上の論点整理——電子債権

　　　　研究会報告書[R]. 2005:33.
[193] ［日］法務省民事局参事官室. 電子登録債権法制に関する中間試案の補足説明[R]. 2006:46.
[194] ［日］法務省民事局参事官室. 電子登録債権法制に関する中間試案の補足説明[R]. 2006:46.
[195] ［日］法務省民事局参事官室. 電子登録債権法制に関する中間試案の補足説明[R]. 2006:44.
[196] ［日］法務省民事局参事官室. 電子登録債権法制に関する中間試案の補足説明[R]. 2006:49.
[197] ［日］電子債権研究会. 電子債権に関する私法上の論点整理——電子債権研究会報告書[R]. 2005:34.
[198] ［日］電子債権研究会. 電子債権に関する私法上の論点整理——電子債権研究会報告書[R]. 2005:35.
[199] ［日］電子債権研究会. 電子債権に関する私法上の論点整理——電子債権研究会報告書[R]. 2005:34-35.
[200] ［日］電子債権研究会. 電子債権に関する私法上の論点整理——電子債権研究会報告書[R]. 2005:35.
[201] ［日］電子債権研究会. 電子債権に関する私法上の論点整理——電子債権研究会報告書[R]. 2005:54.
[202] 谢怀栻. 票据法概论[M]. 北京:法律出版社,2006:210.
[203] ［日］電子債権研究会. 電子債権に関する私法上の論点整理——電子債権研究会報告書[R]. 2005:52-53.
[204] ［日］電子債権研究会. 電子債権に関する私法上の論点整理——電子債権研究会報告書[R]. 2005:53.
[205] ［日］電子債権研究会. 電子債権に関する私法上の論点整理——電子債権研究会報告書[R]. 2005:53.
[206] ［日］電子債権研究会. 電子債権に関する私法上の論点整理——電子債権研究会報告書[R]. 2005:54.
[207] ［日］電子債権研究会. 電子債権に関する私法上の論点整理——電子債権研究会報告書[R]. 2005:54-55.
[208] ［日］法務省民事局参事官室. 電子登録債権法制に関する中間試案の補足説明[R]. 2006:42-44.
[209] ［日］電子債権研究会. 電子債権に関する私法上の論点整理——電子債権研究会報告書[R]. 2005:39.

[210] [日]法務省民事局参事官室. 電子登録債権法制に関する中間試案の補足説明[R]. 2006:43.

[211] [日]法務省民事局参事官室. 電子登録債権法制に関する中間試案の補足説明[R]. 2006:43.

[212] [日]電子債権研究会. 電子債権に関する私法上の論点整理——電子債権研究会報告書[R]. 2005:39.

[213] [日]電子債権研究会. 電子債権に関する私法上の論点整理——電子債権研究会報告書[R]. 2005:39.

[214] [日]法務省民事局参事官室. 電子登録債権法制に関する中間試案の補足説明[R]. 2006:43.

[215] [日]法務省民事局参事官室. 電子登録債権法制に関する中間試案の補足説明[R]. 2006:43-44.

[216] [日]法務省民事局参事官室. 電子登録債権法制に関する中間試案の補足説明[R]. 2006:43.

[217] [日]法務省民事局参事官室. 電子登録債権法制に関する中間試案の補足説明[R]. 2006:43.

[218] [日]経済産業省. 電子債権構想——IT社会における経済・金融インフラの構築を目指して[R]. 2005:92.

[219] [美]罗斯科・庞德. 法理学(第三卷)[M]. 廖德宇,译. 北京:法律出版社,2007:251.

[220] 许明月. 抵押物转让制度之立法缺失及其司法解释补救——评《中华人民共和国物权法》第191条[J]. 法商研究,2008(2):142.

[221] [日]電子債権研究会. 電子債権に関する私法上の論点整理——電子債権研究会報告書[R]. 2005:47.

[222] [日]法務省民事局参事官室. 電子登録債権法制に関する中間試案の補足説明[R]. 2006:53.

[223] [日]電子債権研究会. 電子債権に関する私法上の論点整理——電子債権研究会報告書[R]. 2005:47.

[224] [日]法務省民事局参事官室. 電子登録債権法制に関する中間試案の補足説明[R]. 2006:53.

[225] [日]法務省民事局参事官室. 電子登録債権法制に関する中間試案の補足説明[R]. 2006:54.

[226] [日]法務省民事局参事官室. 電子登録債権法制に関する中間試案の補足説明[R]. 2006:54.

[227] 谢怀栻. 票据法概论[M]. 北京:法律出版社,2006:155.
[228] [日]法務省民事局参事官室. 電子登録債権法制に関する中間試案の補足説明[R]. 2006:41.
[229] 史尚宽. 债法总论[M]. 北京:中国政法大学出版社,2000:729.
[230] 崔建远. 合同法[M]. 北京:法律出版社,2007:217.
[231] [日]法務省民事局参事官室. 電子登録債権法制に関する中間試案の補足説明[R]. 2006:50.
[232] 汪世虎. 票据法律制度比较研究[M]. 北京:法律出版社,2003:307.
[233] [日]法務省民事局参事官室. 電子登録債権法制に関する中間試案の補足説明[R]. 2006:51.
[234] [日]電子債権研究会. 電子債権に関する私法上の論点整理——電子債権研究会報告書[R]. 2005:42.
[235] [日]電子債権研究会. 電子債権に関する私法上の論点整理——電子債権研究会報告書[R]. 2005:42.
[236] [日]法務省民事局参事官室. 電子登録債権法制に関する中間試案の補足説明[R]. 2006:50.
[237] [日]電子債権研究会. 電子債権に関する私法上の論点整理——電子債権研究会報告書[R]. 2005:42.
[238] [日]法務省民事局参事官室. 電子登録債権法制に関する中間試案の補足説明[R]. 2006:50.
[239] [日]法務省民事局参事官室. 電子登録債権法制に関する中間試案の補足説明[R]. 2006:51.
[240] [日]電子債権研究会. 電子債権に関する私法上の論点整理——電子債権研究会報告書[R]. 2005:43.
[241] [日]電子債権研究会. 電子債権に関する私法上の論点整理——電子債権研究会報告書[R]. 2005:42.
[242] [日]電子債権研究会. 電子債権に関する私法上の論点整理——電子債権研究会報告書[R]. 2005:42.
[243] [日]麻生裕介. 新しい電子記録債権法のしくみ[M]. 东京:経済法令研究会,2007:8.
[244] 李永锋. 债权让与中的若干争议问题——债务人与债权受让人之间的利益冲突与整合[J]. 政治与法律,2006(2):71.
[245] [日]電子債権研究会. 電子債権に関する私法上の論点整理——電子債権研究会報告書[R]. 2005:41.

[246]　［日］電子債権研究会. 電子債権に関する私法上の論点整理——電子債権研究会報告書[R]. 2005:41.
[247]　［日］電子債権研究会. 電子債権に関する私法上の論点整理——電子債権研究会報告書[R]. 2005:41.
[248]　汪世虎. 票据法律制度比较研究[M]. 北京:法律出版社,2003:208.
[249]　汪世虎. 票据法律制度比较研究[M]. 北京:法律出版社,2003:210.
[250]　［日］電子債権研究会. 電子債権に関する私法上の論点整理——電子債権研究会報告書[R]. 2005:44.
[251]　［日］電子債権研究会. 電子債権に関する私法上の論点整理——電子債権研究会報告書[R]. 2005:44.
[252]　［日］法務省民事局参事官室. 電子登録債権法制に関する中間試案の補足説明[R]. 2006:52.
[253]　［日］電子債権研究会. 電子債権に関する私法上の論点整理——電子債権研究会報告書[R]. 2005:44.
[254]　［日］法務省民事局参事官室. 電子登録債権法制に関する中間試案の補足説明[R]. 2006:52.
[255]　［日］法務省民事局参事官室. 電子登録債権法制に関する中間試案の補足説明[R]. 2006:52.
[256]　崔建远. 债权让与续论[J]. 中国法学,2008,(3):51.
[257]　［日］佐藤良治. 電子記録債権制度をどう活用していくか——IT関連法といての見方[J]. ジュリスト,2007,(11):33.
[258]　［日］法務省民事局参事官室. 電子登録債権法制に関する中間試案の補足説明[R]. 2006:68.
[259]　［日］法務省民事局参事官室. 電子登録債権法制に関する中間試案の補足説明[R]. 2006:68.
[260]　［日］我妻榮. 新訂債權總論[M]. 東京:岩波書店,1964:451.
[261]　［日］我妻榮. 新訂債權總論[M]. 東京:岩波書店,1964:477.
[262]　［日］佐藤良治. 電子記録債權制度をどう活用していくか——IT関連法といての見方[J]. ジュリスト,2007(11):33.
[263]　梁宇贤. 票据法新论[M]. 北京:中国人民大学出版社,2004:174.
[264]　汪世虎. 票据法律制度比较研究[M]. 北京:法律出版社,2003:396.
[265]　谢怀栻. 票据法概论[M]. 北京:法律出版社,2006:178.
[266]　［日］法務省民事局参事官室. 電子登録債権法制に関する中間試案の補足説明[R]. 2006:70.

[267]　汪世虎. 票据法律制度比较研究[M]. 北京:法律出版社,2003:397.
[268]　郭明瑞. 关于保证人保证责任的几个问题[J]. 法制与社会发展,1996(3):14-19.
[269]　[日]法務省民事局参事官室. 電子登録債権法制に関する中間試案の補足説明[R]. 2006:69.
[270]　[日]電子債権研究会. 電子債権に関する私法上の論点整理——電子債権研究会報告書[R]. 2005:56.
[271]　[日]法務省民事局参事官室. 電子登録債権法制に関する中間試案[R]. 2006:19.
[272]　[日]法務省民事局参事官室. 電子登録債権法制に関する中間試案の補足説明[R]. 2006:69.
[273]　[日]法務省民事局参事官室. 電子登録債権法制に関する中間試案[R]. 2006:21.
[274]　[日]法務省民事局参事官室. 電子登録債権法制に関する中間試案[R]. 2006:21.
[275]　[日]法務省民事局参事官室. 電子登録債権法制に関する中間試案の補足説明[R]. 2006:73.
[276]　[日]電子債権研究会. 電子債権に関する私法上の論点整理——電子債権研究会報告書[R]. 2005:56.
[277]　[日]我妻榮. 新訂債權總論[M]. 東京:岩波書店,1964:452.
[278]　[日]法務省民事局参事官室. 電子登録債権法制に関する中間試案[R]. 2006:21.
[279]　[日]法務省民事局参事官室. 電子登録債権法制に関する中間試案[R]. 2006:19.
[280]　[日]佐藤良治. 電子記録債權制度をどう活用していくか——IT関連法とぃての見方[J]. ジユリスト,2007,(11):33.
[281]　[日]法務省民事局参事官室. 電子登録債権法制に関する中間試案[R]. 2006:20.
[282]　[日]始関正光,高橋康文. 電子記録債権法の概要[J]. ジユリスト,2007(11):7.
[283]　汪世虎. 票据法律制度比较研究[M]. 北京:法律出版社,2003:404.
[284]　[日]電子債権研究会. 電子債権に関する私法上の論点整理——電子債権研究会報告書[R]. 2005:56.
[285]　[日]始関正光,高橋康文. 電子記録債権法の概要[J]. ジユリスト,2007

(11):7.
[286] [日]法務省民事局参事官室. 電子登録債権法制に関する中間試案の補足説明[R]. 2006:71.
[287] [日]我妻榮. 新訂債權總論[M]. 东京:岩波書店,1964:486.
[288] [日]法務省民事局参事官室. 電子登録債権法制に関する中間試案[R]. 2006:20.
[289] [日]法務省民事局参事官室. 電子登録債権法制に関する中間試案の補足説明[R]. 2006:71.
[290] [日]於保不二雄. 債権総論[M]. 东京:有斐閣,1971:271.
[291] [日]法務省民事局参事官室. 電子登録債権法制に関する中間試案の補足説明[R]. 2006:71.
[292] 程啸. 保证合同研究[M]. 北京:法律出版社,2006:248.
[293] [日]始関正光,高橋康文. 電子記録債権法の概要[J]. ジュリスト,2007,(11):7.
[294] [日]法務省民事局参事官室. 電子登録債権法制に関する中間試案の補足説明[R]. 2006:23.
[295] [日]法務省民事局参事官室. 電子登録債権法制に関する中間試案の補足説明[R]. 2006:78.
[296] [日]法務省民事局参事官室. 電子登録債権法制に関する中間試案の補足説明[R]. 2006:22.
[297] [日]法務省民事局参事官室. 電子登録債権法制に関する中間試案[R]. 2006:22-23.
[298] [日]法務省民事局参事官室. 電子登録債権法制に関する中間試案の補足説明[R]. 2006:77.
[299] [日]法務省民事局参事官室. 電子登録債権法制に関する中間試案の補足説明[R]. 2006:75.
[300] [日]法務省民事局参事官室. 電子登録債権法制に関する中間試案の補足説明[R]. 2006:75.
[301] [日]我妻榮. 新訂債權總論[M]. 东京:岩波書店,1964:491.
[302] [日]我妻榮. 新訂債權總論[M]. 东京:岩波書店,1964:494.
[303] [日]法務省民事局参事官室. 電子登録債権法制に関する中間試案の補足説明[R]. 2006:76.
[304] [日]法務省民事局参事官室. 電子登録債権法制に関する中間試案の補足説明[R]. 2006:76.

[305] [日]法務省民事局参事官室. 電子登録債権法制に関する中間試案の補足説明[R]. 2006:77.
[306] [日]法務省民事局参事官室. 電子登録債権法制に関する中間試案の補足説明[R]. 2006:76-77.
[307] [日]法務省民事局参事官室. 電子登録債権法制に関する中間試案[R]. 2006:22.
[308] [日]法務省民事局参事官室. 電子登録債権法制に関する中間試案の補足説明[R]. 2006:76.
[309] 汪世虎. 票据法律制度比较研究[M]. 北京:法律出版社,2003:223-224.
[310] [日]法務省民事局参事官室. 電子登録債権法制に関する中間試案の補足説明[R]. 2006:36.
[311] [日]法務省民事局参事官室. 電子登録債権法制に関する中間試案の補足説明[R]. 2006:63-64.
[312] [日]法務省民事局参事官室. 電子登録債権法制に関する中間試案の補足説明[R]. 2006:64.
[313] [日]電子債権研究会. 電子債権に関する私法上の論点整理——電子債権研究会報告書[R]. 2005:52.
[314] [日]電子債権研究会. 電子債権に関する私法上の論点整理——電子債権研究会報告書[R]. 2005:52.
[315] [日]法務省民事局参事官室. 電子登録債権法制に関する中間試案の補足説明[R]. 2006:66.
[316] 崔建远. 合同法[M]. 北京:法律出版社,2007:274.
[317] [日]法務省民事局参事官室. 電子登録債権法制に関する中間試案の補足説明[R]. 2006:66-67.
[318] [日]山本敬三. 民法讲义 I,总则[M]. 解亘,译. 北京:北京大学出版社,2004:344.
[319] [日]電子債権研究会. 電子債権に関する私法上の論点整理——電子債権研究会報告書[R]. 2005:58.
[320] [日]電子債権研究会. 電子債権に関する私法上の論点整理——電子債権研究会報告書[R]. 2005:58.
[321] [日]電子債権研究会. 電子債権に関する私法上の論点整理——電子債権研究会報告書[R]. 2005:58.
[322] [日]法務省民事局参事官室. 電子登録債権法制に関する中間試案の補足説明[R]. 2006:67.

[323] [日]山本敬三. 民法讲义 I,总则[M]. 解亘,译. 北京:北京大学出版社,2004:362.
[324] [日]山本敬三. 民法讲义 I,总则[M]. 解亘,译. 北京:北京大学出版社,2004:362.
[325] [日]電子債権研究会. 電子債権に関する私法上の論点整理——電子債権研究会報告書[R]. 2005:58.
[326] [日]法務省民事局参事官室. 電子登録債権法制に関する中間試案の補足説明[R]. 2006:56.
[327] [日]電子債権研究会. 電子債権に関する私法上の論点整理——電子債権研究会報告書[R]. 2005:48.
[328] [日]法務省民事局参事官室. 電子登録債権法制に関する中間試案の補足説明[R]. 2006:56-57.
[329] 汪世虎. 票据法律制度比较研究[M]. 北京:法律出版社,2003:409-413.
[330] [日]電子債権研究会. 電子債権に関する私法上の論点整理——電子債権研究会報告書[R]. 2005:49.
[331] 汪世虎. 票据法律制度比较研究[M]. 北京:法律出版社,2003:408.
[332] [日]法務省民事局参事官室. 電子登録債権法制に関する中間試案の補足説明[R]. 2006:55.
[333] [日]電子債権研究会. 電子債権に関する私法上の論点整理——電子債権研究会報告書[R]. 2005:52.
[334] 廖军. 论抵销的形式及其效力[J]. 法律科学,2004(3):58-62.
[335] 崔建远. 合同法[M]. 北京:法律出版社,2007:266.
[336] 韩世远. 法定抵销的效力[N]. 人民法院报,2001-12-7(3).
[337] 董翠香. 中日民法消灭时效制度比较[J]. 山东社会科学,2005(7):132.
[338] [日]山本敬三. 民法讲义 I,总则[M]. 解亘,译. 北京:北京大学出版社,2004:389-390.
[339] 董翠香. 中日民法消灭时效制度比较[J]. 山东社会科学,2005(7):134-135.
[340] [日]電子債権研究会. 電子債権に関する私法上の論点整理——電子債権研究会報告書[R]. 2005:59.
[341] [日]法務省民事局参事官室. 電子登録債権法制に関する中間試案の補足説明[R]. 2006:67.
[342] [日]電子債権研究会. 電子債権に関する私法上の論点整理——電子債権研究会報告書[R]. 2005:59.
[343] [日]法務省民事局参事官室. 電子登録債権法制に関する中間試案の補足

　　　　説明[R]. 2006:67-68.

[344] [日]電子債権研究会. 電子債権に関する私法上の論点整理——電子債権研究会報告書[R]. 2005:59.

[345] [日]電子債権研究会. 電子債権に関する私法上の論点整理——電子債権研究会報告書[R]. 2005:50.

[346] [日]法務省民事局参事官室. 電子登録債権法制に関する中間試案の補足説明[R]. 2006:4.

[347] [日]法務省民事局参事官室. 電子登録債権法制に関する中間試案の補足説明[R]. 2006:59.

[348] [日]法務省民事局参事官室. 電子登録債権法制に関する中間試案の補足説明[R]. 2006:58-59.

[349] [日]電子債権研究会. 電子債権に関する私法上の論点整理——電子債権研究会報告書[R]. 2005:50.

[350] [日]法務省民事局参事官室. 電子登録債権法制に関する中間試案の補足説明[R]. 2006:59.

[351] [日]法務省民事局参事官室. 電子登録債権法制に関する中間試案の補足説明[R]. 2006:58.

[352] [日]法務省民事局参事官室. 電子登録債権法制に関する中間試案の補足説明[R]. 2006:60.

[353] [日]法務省民事局参事官室. 電子登録債権法制に関する中間試案の補足説明[R]. 2006:58.

[354] [日]電子債権研究会. 電子債権に関する私法上の論点整理——電子債権研究会報告書[R]. 2005:50-51.

[355] [日]法務省民事局参事官室. 電子登録債権法制に関する中間試案の補足説明[R]. 2006:58.

[356] [日]法務省民事局参事官室. 電子登録債権法制に関する中間試案の補足説明[R]. 2006:60-61.

[357] [日]法務省民事局参事官室. 電子登録債権法制に関する中間試案の補足説明[R]. 2006:61-62.

[358] [日]法務省民事局参事官室. 電子登録債権法制に関する中間試案の補足説明[R]. 2006:63.

[359] [日]法務省民事局参事官室. 電子登録債権法制に関する中間試案の補足説明[R]. 2006:62.

[360] [日]法務省民事局参事官室. 電子登録債権法制に関する中間試案の補足

説明[R]. 2006:64.
[361] [日]法務省民事局参事官室. 電子登録債権法制に関する中間試案の補足説明[R]. 2006:57-58.
[362] [日]麻生裕介. 新しい電子記録債権法のしくみ[M]. 东京:経済法令研究会,2007:7.
[363] 黄立. 民法债编总论[M]. 北京:中国政法大学出版社,2002:623.
[364] 申建平. 债权让与制度研究——以让与通知为中心[M]. 北京:法律出版社,2008:273.
[365] 崔建远. 债权让与续论[J]. 中国法学,2008(3):48.
[366] 史尚宽. 债法总论[M]. 北京:中国政法大学出版社,2000:709.
[367] 韩世远. 合同法总论[M]. 北京:法律出版社,2004:569-570.
[368] 申建平. 债权让与制度研究——以让与通知为中心[M]. 北京:法律出版社,2008:177-204.
[369] 王泽鉴. 法律思维与民法实例:请求权基础理论体系[M]. 北京:中国政法大学出版社,2001:114.
[370] 郑玉波. 民法债编总论[M]. 陈荣隆,修订. 北京:中国政法大学出版社,2004:436.
[371] 史尚宽. 债法总论[M]. 北京:中国政法大学出版社,2000:724.
[372] 胡开忠. 权利质权制度研究[M]. 北京:中国政法大学出版社,2004:152.
[373] 高圣平. 应收账款质押登记系统的构建及其评价[J]. 暨南学报,2009(1):25.
[374] 赵万一,余文焱. 应收账款质押法律问题[J]. 法学,2009(9):136.
[375] [日]経済産業省. 電子債権構想——IT社会における経済・金融インフラの構築を目指して[R]. 2005:3.
[376] [日]電子債権研究会. 電子債権に関する私法上の論点整理——電子債権研究会報告書[R]. 2005:55.
[377] [日]経済産業省. 電子債権構想——IT社会における経済・金融インフラの構築を目指して[R]. 2005:28.
[378] [日]麻生裕介. 新しい電子記録債権法のしくみ[M]. 东京:経済法令研究会,2007:8.
[379] [日]麻生裕介. 新しい電子記録債権法のしくみ[M]. 东京:経済法令研究会,2007:8.
[380] 谢怀栻. 票据法概论[M]. 北京:法律出版社,2006:8.
[381] [日]池田真朗. 電子記録債権法の展望と課題. [日]池田真朗、小野傑、中

村廉平. 電子記録債権法の理論と実務[A]. 东京:経済法令研究会, 2008:7.

[382] [日]池田真朗. 電子記録債権法の展望と課題. 见:[日]池田真朗,小野傑,中村廉平. 電子記録債権法の理論と実務[A]. 东京:経済法令研究会, 2008:7-8.

[383] 寿明. 最高法采取一系列措施解决"执行难"问题[EB/01]. [2009-6-20] http://news.xinhuanet.com/legal/2008-03/11/content_7764539.htm.

[384] 中国法学会. 中国法治建设年度报告(2008年)[EB/01]. [2009-6-3] http://news.xinhuanet.com/politics/2009-06/02/content_11476146_3.htm.

[385] 王胜俊. 解决"执行难"必须在制度上创新和突破[EB/01]. [2009-6-3] http://news.xinhuanet.com/legal/2009-06/02/content_11472653.htm.

[386] 金永熙. 法院执行实务新论[M]. 北京:人民法院出版社,2000:487.

[387] 景汉朝,卢子娟. "执行难"及其对策[J]. 法学研究,2000(5):127.

[388] 汤维建. 执行体制的统一化构建——以解决民事"执行难"为出发点[J]. 现代法学,2004(5):22.

[389] 吕世伦,文正邦. 法哲学论[M]. 北京:中国人民大学出版社,1999:571.

[390] 吕世伦,文正邦. 法哲学论[M]. 北京:中国人民大学出版社,1999:571.

[391] 万光侠. 效率与公平[M]. 北京:人民出版社,2000:240.

[392] 张文显. 论立法中的法律移植[J]. 法学,1996(1):6-7.

[393] 信春鹰. 法律移植的理论与实践[J]. 北方法学,2007(3):11.

[394] 何勤华. 法的移植与法的本土化[J]. 中国法学,2002(3):6.

[395] 信春鹰. 法律移植的理论与实践[J]. 北方法学,2007(3):6.

[396] 苏力. 法治及其本土资源[M]. 北京:中国政法大学出版社,1996:34.

[397] 苏力. 道路通向城市:转型中国的法治[M]. 北京:法律出版社,2004:38.

[398] 苏力. 送法下乡:中国基层司法制度研究[M]. 北京:中国政法大学出版社, 2000:7.

[399] 马剑银. 法律移植的困境——现代性、全球化与中国语境[J]. 政法论坛, 2008(2):59.

[400] 何勤华. 法的移植与法的本土化[J]. 中国法学,2002(3):4.

[401] 苏力. 道路通向城市:转型中国的法治[M]. 北京:法律出版社,2004:40.

[402] 苏力. 法治及其本土资源[M]. 北京:中国政法大学出版社,1996:7-10.

[403] 苏力. 送法下乡:中国基层司法制度研究[M]. 北京:中国政法大学出版社, 2000:7.

[404] 伯尔曼. 法律与革命:西方法律传统的形成[M]. 贺卫方,等译. 北京:中国

大百科全书出版社,1993:50.
[405] 张文显. 论立法中的法律移植[J]. 法学,1996(1):6.
[406] [加]克雷波. 比较法、法律改革与法典编纂. 见:沈宗灵,王晨光编. 比较法学新动向[A]. 北京:北京大学出版社,1993:102.
[407] 张文显. 论立法中的法律移植[J]. 法学,1996(1):9.
[408] [日]佐藤良治. 電子記録債権制度をどう活用していくか——IT関連法といての見方[J]. ジュリスト,2007(11):34.
[409] 张文显. 论立法中的法律移植[J]. 法学,1996(1):7.
[410] 高鸿钧. 文化与法律移植:理论之争与范式重构[J]. 环球法律评论,2008(5):5.
[411] 高鸿钧. 法律文化与法律移植:中西古今之间[J]. 比较法研究,2008(5):13.
[412] [法]P. 罗格朗. 何谓"法律移植". 马剑银,译. 见:[意]D. 奈尔肯,[英]J. 菲斯特. 法律移植与法律文化[A]. 高鸿钧,等译. 北京:清华大学出版社,2006:75-94.
[413] 高鸿钧. 法律文化与法律移植:中西古今之间[J]. 比较法研究,2008(5):13.
[414] 高鸿钧. 文化与法律移植:理论之争与范式重构[J]. 环球法律评论,2008(5):12.
[415] 易延友. 陪审团移植的成败及其启示——以法国为考察重心[J]. 比较法研究,2005(1):95.
[416] 苏力. 送法下乡:中国基层司法制度研究[M]. 北京:中国政法大学出版社,2000:8.
[417] 苏力. 道路通向城市:转型中国的法治[M]. 北京:法律出版社,2004:7.
[418] 邓正来. 中国法学向何处去(上)——建构"中国法律理想图景"时代的论纲[J]. 政法论坛,2005(1):5.
[419] 张文显. 论立法中的法律移植[J]. 法学,1996(1):9.
[420] 冯卓慧. 法律移植问题探讨[J]. 法律科学,2001(2):21.
[421] [美]亨利·埃尔曼. 比较法律文化[M]. 贺卫方,等译. 上海:上海三联书店,1990:279.
[422] [美]阿伦·沃森. 法律移植与法律改革[J]. 尹伊君,陈成霞,译. 外国法译评,1999(4):13.
[423] 刘星. 重新理解法律移植——从"历史"到"当下"[J]. 中国社会科学,2004(5):24.
[424] [美]阿伦·沃森. 法律移植与法律改革[J]. 尹伊君,陈成霞,译. 外国法译评,1999(4):15.

[425]　何勤华.法的移植与法的本土化[J].中国法学,2002(3):12.
[426]　高鸿钧.文化与法律移植:理论之争与范式重构[J].环球法律评论,2008(5):9-10.
[427]　高鸿钧.文化与法律移植:理论之争与范式重构[J].环球法律评论,2008(5):10-11.
[428]　高鸿钧.文化与法律移植:理论之争与范式重构[J].环球法律评论,2008(5):11.
[429]　马剑银.法律移植的困境——现代性、全球化与中国语境[J].政法论坛,2008(2):61.
[430]　马剑银.法律移植的困境——现代性、全球化与中国语境[J].政法论坛,2008(2):62.